비극의 탄생

대우고전총서
Daewoo Classical Library

021

비극의 탄생

Die Geburt der Tragödie

프리드리히 니체 | 박찬국 옮김

아카넷

프리드리히 니체(1844-1900)

니체의 아버지 카를 루트비히 니체와 어머니 프란치스카 니체(위)
독일 라이프치히 인근 마을 뢰켄에 있는 니체의 생가 (아래)

DIE

GEBURT DER TRAGÖDIE

AUS DEM

GEISTE DER MUSIK.

VON

FRIEDRICH NIETZSCHE,

ORDENTL. PROFESSOR DER CLASSISCHEN PHILOLOGIE AN DER
UNIVERSITÄT BASEL.

LEIPZIG.
VERLAG VON E. W. FRITZSCH.
1872.

1872년에 출간된 초판『음악정신으로부터의 비극의 탄생』의 속표지

독일 바이마르에 있는 니체 문서 보관소. 니체의 원고들을 보관하고
전집을 간행하기 위해 1894년 니체의 누이 엘리자베트가 설립했다.

『비극의 탄생』은 니체가 불과 28세에 쓴 처녀작으로 청년 니체의 열정과 고뇌를 강렬하게 느낄 수 있는 책이다. 니체는 이 책에 대해서 스스로 "청년의 용기와 우수(憂愁)가 가득한 책"이라고 평했다. 이 책에서 니체는 청년다운 대담함과 재기발랄함으로 그리스 비극의 기원과 본질에 대해서 새로운 이론을 제시하는 한편, 자신을 사로잡고 있던 염세주의로부터의 탈출구를 그리스의 비극정신에서 찾고 있다. 이런 의미에서 이 책은 당시 그리스 비극의 기원과 본질에 대한 고전문헌학적 연구를 넘어서 삶과 세계의 본질과 고통 그리고 그것의 극복 방안에 대한 형이상학적인 탐구이기도 하다.

이 책에 대해서 니체는 나중에 일정한 거리를 두지만, 그럼에도 불구하고 니체가 그리스 비극의 본질을 파악하기 위해서 여기서 제시하고 있는 '디오니소스적인 것'과 '아폴론적인 것'이라는 개념은 니체 자신의 사상 전개뿐 아니라 철학과 미학을 비롯한 인문학과 예술 전반에 지대한 영향을 미쳤다. 그 결과 이 책은 니체의 저작들 중에서 『차라투스트라는 이렇게 말했다』 못지 않게 고전으로서의 지위를 차지하고 있다. 이러한 사실을 입증하듯이 우리나라에서만 해도 무려 8종의 『비극의 탄생』 번역본이 존재한다. 즉 이위범 번역본(양문사 1960), 김영철 번역본(휘문출판사 니체전집 1권, 현대세계사상교양대전집 16권 1969), 이일철 번역본(정음사 1976, 운암사 1983), 김병옥 번역본(대양서적 세계대사상전집 10권 1978, 범조사 1980), 박준택 번역본(박영사 1976), 곽복록 번역본(동서문화사 1978, 범우사 1984, 학원출판공사 1993), 김대경 번역본(청하 1982), 성동호 번역본(홍신문화사 1989), 이진우 번역본(책세상, 2005)이 존재한다.

위 번역자들 중에서 철학전공자로서 니체 사상을 전문적으로 연구한 박준택 씨와 이진우 씨를 제외한 나머지 번역자들은 주로 독문학(곽복록, 김대경)이나 심지어 영문학(이일철)을 전공한 사람들이기 때문에 일단 번역자로서 요구되는 전문성을 결여하고 있다고 할 수 있다. 사실 이들 번역의 많은 곳에서 우리는 어렵지 않게 오역과 부자연스런 번역을 발견할 수 있다.

박준택 씨의 번역은 박영사의 문고판으로 출간되어 1970년대에 많이 읽힌 번역본이지만 일본어 번역의 중역이면서도 일본어 번역본이 범하고 있지 않은 많은 오역을 범하고 있다. 김대경 씨의 번역은 1982년에 출간된 이래 1997년까지 16쇄가 나왔을 정도로 1980년대와 90년대에 가장 많이 읽힌 번역본으로 알고 있다. 그러나 대체로 자연스럽게 읽힌다는 장점을 가지면서도 여러 곳에서 오역을 범하고 있으며, 원문의 몇 줄을 번역하지 않은 곳들도 있다. 이진우 씨의 번역본은 김대경 씨의 번역이 범하고 있는 오역을 상당 부분 바로 잡고 있으며 번역을 빠뜨린 부분도 없지만, 그럼에도 여러 곳에서 오역을 범하고 있고 부자연스런 표현으로 인해 읽어 나가기가 쉽지 않다.

『비극의 탄생』이 8종의 번역본이 나왔다는 것은 이 책에 대한 우리나라 독자들의 관심이 지극히 크다는 것을 의미하지만 그동안 나온 번역본들이 독자들의 이러한 관심에 제대로 부응하지 못했다고 생각한다. 이러한 상황을 타개하는 데 일조했으면 하는 마음에서 번역에 착수했다. 본인이 과연 기존의 『비극의 탄생』 번역들보다 더 나은 번역을 했는지를 판단하는 것은 독자들의 몫이다. 독자들의 아낌없는 꾸짖음을 기대한다.

아울러 독자들이 쉽게 이해하도록 하기 위해서 상세한 주석과 해제를 덧붙였다. 지나치게 상세해서 번거롭게 생각될지도 모르지만 독자들의 이해를 돕겠다는 선의에서 비롯된 것으로 양해해 주길 바란다.

앞에서 박준택 씨와 김대경 씨 그리고 이진우 씨의 번역본을 비판했지만 이분들의 번역을 많이 참고했다. 이분들의 번역이 큰 도움이 되었으며, 그런 선행 작업이 없었더라면 본인의 번역은 훨씬 힘든 일이 되었을 것이다. 이 자리를 빌려 그분들께 깊은 감사를 드린다. 아울러 『비극의 탄생』을 교재로 한 세미나에 적극적으로 참여했던 서울대 철학과 대학원 학생들과 본인의 초고를 세심하게 읽고 교정한 서울대학교 철학과 박사과정의 손경민 학생과 한충수 학생에게도 고마움을 표한다.

2007년 5월 21일

박찬국

| 차례 |

* 본문에서 ( ) 안의 주는 니체에 의한 것이고 〔 〕 안의 주는 독자들의 이해를 돕기 위해서 역자가 삽입한 것이다.

■ 자기비판의 시도[1]

1

　문제적인 이 책의 근저에 놓여 있는 것이 무엇이든 간에 그것은 가장 중요하고 가장 매력적인 문제였음에 틀림없다. 그뿐만 아니라 그것은 필자의 심각한 개인적 관심사였기도 하다. 이 점은 이 책이 쓰인 시기가 입증한다. 이 책은 1870~1871년에 걸친 프로이센-프랑스(보불) 전쟁의[2] 격동기 속에서, 격동기였음에

---

1) 니체의 『비극의 탄생』 초판은 『음악정신으로부터 비극의 탄생(*Die Geburt der Tragödie aus dem Geist der Musik*)』이라는 제목으로 1872년에 간행되었다. 1886년에 니체는 이 책을 『비극의 탄생 또는 그리스 문명과 염세주의』란 제목으로 고쳐 간행하면서 「자기비판의 시도」라는 서문을 붙이게 된다.
2) 프로이센-프랑스 전쟁 당시 니체는 뱌젤 대학의 교수였으나 자원하여 종

도 **불구하고** 씌어졌다. 뵈르트(프로이센–프랑스 전쟁의 격전지 중
의 하나—옮긴이) 전투의 포성이 유럽 전체를 휩쓸고 있는 동안
사색과 수수께끼를 좋아하는 이 책의 저자는 알프스 산 속의 어
느 모퉁이에 앉아서 사색과 수수께끼에 골몰하고 있었고, 이 때
문에 전황에 대해서 매우 근심을 품기도 했지만 동시에 무관심
하기도 했다. 그리고 **그리스인들**에 대한 자신의 생각을 적어 나
갔다.[3] 이것이 이 뒤늦은 서문(또는 후기)이 덧붙여지는 기묘하면
서도 이해하기 어려운 이 책의 핵심을 이루게 된다. 그 뒤 몇 주
가 지나서 저자는 메츠(프로이센–프랑스 전쟁의 격전지 중의 하나—
옮긴이)의 성벽 아래에 있었지만, 그리스인과 그리스 예술의 이
른바 '명랑성'에 대해서 오랫동안 품었던 의문은[4] 여전히 풀리
지 않은 채 있었다. 베르사이유에서 평화협상이 열리던, 긴장이
극도에 달하던 그 달에 그는 [그러한 의문을 풀면서] 마침내 평화
를 얻게 되고 전쟁터에서 얻은 병에서도 점차 회복되면서 '**음악
정신으로부터의 비극의 탄생**'이란 사상을 최종적으로 정립하게
되었다.[5] 음악으로부터? 음악과 비극? 그리스인들과 비극적 음

군했다. 그러나 이질에 걸려 두 달 후에 제대하게 된다.

3) 「디오니소스적 세계관」이라는 니체의 논문을 가리킨다.

4) 18세기 말과 19세기 초의 독일 고전문헌학계에서는 자주 중세시대의 무
거운 진지함에 대해서 그리스인들의 낙천주의적 명랑성을 대비시키고는
했다. 니체는 그리스 정신을 이렇게 낙천주의적인 명랑성으로 보는 견해
에 대해서 『비극의 탄생』에서 근본적인 의문을 제기하고 있다.

5) 프로이센-프랑스 전쟁이 터진 해인 1870년에 25세라는 약관의 나이로 바젤 대학 고전문헌학과 교수가 된 지 얼마 되지 않았던 니체는 위생병으로 자원하여 출전했다. 그는 전쟁터에서 군인들의 시체를 모으고 부상자를 수송하는 일을 하다가 이질과 디프테리아에 감염되어 두 달 만에 제대하게 된다. 니체는 사람들이 사지가 잘린 채 죽어가고 시체가 즐비했던 전쟁터의 끔찍한 광경을 일생 동안 잊지 못했다.

니체가 이 서문에서 자신이 『비극의 탄생』을 쓸 당시의 시대적 상황, 즉 프로이센-프랑스 전쟁이 벌어지고 있던 상황을 특별히 강조하고 있는 것은 비극을 규정하는 근원적인 힘인 디오니소스적인 것이 전쟁과 무관하지 않다고 보기 때문이다. 니체는 우리가 전쟁에서 경험하는 공포와 끔찍함도 디오니소스적인 힘이 발현되는 하나의 형태라고 보았다. 이 무시무시한 힘의 충격을 통해서 니체는 당시 물질주의와 향락주의에 빠져 있던 독일의 문화가 혁신될 수 있을 것이라고 기대했다. 니체가 바그너에게 보내려고 1871년 2월에 썼던 『비극의 탄생』 서문 초고는 다음과 같다.

"나 역시 희망을 가지고 있습니다. 이 희망 때문에 나는 직접 끔찍한 전쟁의 소용돌이로 들어가서 내가 생각하고 있는 주제들을 바라볼 수 있었습니다. 나는 후송되는 부상자와 함께 누워서 그를 돌보던 외로웠던 밤, 비극의 세 가지 심연을 떠올렸던 밤을 아직도 기억합니다. 이 세 가지 심연은 바로 광기, 의지, 고통입니다." Friedrich Nietzsche, *Sämtliche Werke. Studienausgabe in 15 Bänden*(dtv-Ausgabe), hrsg. Giorgio Colli und Mazzino Montinari(München, 1980), 7권, 354쪽. 뤼디거 자프란스키(Rüdiger Safranski), 『니체 – 그의 생애와 사상의 전기(*Biographie seines Denkens*)』(문예출판사, 2000), 오윤희 옮김, 103쪽에서 재인용.

이 인용문에서 비극의 세 가지 심연으로 거론되고 있는 광기, 의지, 고통을 『비극의 탄생』 20장에서는 존재의 어머니들이라고 부르고 있다.

자프란스키에 의하면 『비극의 탄생』 초고에는 전쟁을 생의 근원적 동력으로 보는 내용이 많이 포함되어 있었지만 최종 원고에서는 대부분 삭제되었다고 한다. 니체는 주기적인 화산 폭발을 통해서 지반이 근본적으로 부서짐으로써 대지가 새로운 영양분을 얻게 되는 것처럼, 평화가 지속되면

악? 그리스인들과 염세주의의 예술작품? 이제까지의 인간들 중에서 가장 성공했으며 아름답고 가장 많은 부러움을 받았으며 우리를 삶으로 가장 강력하게 유혹하는 민족이 그리스인들인데——뭐라고? 바로 이들이 비극을 필요로 했다고? 더 나아가——예술을 **필요로 했다고**? 무엇을 위한 것인가——그리스 예술은?

사람들은 이로써 삶의 가치에 대한 커다란 의문부호가 어디에 찍히게 되었는지 헤아릴 수 있게 되었을 것이다. 염세주의란 인도인들의 경우에서 보는 것처럼 그리고 아무리 살펴보아도 우리 '근대'인과 유럽인에서 보는 것처럼 **반드시** 몰락, 퇴폐, 실패, 지치고 약화된 본능의 표시인가? **강함**의 염세주의는 존재하는가? 행복으로부터, 넘쳐나는 건강으로부터, 그리고 생의 **충만함**으로부터 비롯되는, 삶의 가혹함과 두려움 그리고 삶의 악함과 문제적인 것에 대한 지적인 욕구는 존재하는가? 혹시 충일함 자체로 인해 괴로워하는 것이 가능한가?[6] 우리의 공포를 불러일으키는 것을 적으로서 **만나기를 원하는** 도전적인 용기, 즉 자신의

서 이기주의와 안일한 낙천주의에 빠지게 되는 문화가 전쟁을 통해서 근본적으로 뒤흔들릴 필요가 있다고 보았다. 이를 통해서 문화는 새롭게 깊이와 높이 그리고 강함을 얻게 된다는 것이다. 뤼디거 자프란스키, 『니체 – 그의 생애와 사상의 전기』, 102~106쪽 참조.

6) 그리스인들의 고통은 생명력의 결핍에서 비롯된 것이 아니라 오히려 생명력의 충일함에서 비롯된 것이다.

힘을 시험해 볼 수 있는 호적수로서 **만나기를 원하며** 이 적에게
서 '두려워한다'는 것이 무엇인지를 배우기를 원하는 가장 날카
로운 눈초리를 가진 도전자의 용기는 존재하는가? 가장 훌륭하
고 가장 강하며 용감했던 시대의 이 그리스인들에게 **비극적 신**
화는 무엇을 의미하는가? 그리고 디오니소스적인 것이라는 무시
무시한 현상(Phänomen)은?[7] 이 현상에서 탄생한 비극이란 또한
무엇을 의미하는가? 반면에, 비극을 사멸케 한 도덕에서의 소크
라테스주의, 이론적 인간의 변증법과 자기만족과 명랑성은 무엇
을 의미하는가? 어떤가? 바로 이 소크라테스주의야말로 몰락과
피곤, 병 그리고 무질서하게 해체되어 가는 본능의 징조이지 않
을까? 그리고 후기 그리스 문화의 '그리스적 명랑성'이 단지 황
혼에 불과하다면? 염세주의**에 대항하려는** 에피쿠로스적인 의지
가[8] 단지 고통받는 자의 조심성에 불과하다면? 그리고 학문 자

---

7) 현상(Phänomen)은 플라톤과 칸트에서는 진정한 실재가 아니라 진정한
   실재인 이데아나 물자체의 불완전한 반영에 지나지 않는다. 그것은 감각
   적으로 지각되는 현상(Erscheinung)을 의미한다. 이에 반해 괴테는 진
   정한 실재를 개시하는 특별한 감각적인 현상이 있다고 보면서 그것을
   Phänomen이라고 부르고 있다. 니체는 플라톤이나 칸트식의 의미에서의
   현상을 Erscheinung으로 부르고 있는 반면에, Phänomen이란 용어는 괴
   테적인 의미로 사용하고 있다.
8) 니체는 에피쿠로스를 디오니소스적 그리스인과는 정반대의 인간 유형으
   로 보았고 그의 가르침을 기독교나 불교에 가까운 것으로 보았다. 이는
   에피쿠로스가 행복을 위해서 현실도피적인 은둔을 권했기 때문이며, 최

체, 우리의 학문 아니 모든 학문을 삶의 징후로서 볼 때 그것은
도대체 무엇을 의미하는가? 모든 학문은 무엇을 위한 것인가?
조금 더 심하게 말해서 모든 학문은 **어디에서** 비롯되는가? 어
쩌면 학문은 염세주의에 대한 두려움이자 그것으로부터의 도피
에 불과한 것은 아닐까?[9) **진리**에 대한 세련된 정당방위가 아닐
까? 그리고 도덕적으로 말하자면 비겁이나 허위와 같은 것은 아

소한도의 욕망 충족에만 자족하는 정신의 평정(아타락시아)을 인간이 추
구해야 할 이상으로 보았기 때문이다.

9) 니체는 『도덕의 계보학』에서 학자들의 끊임없는 정진, 밤낮을 가리지 않
고 열심히 일하는 두뇌, 일에 대한 탁월한 재주, 이 모든 것이 자신들이
삶에서 느끼는 불쾌감과 고통에서 벗어나려는 시도가 아닐까라고 의심
한다. 니체는 학문은 학문이라는 고상한 가면 아래 삶의 고통에서 벗어나
려는 몸부림이 아닌가 하고 의심하는 것이다. 니체는 학문도 삶에 봉사해
야 한다고 보면서, 학문 자체를 위한 학문은 일종의 마비이고 최면이라
고 본다. 그런데 학자들은 우리들의 삶을 고양시키고 삶에 활력을 주는
것보다는 진리 자체가 중요하다고 생각하면서 조그마한 사실들을 모으는
데 몰두한다.

니체는 학문은 삶에서 느끼는 고통과 불쾌감, 즉 염세주의와의 직접적인
대결이 아니라 그것으로부터의 도피이기 때문에 종교적인 금욕주의와 동
일한 생리학적인 지반을 가지고 있다고 보고 있다. 종교적인 금욕주의는
삶의 고통과 불쾌감으로부터 상상적인 피안으로 도피한다. 거기에는 정
서가 메말라 있고 삶의 속도가 느리고 얼굴 모습이나 몸짓에는 진지함이
새겨져 있다. 이러한 진지함을 니체는 신진대사의 곤란, 삶의 고통의 표
현이라고 보고 있다. 이와 함께 니체는 학자가 중시되는 시대는 피로의
시대이고 황혼의 시대이며, 쇠망의 시대라고 말하고 있다. 그것은 흘러
넘치는 삶과 정력, 그리고 삶과 미래에 대한 확신이 사라진 시대라는 것
이다. 니체는 학자를 정신의 결핵 환자라고 말하고 있다.

닐까? 비도덕적으로 말하자면 교활함이 아닌가? 오오, 소크라테스여, 소크라테스여, 혹시 이것이 그대의 비밀이 아니었던가? 오오, 비밀에 찬 반어(反語)의 대가여, 그것은 혹시 **그대의** 아이러니가 아니었는가?[10]

2

내가 당시 파악하게 되었던 것은 두렵고 위험한 것이었다. 그것은 해명이 불가능한 문제라고는 할 수 없어도 극히 까다로운 문제였고 아무튼 **새로운** 문제였다. 오늘의 나였다면 나는 그것을 **학문의 문제** 자체였다고 말할 것이다. 즉 의심스럽고 문제가 있는 것으로서 처음으로 파악된 학문의 문제 말이다. 그러나 당시 내가 나의 청춘의 용기와 의심을 분출시켰던 그 책은 젊은이가 전혀 제기할 법하지 않은 과제로부터 생겨난 거의 **불가능**에 가까운 책이었다. 너무 때 이르고 미숙한 자기체험들, 즉 전달할 수 없는 한계에 거의 육박하고 있는 체험들로부터 건립된 이 책은 **예술**을 토대로 하여 세워져 있다. 이는 학문의 문제는 학문을

---

10) 소크라테스는 진리를 추구한다는 명목으로 학문을 추구했지만, 사실은 고통스런 삶에 대한 두려움 때문에 학문으로 도피했으며, 진리를 추구한다는 그럴듯한 가면 아래 자신의 비겁과 허위를 감추고 있다는 점에서 반어의 대가라는 것이다.

토대로 해서는 인식될 수 없기 때문이다. 이 책은 아마도 분석적이고 회고적인 능력과 같은 부수적인 소질을 가진 예술가를 위한 책(즉 우리가 찾아다녀야 하지만 전혀 찾아다니려 들지 않는 예외적인 종류의 예술가를 위한 책)이며, 심리학상의 혁신과 예술가의 비밀로 가득 차 있으며 예술가의 형이상학을 배경으로 깔고 있는 책이다. 청년의 용기와 우수로 가득 차 있는 책이며, 어떤 권위와 숭배의 대상에 굴복하는 것처럼 보이는 대목에서도 독자성을 잃지 않는 반항적이고 자립적인 책이다. 요컨대 이 책은 노숙한 문제의식에도 불구하고 처녀작이라는 단어가 지닌 모든 나쁜 의미에서의 처녀작이며, 청년기의 모든 결점, 무엇보다도 '장황함'과 '질풍노도'와[11] 같은 격정에 의해서 규정된 책이다. 다른 한편으로 이 책이 거둔 성공(특히 이 책이 대화의 상대로 삼은 것과 같은 위대한 예술가 리하르트 바그너에게서 거두었던 성공)에[12] 대해서는 **이미 증명이 끝난** 책이다. 아무튼 이 책은 "당대의 가장 뛰어난 사람들"을 만족시켰던 책이다.[13] 따라서 이 책은 약간의 배려와

---

11) 질풍노도(Sturm und Drang)는 계몽주의 사조에 반항하면서 감정의 해방과 독창성과 천재를 중시하는 낭만주의적 문예운동으로 젊은 시절의 괴테와 실러가 대표자라고 할 수 있다. 이 시기의 대표적인 작품으로 괴테의 『젊은 베르테르의 슬픔』(1774), 실러의 『군도(群盜)』(1781)를 들 수 있다.

12) 『비극의 탄생』이 바그너로부터 커다란 인정을 받았다는 사실을 가리킨다.

13) 실러의 『발렌슈타인의 숙소(*Wallensteins Lager*)』의 한 대목에서 인용한

묵인 아래 다루어져야만 할 것이다. 그럼에도 이 책이 오늘날의 나에게는 얼마나 불만스러우며 16년이 지난 지금 얼마나 낯설게 나타나는가 하는 점을 나는 완전히 감추려고 하지 않겠다. 나의 눈은 이전보다도 훨씬 늙었고 백 배나 버릇이 없어졌지만, 이 대담한 책이 처음으로 도전한 과제, —— 즉 **학문을 예술가의 관점에서 보고 예술을 삶의 관점에서 본다**는 과제조차 낯설어할 정도로 냉담하게 되지는 않았다. 〔그럼에도〕 지금 이 책은 이 눈에도 낯설게 나타나는 것이다.

3

다시 한 번 말하자면, 오늘날의 나에게 이 책은 있을 수 없는 책인 것이다. 지금의 나는 이 책이 형편없이 씌어졌고, 서투르고, 지나치게 꼼꼼하고, 비유가 난무하고 혼란하며, 감상적이고, 때로는 여성적으로 보일 정도로 감미로우며, 진행속도가 고르지 못하며, 논리적인 명료성에의 의지를 결여하고 있고, 너무 확신에 차서 논증이 불필요하다고 보며 심지어는 논증의 **적합성** 자체에 대해서 불신하고 있는 책이라고 할 것이다. 이 책은 음악의 비밀에 참여하는 사람들을 위한 책으로서, 음악의 세례를 받

문구. "한 시대의 가장 뛰어난 사람들을 만족시킨 사람은 영원히 산다."

고 공통의 드문 예술 경험에 의해서 처음부터 맺어져 있는 사람들을 위한 '음악'이며, 또한 예술에서 피를 함께 나눈 사람들을 식별하기 위한 인식표이다. 이 책은 처음부터 '일반 대중'에 대해서보다는 '교양인들'의 범속성(profanum vulgus)에 대해서 자신의 문을 닫는 오만하고 열광적인 책이다. 그러나 이 책이 미친 영향이 증명한 바 있고 지금도 증명하고 있는 것처럼 이 책은 함께 열광할 사람을 찾아내어 그를 새로운 샛길과 무도회장으로 유혹하는 법을 충분히 잘 이해하고 있음에 틀림없다. 어쨌든 여기서는——이것은 사람들이 호기심과 혐오감을 동시에 느끼면서 시인한 것이지만——어떤 **낯선** 소리, 즉 아직 '알려지지 않은' 신의[14] 사도가 말하고 있다. 이 사도는 한때 학자의 두건 아래에,[15] 독일인들의 무거움과 변증법적 무뚝뚝함 속에, 바그너주의자들의 무례한 태도 속에 자신을 숨겼다. 여기에는 아직 이름도 없는 새로운 욕구를 지닌 하나의 정신이 있었다. 여기에는 디오니소스란 이름이 물음표처럼 붙어 있는 의문과 체험과 비밀에 충만한 기억이 있었다. 여기에서는——사람들은 불신을 품으면서 이렇게 말했다——신비적이고 거의 마이나데스적인 영혼이 힘겹고 제멋대로, 자신을 알릴 것인지 은폐할 것인지를 거의 결정짓지 못하고 마치 외국어로 말하는 것처럼 떠듬거렸다.

---

14) 디오니소스 신을 가리킨다.
15) 니체는 10년 동안 바젤 대학의 고전문헌학과 교수였다.

이 '새로운 영혼'은 말하지 말고 **노래했어야** 했다! 내가 그때 말해야만 했던 것을 시인으로서 말하려고 하지 않았던 것은 얼마나 유감스러운가. 나는 아마도 그렇게 할 수 있었을 텐데! 그렇지 않으면 적어도 문헌학자로서라도 말할 수 있었을 것이다——이 분야에서는 오늘날에도 문헌학자에게 거의 모든 것이 발견되고 발굴되어야 하는 것으로 남아 있다! 무엇보다도 여기에 하나의 문제가 존재한**다는 문제**, 즉 우리가 '무엇이 디오니소스적인 것인가'라는 질문에 대답할 수 없다면 그리스인들은 전혀 인식될 수도 상상될 수도 없다는 문제가 발견되고 탐사되어야 할 것으로 남아 있다.

4

그렇다면, 무엇이 디오니소스적인 것인가? 이 책에는 이에 대한 대답이 있다. 여기에서는 자신의 신의 비밀에 참여하고 있는 신의 사도인 '지자(知者)'가 말하고 있다. 아마도 현재의 나라면 디오니소스적인 것이 어떻게 해서 그리스인들에게 비극의 근원이 된 것인가라는 극히 어려운 심리학적 질문에 대해서 더욱 신중하고 더욱 말을 아끼면서 말할 것이다. 근본적인 질문 중의 하나는 고통에 대한 그리스인들의 관계, 즉 그리스인들의 감수성의 정도에 대한 것이다. 고통에 대한 그러한 관계는 항상 동일했던가, 아니면 변화해 왔던가? 그러한 근본적인 질문은 **아름다움에 대한 그리스인들의 갈수록 강해져 가는 욕구**, 축제, 오락, 새로운 제의(祭儀)에 대한 욕구는 정말로 결핍, 궁핍, 우울, 고통에서 자라나왔는지에 대한 물음이다. 만일 이것이 사실이라면——그리고 이것이 사실이라고 페리클레스(혹은 투키디데스)가 우리에게 위대한 추도연설에서[16] 시사하고 있다——시간상으로 그 이전에 나타났던 정반대의 욕구, 즉 **추한 것에 대한 욕구**, 염세주의, 비극적 신화, 삶의 근저에 놓여 있는 모든 공포스러운 것, 악한 것, 수수께끼 같은 것, 파괴적인 것, 불길한 것의 형상을 향한 고대 그리스인들의 훌륭하고 엄격한 의지는 도대체 어디에서 유래하는 것인가? 즉 비극은 어디에서 유래하는 것인가? 어쩌면 **기쁨**으로부터, 힘으로부터, 넘쳐 흐르는 건강으로부터, 과도한 충만으로부터 유래한 것이 아닐까? 그렇다면 비극 예술과 희극 예술을 낳은 저 광기, 디오니소스적 광기는 생리학적으로 살펴볼 때 어떠한 의미를 갖는가? 어떤가? 아마도 광기는 반드시 퇴화, 몰락, 노쇠한 문화의 징후는 아니지 않은가? 어쩌면——이것은 정신과 의사에게 묻는 질문이다——**건강**에서 비롯되는 노이로제, 청년기 민족의 젊음에서 오는 노이로제는 없는가? 신과 산양이 사티로스에서[17] 종합을 이루고 있다는 것은 무

16) 페리클레스가 펠로폰네소스 전쟁 때 아테네의 전몰자 위령제에서 한 연설을 가리킨다.

엇을 가리키는가? 어떠한 자기체험으로부터 그리고 어떠한 충동에 근거해서 그리스인들은 디오니소스적 열광자와 디오니소스적 인간 원형을 사티로스라고 생각해야만 했던가? 그리고 비극합창단의 근원에 대해서 말하자면, 그리스인들의 육체가 꽃피고 그리스 정신이 활기에 넘치던 그 수세기 동안에 풍토병적 황홀상태와 공동체 전체와 제의에 모인 모든 사람들에게 전염되었던 환영과 환각이 존재했었다. 어떤가? 그리스인들이 청춘의 힘에 넘치던 바로 그때에 비극적인 것**을 향한** 의지를 가지고 있었고 염세주의자였다면? 플라톤의 말을 빌리면, 그리스 땅에 **최대의** 축복을 가져온 것이 바로 이러한 광기였다면? 다른 한편으로 그리고 이와 반대로, 자신들이 해체되고 약화되는 바로 그 시기에[18) 그리스인들이 훨씬 더 낙천적이고 피상적이고 배우처럼 되

---

17) 사티로스에 대해서는 주 43번 참조.
18) 그리스인들이 해체되고 약화되는 시기란 펠로폰네소스 전쟁과 그 이후의 시기를 말한다. 펠로폰네소스 전쟁의 참담한 패배로 옛 아테네의 영광이 종말을 고하고 있던 그 시대는 바로 소크라테스가 활동하던 시대였다. 니체는 신화의 죽음과 논리적인 소크라테스주의의 등장은 아테네의 사회적 혼란, 퇴화, 몰락과 궤를 같이한다고 보고 있다. 그 이전의 페르시아 전쟁(B.C. 490~479)에서의 승리는 아테네를 그리스의 주도 세력으로 만들었고, 대외적인 군사력의 성장과 함께 해외무역도 더욱 활발해졌으며, 경제적으로 부강해진 아테네의 중간계급, 즉 시민들의 힘이 성장함에 따라 민주주의는 강화되었다. 이 시기는 경제적으로도 정치적으로도 명실상부하게 아테네의 황금기라 할 수 있다. 그러나 이 황금기는 그리 오래 가지는 못했는데, 펠로폰네소스 전쟁(B.C. 431~404)의 패

면서 논리와 세계의 논리화(論理化)에 더욱 열광하게 되고, 이에 따라서 동시에 '보다 명랑하고' '학문적'이 되었다고 한다면? 어떤가? 민주주의적 취향의 모든 '근대적 이념들'과 편견에도 불구하고, **낙천주의**의 승리, **합리주의**의 지배, 실천적이고 이론적인 **공리주의**는 공리주의와 동시대에 존재하는 민주주의와 마찬가지로 어쩌면 쇠약해져 가는 힘, 다가오는 노쇠, 생리적인 피로의 징후인 것은 아닌가?[19] 그리고 이것과는 **정반대의 것**, 그것이 염

배로 인해 아테네의 무역이 붕괴되었고 민주정이 파괴되었으며 경제적 혼란과 빈곤의 증대와 함께 페스트가 창궐하여 엄청난 수의 인명이 희생되었다. 아테네의 모든 성벽은 파괴되었고, 아테네는 모든 해외 재산 및 해군력을 포기할 수밖에 없었으며 스파르타의 속국으로 전락했다. 이러한 정치적, 경제적 혼란은 곧 빈민과 부랑아의 증가, 잔혹한 범죄의 증가 또는 질병의 확산 등과 같은 사회적 혼란과 무질서로 이어진다.

19) 민주주의와 사회주의 그리고 공리주의가 인간들 간의 모순과 갈등이 해소되어 버린 안락하고 평화로운 세계를 희구하는 것은 이들이 삶에 지치고 삶을 견딜 만한 힘을 상실하게 되었기 때문이다. 이에 대해서 그리스인들은 생명력으로 충만해 있었기 때문에 오히려 삶의 현실을 갈등과 모순 그리고 비극에 찬 삶으로서 흔쾌히 받아들였다. 그리스인들이 삶을 고뇌에 찬 것으로 인정한다는 점에서 그들은 염세주의자이지만, 이들의 염세주의는 이러한 삶으로부터 도피하지 않고 그것을 긍정한다는 점에서 강함에서 비롯되는 염세주의이다. 이에 대해서 쇼펜하우어처럼 갈등과 모순에 찬 삶에 대해서 혐오하면서 그것으로부터 도피하려고 하는 것은 생명력의 약화에서 비롯되는 약함의 염세주의이다. 에피쿠로스는 복잡한 삶의 세계로부터 은둔하면서 항상 정신적인 평정을 누리는 삶을 권장하지만 이는 그가 삶에 대한 두려움을 갖고 있었고 삶의 세계에서 고통을 느꼈기 때문이다.

세주의가 **아니었던가?** 에피쿠로스가 낙천주의자였던 것은 그가 바로 **괴로워하는 자**였기 때문은 아닐까? 사람들은 이 책이 안고 있는 것이 어려운 문제들의 커다란 다발이라는 것을 알 것이다. 우리는 여기에 가장 어려운 문제 하나를 덧붙이기로 하자. **삶**이라는 관점에서 볼 때 도덕이라는 것은 무엇을 의미하는가?

5

리하르트 바그너에게 바치는 서문에서 이미 도덕이[20] **아니라**

---

20) 여기에서 니체는 도덕 자체보다는 그가 노예도덕이라고 부르는 것을 염두에 두고 있다고 할 수 있다. 니체에 따르면 노예도덕에서는 인간은 인간으로 태어난 이상 누구나 동등한 존엄성을 갖고 있다고 주장한다. 니체는 노예도덕이 기독교에서 처음으로 가장 강력하게 주장되었다고 본다. 이는 기독교에서 모든 인간이 신 앞에 평등한 것으로 간주되기 때문이다. 귀족으로 태어난 사람이든 노예로 태어난 사람이든 신과 동일한 형상으로 지음을 받았으니 모두 다 존귀하다는 것이다. 아울러 노예도덕에 따르면 모든 사람들은 이렇게 존엄한 존재이니, 연약하고 고통받는 자가 있으면 힘써 도와줘야 한다고 본다. 노예도덕에서는 남에 대한 친절한 배려, 따뜻한 동정, 남에게 상처나 해를 주지 않으려는 선량함 등이 중요한 덕목으로 권장된다.

언뜻 보기에는 고상하게만 보이는 이러한 가치관이 사실은 연약하고 열등한 존재인 노예들이 자신들의 계급적인 이익을 위해서 만들어 낸 것이라고 니체는 주장한다. 실로 노예도덕이 전 사회를 지배할 경우에는 힘도, 능력도 없는 사람이 유리한 것이 사실이다. 설령 자신이 힘도 능력도 없어서 비참한 상태에 빠져도 다른 사람들이 따뜻한 동정심으로 도와줄 것이기 때문이다. 이런 의미에서 니체는 노예도덕은 힘도 능력도 없는 노예 같은 인간들이 자신들의 이익을 위해서 만들어 낸 것이라고 보는 것이다.

노예도덕에 반해서 군주도덕은 사람들이 원래부터 평등하고 존엄한 존재라고 보지 않는다. 군주도덕은 사람들 중에는 고귀하고 위대한 자가 있는가 하면, 저속하며 비열한 자가 있다고 본다. 고귀하고 위대한 자는 죽음 앞에서도 자신의 명예와 자존심을 소중히 하는 인간인 반면에, 저속하고 비열한 자는 비겁하고 눈앞의 이익과 안락에 급급해서 죽음 앞에서는 목숨을 구걸하는 인간이다. 군주도덕은 고귀하고 위대한 자가 비열하고 천박한 자들을 지배해야 한다고 본다. 그리고 고귀하고 위대한 자들은 드무니까 이 드문 소수가 다수를 지배하는 귀족정치가 올바른 정치형태라고 본다.

이와 관련하여 니체는 선을 의미하는 독일어 gut가 두 가지 의미를 가지고 있다고 본다. 그 하나는 노예도덕에서 말하는 선이고, 다른 하나는 군주도덕에서 말하는 선인데 이 경우 선은 고귀함 내지 위대함을 의미한다. 즉 노예와 같은 민중이 사용하는 경우 그것은 '남에게 해를 끼치지 않는', '겸손한', '친절한'이라는 의미를 갖는다. 이것과 반대로 군주와 귀족들이 사용하는 경우 gut라는 말은 '강한', '용감한', '호전적인', '신과 같은'(gut은 신을 의미하는 말인 Gott에서 생긴 말이다)이라는 의미를 갖는다.

그리고 선을 의미하는 독일어 gut에 대립되는 단어도 두 개가 있다. 그하나는 노예도덕에서 말하는 악을 의미하는 böse이며, 다른 하나는 군주도덕에서 말하는 저열함과 열등함을 의미하는 schlecht이다. schlecht라는 말은 귀족계급이 민중을 가리킬 때 사용했던 말인데, 원래는 '평범한', '보통의'라는 의미를 갖고 있었으나 나중에 '저속한'이라는 의미를 갖게 되었다. 이와 반대로 악을 의미하는 böse라는 말은 민중이 귀족계급을 가리킬 때 사용했던 말이고, 원래는 '위험한', '유해한', '이상한'이란 뜻을 갖고 있었다. 카이사르나 나폴레옹 같은 사람은 보통 사람들에게는 이러한 의미에서 böse한 인간이라고 할 수 있을 것이다. 카이사르나 나폴레옹 같은 예외적인 개인들 앞에서 많은 사람들은 위험과 두려움 그리고 범접하기 어려운 낯섦을 느낄 것이기 때문이다.

니체는 노예도덕이 연약한 자들의 자기기만과 강한 자들에 대한 원한에 예술이 인간의 본래적인 **형이상학적인** 활동으로서 제시되고 있다. 본문 자체에서도[21] 세계의 존재가 단지 미적인 현상으로서만 **정당화된다**는 암시적 명제가 여러 번 등장하고 있다. 사실상, 이 책 전체는 모든 사건의 배후에 존재하는 예술가의 진의(眞意), 예술가의 배후 의미(Hintersinn)만을 알고 있을 뿐이다. 사람들이 원한다면 이 의미를 '신'이라고 불러도 좋다. 그러나 이 신은 완전히 무모한 성격의 반도덕적 예술가로서의 신이다. 그는

서 비롯된다고 본다. 연약한 자들이 강한 자들에 의해서 지배를 당하고 있다고 할 경우, 이때 연약한 자들은 강한 자들에게 목숨을 걸고 저항하지 못하는 자신들의 비겁함과 연약함 때문에 자신들이 지배당한다고 생각하지 않는다. 오히려 연약한 자들은 자신들은 평화를 사랑하는 선한 사람들인 데 반해서 강한 자들은 전쟁을 좋아하고 악하기 때문에 강한 자들이 자신들을 지배한다고 생각한다. 즉 이들은 자신들의 무력함과 비겁함을 솔직하게 시인하지 않고, 자신들이 선한 인간들이라고 기만하는 것이다.

이렇게 자신을 기만하면서, 약하고 열등한 자는 자신의 약함과 열등함을 탓하는 것이 아니라 남이 자신에게 부당하게 해를 끼친다고 생각한다. 약한 자는 자신의 힘을 키워서 스스로의 힘으로 자신의 불행을 타개하기보다는 강자들이 자비와 동정을 베풀기를 바란다. 그리고 그 강자가 자비와 동정을 베풀지 않을 경우에는 그 강자를 무자비한 악한으로서 탄핵한다. 이 경우 자비와 동정이라는 미덕은 약한 자들이 자신들의 연약함을 호도하면서 강한 자들을 비난할 수 있는 근거로 작용한다.

니체는 이러한 노예도덕이 사회를 지배할 경우 사람들을 전체적으로 허약하고 자기기만적인 존재로 만들 것으로 염려했다. 자세한 것은 니체의 『도덕의 계보학』 중 첫 번째 글을 참조할 것.

21) 본문 5장 및 24장 참조.

건설에서뿐 아니라 파괴에서도, 선에서뿐 아니라 악에서도 한결같이 자신의 쾌락과 독재권을 만끽하려 드는 신이다. 그는 세계를 창조하면서, 충만과 **충일**(充溢)의 **고난**(Noth)으로부터 그리고 자신 내부의 급박한 대립의 **고통**으로부터 자신을 구원한다. 세계는 매 순간 신의 구원이 **실현된** 상태인바, 세계는 가장 고통 받는 자, 그 자체 내에서 가장 대립 상극하는 자, 가장 모순에 가득 찬 자인 신의 영원히 변전(變轉)하면서 영원히 새로운 환영인 것이다. 신은 〔세계라는〕 **가상** 속에서만 자신을 구원할 수 있다. 이러한 예술가-형이상학(Artisten-Metaphysik)을 사람들은 자의적이고 무익하고 공상적이라고 부를지도 모른다. 그러나 여기서 본질적으로 중요한 것은 모든 위험을 무릅쓰고 삶에 대한 **도덕적** 해석과 도덕적 의미부여에 대항하여 자신을 방어해 왔던 한 정신이 이 예술가-형이상학에 의해서 이미 그 모습을 드러내게 된다는 점이다. 이 책에서는 아마도 처음으로 '선악의 피안에 있는'[22] 염세주의가 처음으로 자신을 고지하고 있으며, 이보다 앞서 쇼펜하우어가 지칠 줄 모르고 분노에 찬 저주와 번갯불을 퍼부었던 '정신태도의 도착(Perversität der Gesinnung)'이 표현되고 정식화되고 있다. 〔이 책에서 피력하고 있는 철학은〕 도덕 자체를 현상의 세계 속에 포함시키고 (관념론적 술어의 의미에서

---

22) 니체의 저서 『선악의 피안』이 집 된 것은 1885~1886년으로, 이 서문을 쓴 8월에 자비 출판되었다.

의) '현상' 아래로뿐 아니라 가상, 망상, 오류, 해석, 가식, 예술로 서의 '착각' 아래로 끌어내리려 하는 철학이다. 아마도 이러한 **반 도덕적** 경향의 깊이는 이 책 전체에서 기독교를 다루고 있는 방식, 즉 기독교에 대한 조심스럽고 적대적인 침묵에서 가장 잘 헤아릴 수 있을 것이다. 도덕적 주제에 대한 가장 빗나간 도식화로서의 기독교, 이것에 인류는 지금까지 귀를 기울여 왔던 것이다. 실제로, 이 책에서 가르치고 있는 바와 같은 미적 세계해석과 세계긍정에 대해서 기독교만큼 대립되는 것은 없다. 기독교는 **오 직** 도덕적일 뿐이며 또한 도덕적이고자 한다. 그리고 자신의 절대적인 척도를 가지고, 즉 자신이 믿는 신의 진실성을 가지고 예술을, **모든** 예술을 **거짓**의 영역으로 추방한다. 즉 부정하고 저주하고 단죄한다. 그것이 진정한 것이 되고자 하는 한, 예술에 적대적이어야만 하는 이런 종류의 사고 및 평가방식의 이면에서 나는 오래 전부터 **삶에 대한 적개심**, 삶에 대한 원한과 복수심에 가득 찬 혐오를 감지했다. 왜냐하면 모든 삶은 가상, 예술, 착각, 광학(Optik),[23] 관점적인 것과 오류의 필연성을 근거로 하고 있

---

23) 니체는 힘에의 의지는 항상 자신의 유지와 고양을 위한 특정한 관점에서 세계를 파악한다고 보았다. 플라톤의 형이상학이나 기독교도 인간이라는 힘에의 의지가 자신의 생존과 강화를 위해서 정립한 관점이지만 니체는 이러한 관점이 힘에의 의지를 오히려 병약하게 만드는 것으로 작용한다고 보았다. 이에 대해서 그리스 예술이 삶과 세계를 파악하는 관점은 인간을 강화하고 건강하게 만든다.

기 때문이다. 기독교는 처음부터 본질적이고 근본적으로, 삶이 삶에 대해서 느끼는 구토와 염증이었다. 이 구토와 염증은 '다른' 혹은 '더 나은' 삶에 대한 믿음으로 위장되고 숨겨지고 치장되었을 뿐이다. '세계'에 대한 증오, 정념에 대한 저주, 아름다움과 감성에 대한 두려움, 차안의 세계를 더욱 심하게 비방하기 위해서 고안된 피안, 근본적으로 볼 때 허무, 종말, 안식, '안식일들 중의 안식일'로의 근본적 열망, 이 모든 것은 **오직** 도덕적 가치**만**을 인정하려고 하는 기독교의 무조건적인 의지와 마찬가지로 나에게는 항상 '몰락에의 의지'의 모든 가능한 형식들 중에서도 가장 위험하고 가장 섬뜩한 형식으로, 적어도 삶에 있어서 가장 깊이 든 병, 피로, 불만, 쇠진, 빈곤의 징후로 생각되었던 것이다. 왜냐하면 도덕(특히 기독교적, 즉 무조건적 도덕) 앞에서 삶은 본질적으로 비도덕적**인** 것이기 때문에 항상 그리고 불가피하게 부당한 취급을 받을 **수밖에 없기** 때문이다. 결국 삶은 경멸과 영원한 부정의 무게에 짓눌려 갈망할 가치가 없는 것으로서, 그 자체가 무가치한 것으로서 느껴져야**만 한다**. 도덕 자체는——어떤가? 도덕은 처음부터 끝까지 '삶을 부정하려는' 의지이고, 파괴하려는 은밀한 본능이고, 퇴락, 왜소화, 비방의 원리가 아닐까? 따라서 또한 위험 중의 위험이 아닐까? …… 그러므로 당시 삶을 변호하는 본능으로서의 나의 본능은 이 문제의 책을 가지고 도덕에 **대항**하였던 것이며, 도덕과 근본적으로 대립되는 삶에 대한 가르침과 평가, 즉 하나의 순수하게 예술적인, 하나의 **반(反)기독교적인** 가르침과 평가를 고안했다. 그것을 무어라고 이름붙이면 좋을 것인가? 문헌학자로서, 언어의 전문가로서 나는 어느 정도 자유롭게 ── 누가 반기독교인의 올바른 이름을 알겠는가? ── 어떤 그리스 신의 이름으로 그것에 세례를 주었다. 나는 그것을 **디오니소스적인 것**이라고 불렀던 것이다.

6

내가 이 책을 가지고 어떤 과제에 감히 손을 대려고 했는지를 이해하는가? …… 내가 지금 매우 유감스럽게 생각하고 있는 것은 당시의 내가 이처럼 모든 점에서 독자적인 직관과 모험에 대해서 **독자적인 언어**를 감히 사용할 만큼 용기(혹은 불손함)를 지니고 있지 않았다는 점이다. 칸트와 쇼펜하우어의 정신과 취향에 근본적으로 대립되는 낯설고 새로운 가치평가를 나는 힘겹게 그들의 정식에 따라 표현하려고 했었다! 쇼펜하우어는 비극에 대해서 어떻게 생각했던가? 그는 『의지와 표상으로서의 세계』 II권 495쪽에서 이렇게 말하고 있다. "모든 비극적인 것에 우리를 고양시키는 특별한 힘을 부여하는 것은 세계와 인생이 참된 만족을 줄 수 없으며 따라서 세계와 인생이 우리가 집착**할 만한 것이 못된다**는 사실에 대한 인식이 〔비극을 통해서〕 열린다는 것이다. 여기에 비극적 정신의 본질이 있다. 따라서 비극적 정신은 우리를 **체념**으로 이끈다." 오, 디오니소스는 나에게 얼마나 다르게 말해 주었던가! 오, 당시의 나에게 바로 이 체념주의 전체는 얼마나 거리가 먼 것이었던가? 그러나 쇼펜하우어의 정식을 가지고 디오니소스적 예감을 애매하게 했고 망쳐 버렸다는 것보다도 더욱더 지금 내가 유감스러워하는 훨씬 더 나쁜 점이 있다. 그것은 당시 내가 내게 열려진 그대로의 웅대한 **그리스적인 문제**를 가장 근대적인 사태와 혼합해 버림으로써 그것을 **망쳐 버렸다는 것**이다! 내가 아무것도 바랄 수 없는 곳, 모든 것이 너무나 명백하게 종말을 가리키고 있는 곳에 희망을 걸었다는 것! 내가 '독일적 본질'이 마치 자신을 발견하고 재인식하기나 한 것처럼 독일의 최근 음악을 토대로 하여 '독일적 본질'에 대해서 헛소리를 지껄이기 시작했다는 것! 더구나 조금 전까지는 아직 유럽을 지배하려는 의지, 유럽을 지도할 수 있는 힘을 가졌던[24] 독일

---

24) 이 시대는 칸트에서 헤겔에 이르는 독일 철학과 괴테와 실러로 대표되는 문학이 융성했던 시기를 가리킨다. 이 시대에 독일은 여러 제후국가들로 나뉘어져 정치적으로는 열세에 놓여 있었지만 문화적으로는 전성기를 맞고 있었다. 이 구절에서 우리는 니체가 추구하는 것이 흔히 오해되는 것처럼 정치적인 힘의 강화가 아니라 문화적인 힘의 강화, 즉 문화의 융성이었다는 사실을 분명히 할 수 있다. 니체는 국가나 경제가 문화에 종속되어야 한다고 보았으며, 문화는 위대한 시인과 철학자들 그리고 육체적·정신적으로 건강한 인간을 낳는 것을 목표로 해야 한다고 생각했다. 앞에서 보았던 것처럼 니체는 프로이센-프랑스 전쟁에 깃든 디오니소

정신이 궁극적이고 최종적으로 **그 지위에서 물러나** 제국 건설이

라는[25] 화려한 구실 아래 범용화와 민주주의 그리고 '근대적 이

념들'로 이행해 가버린 그 시기에 그랬던 것이다! 이 '독일적 본

질'에 대해서 사실 그 후의 나는 아무런 기대도 갖지 않은 채 가

차 없이 사유하는 것을 배웠다. 철두철미 낭만주의적이며 모든

예술 형식 중 가장 비그리스적인 현재의 **독일 음악**에 대해서도

마찬가지다. 더 나아가 이 독일 음악은 가장 신경을 망가뜨리는

것이며, 술 마시기를 좋아하고 애매함을 미덕으로 찬양하는 민

족에게는 이중으로 위험하다. 즉 그것은 도취시키는 것과 동시

에 **몽롱하게 한다**는 이중의 속성을 갖는 마취제라는 점에서 위

험한 것이다. 당시에 나는 가장 현대적인 것에 너무 성급한 기

대를 걸고 그것에 〔나의 통찰을〕 잘못 적용함으로써 나의 처녀작

을 망쳤는데, 이러한 성급한 기대와 그릇된 적용을 물론 도외시

한다면 이 책에서 제기되고 있는 디오니소스적 대(大)의문은 음

스적인 힘으로 당시 경제주의와 향락주의에 빠져 있던 독일 문화가 쇄신
될 수 있다고 기대했기 때문에 이 전쟁을 환영했다. 그러나 1871년에 전
쟁이 프로이센의 승리로 끝난 후 니체는 독일이 군사적인 오만에 사로잡
히고 경제지상주의로 더욱 기울어지고 있다고 보았다. 니체는 전쟁에서
승리한 프로이센 국가가 문화에 위험한 권력체라고 단정하고 독일 문화
의 미래는 그 어느 때보다 위험하다고 생각했다.

25) 1871년 프로이센–프랑스 전쟁에서 승리한 프로이센은 베르사이유 궁전
에서 독일 황제 빌헬름 1세의 대관식을 했다. 이때 독일 통일 제국이 출
현한 셈이다.

악에 대해서도 계속해서 적용된다. 이러한 의문이란 독일 음악
과는 달리 낭만주의적인 기원을 갖지 않고 **디오니소스적** 기원을
갖는 음악은 어떠한 성질을 가지고 있어야만 하는가라는 의문
이다.

7

그러나 니체여, 만일 **그대의** 책이 낭만주의가 아니라면 도대
체 무엇이 낭만주의란 말인가?[26] 그대의 예술가—형이상학에 나

---

26) 『비극의 탄생』에서만 해도 계몽주의에 대해서 비판적이고 낭만주의
에 대해서 긍정적이던 니체는 두 번째 저서인 『인간적인, 너무나 인간
적인』을 기점으로 하여 입장을 완전히 달리하게 된다. 다음에 인용하
는 『아침놀』 197번에서 니체는 이렇게 낭만주의를 비판하고 있다.
"…… 독일의 역사가들과 낭만주의자들에 대해서 생각해 보자. 그들은
옛날의 원시적인 감각, 특히 기독교, 민족혼, 민간전승, 민족어, 중세적
인 것, 동양적인 금욕주의, 인도 문화의 명예를 되살리려고 노력했다.
…… 독일인들의 전반적인 경향은 계몽주의와 사회의 혁명에 반(反)하
는 것이었으며, 그들은 이러한 혁명을 계몽주의의 결과라고 크게 오해
했다. 독일인들은 아직 존속하고 있는 모든 것에 대한 존경심을 이제까
지 존속해 왔던 모든 것에 대한 존경심으로 바꾸려고 노력했다. 그리고
이는 오직 마음과 정신이 다시 한 번 충만하게 되어서 미래의 혁신적인
목표가 들어설 여지가 더 이상 없도록 하기 위해서였다. 성의(聖衣) 숭배
대신에 감정의 숭배가 들어섰다. 그리고 독일의 음악가들은 눈으로 볼
수 없고 열광적이며 동화(童話)적이고 열망하는 것의 예술가로서 언어
와 사상의 예술가들 전체보다도 더 성공적으로 새로운 신전을 건설했다.
〔과거의〕 무수한 성취들이 상세하게 거론되었고 음미되었으며 그때 이

34 비극의 탄생

타나 있는 것 이상으로 '현재', '현실' 그리고 '근대적인 이념들'에 대한 깊은 증오가 나타날 수 있을까? 그대의 예술가—형이상학은 '현재'보다는 무를, 악마를 더 믿고 있지 않는가? 그대의 모든 대위법적인 발성술과 귀의 현혹술 아래에는 분노와 파괴욕의 기저음이 울리고 있지 않는가? '현재' 존재하는 모든 것에 대항하려는 광포(狂暴)한 결의, 실천적 허무주의와 그다지 멀리 떨어져 있지 않은 하나의 의지가 으르렁거리고 있지 않은가! 이 의지는 "만일 **그대들이** 옳다면, 만일 **그대들의** 진리가 정당성을 얻는다면, 아무런 진리도 없는 것이 낫다"고 말하고 있는 것처럼 보인다. 그대 니체, 나의 염세주의자이자 예술숭배자여, 귀를 더 열고 그대의 책의 단 한 대목, 즉 거룡(巨龍) 정벌자에 대해서 웅변을 토하는 대목에 귀를 기울여 보라. 그것은 젊은 귀와 가슴에는 쥐를 잡는 사나이의 피리 부는 소리처럼[27] 유혹적인 소리로

래 많은 것이 이전보다도 더욱더 공정하게 평가되고 있다는 사실을 우리가 고려하더라도, 전체적으로 볼 때 과거에 대한 가장 완전하고 궁극적인 인식의 외관하에 인식 일반을 감정 밑으로 억압하고, 자신의 과제를 이렇게 규정한 칸트의 말을 빌려 말하자면 '지식에게 그것의 한계를 보여주는 것을 통해서 신앙을 위한 길을 다시 열었던' 것은 결코 적지 않은 위험이었다. ……" 프리드리히 니체, 『아침놀』(책세상, 2004), 박찬국 옮김, 213쪽.

27) 독일 하멜른이라는 마을에 전해 내려오는 피리 부는 사나이에 관한 전설. 이상한 피리 부는 사나이가 피리의 마력으로 쥐 떼를 꾀어 내어 쥐의 등살에 시달리던 동네사람들을 구하지만 약속된 보수를 받지 못했다.

들릴 수 있다. 어떤가? 그것은 1850년의 염세주의의 가면을 쓴 1830년의 낭만주의의 진정한 고백이 아닌가? 이 고백의 배후에 서는 또한 이미 낭만주의자의 통상적인 피날레가 울리기 시작하고 있지 않은가? 좌절, 붕괴, 낡은 신앙으로의, 그 낡은 신 앞으로의 회귀와 굴복 등이……. 그대의 염세주의적인 저서는 그 자체가 반(反)그리스주의와 낭만주의이며, 그 자체가 '몽롱하게 하고 도취시키기도 하는' 어떤 것이고, 어쨌든 일종의 마취제이고, 심지어 한 편의 음악, **독일** 음악이지 않은가? 그러나 독자여, 들어 보라!

"자라나고 있는 다음 세대가 이처럼 대담한 시선으로 괴물을 향해서 영웅적으로 돌진하는 것을 상상해 보자. 그리고 완전히 그리고 충실히 '결연하게 살기 위해서' 모든 낙천주의의 나약한 교설들에서 과감히 등을 돌리는 거룡 정벌자들의 대담한 용기와 당당한 발걸음을 생각해 보자. 엄숙함과 공포를 견뎌낼 수 있도록 자신을 교육하면서, 이 문화의 비극적인 인간이 하나의 새로운 예술, 즉 **형이상학적 위로의 예술**인 비극을 자신에게 어울리는 헬레네로서[28] 열망하면서 파우스트처럼 이렇게 외쳐야 한다

화가 난 그는 다시 피리를 불어서 마을의 모든 어린이들을 데리고 어디론가 사라졌다고 한다. '유혹자'의 의미로도 사용된다.
28) 원래 헬레네는 고대 트로이 전쟁의 발단이 된 미녀였지만, 괴테의 『파우

는 것은 **필연적인 일이 아닌가?**

　'내가 이처럼 강한 그리움의 힘으로

　오직 하나뿐인 여인을 소생시켜서는 안 되는가?'"[29]

　"그것은 **필연적인** 일이 아닌가?"…… 아니다. 단연코 아니다! 그대들 젊은 낭만주의자들이여, 그것은 필연적인 일이어서는 **안 된다!** 그러나 사태가 그렇게 **끝난다는 것, 그대들이** 그렇게 끝난다는 것, 즉 위에 씌어 있는 것처럼 '위로를 얻고', 엄숙함과 공포를 견디기 위한 모든 자기 교육에도 불구하고 '형이상학적인 위로를 얻어', 요컨대 낭만주의자들이 끝나는 것처럼 **기독교적으로** 끝나 버린다는 것은 매우 있을 법한 일이다……[30] 그래서는 안 된다! 그대들은 우선 **차안의** 위로의 예술을 배워야한다. 그대들이 전적으로 염세주의자로 남아 있기를 원한다면, 나의 친구들이여, 그대들은 **웃는 것**을 배워야 한다. 그러면 아마도 그대들은 웃는 자로서 그 후 곧 언젠가 한 번은 모든 형이상학적 위로 나부랭이들을 악마에게 던져 주고 특히 제일 먼저 형

　　스트』에서는 파우스트의 아내로 나온다.

29) 『파우스트』 제2부 제2막 「고대 발푸르기스의 밤」 7438, 7439행 참조.

30) 당시 낭만주의의 대표적인 인물인 슐레겔이 가톨릭으로 개종한 것과 같은 일을 가리킨다.

이상학을 던져 주게 될 것이다! 혹은 **차라투스트라**라고 불리는 저 디오니소스적 괴물의 입을 빌려 말한다면,

"나의 형제들이여, 그대들의 가슴을 펴라. 활짝, 더 활짝! 그리고 그대들의 다리도 잊지 마라! 그대들의 다리도 들어 올려라, 그대들 훌륭한 무용가들이여, 그대들이 물구나무를 선다면 더욱 좋으련만!

웃는 자의 이 왕관, 장미로 엮은 이 왕관,[31] 나는 이 왕관을 스스로 내 머리에 썼노라. 그리고 나 자신이 나의 웃음을 신성한 것이라고 말했노라. 그렇게 해줄 만큼 강한 자를 나는 타인들 중에서는 아직 발견하지 못했기 때문이다.

춤추는 자 차라투스트라, 날개로 신호하는 가벼운 자 차라투스트라, 모든 새들에게 신호하면서 날아오를 준비가 끝난 자, 지복(至福)에 가득 찬 가벼운 자,

예언자 차라투스트라, 진정으로 웃는 자 차라투스트라, 성급하지 않은 자, 절대자가 아닌 자, 높이 뛰어오르기와 옆으로 뛰기를 좋아하는 자, 나는 스스로 이 왕관을 썼노라!

웃는 자의 왕관, 장미꽃으로 엮은 이 왕관, 나의 형제들이여, 나는 이 왕관을 그대들에게 던진다! 나는 웃음을 신성하다고 말

---

31) 「마태복음」 27장 29절 참조.

했노라. 그대들 높은 인간들이여, 나에게서 **배울지어다** —— 웃는 것을!"

『차라투스트라는 이렇게 말했다』 제4부 87쪽.[32]

---

32) 『차라투스트라는 이렇게 말했다』 제4부 「보다 높은 인간」.

음악정신으로부터의
비극의 탄생

존경하는 나의 벗이여, 나는 지금 당신이 이 저서를 받아 보실 순간을[1] 마음속에 그려 보고 있습니다. 내가 그러한 순간을 마음속에 그려 보는 것은 이 저서 속에 통합되어 있는 사상이 독특한 성격을 지닌 우리의 심미적 여론에 불러일으킬지도 모르는 모든 우려와 흥분과 오해를 내 염두에서 멀리 떨쳐버리기 위해서이며, 훌륭하고 감격적인 순간의[2] 화석(化石)처럼 이 책의 매 페이지마다 그 흔적을 남기고 있는 명상적 환희를 그대로 지닌 채

---

1) 『비극의 탄생』 초판은 1000부가 발행되었으며 니체는 이 중 25부를 증정받았다. 증정본 25부 중에서 다섯 부는 특별히 제작된 귀중본이었다. 이 귀중본은 바그너의 부인인 코지마에게 증정되었다. 바그너는 처음에는 일반 증정본을 받았지만 나중에 귀중본을 받았다.
2) 니체가 바그너와 대화했던 순간들을 가리키는 것 같다.

이 책의 머리말을 쓰기 위해서입니다. 나는 이 책을 받아 보실 때의 광경을 마음속에 그려 보는 것입니다. 당신은 아마도 겨울철 눈 속의 저녁 산책에서 돌아온 후, 책 표지에 그려진 쇠사슬에서 풀려난 프로메테우스를 보고,[3] 내 이름을 읽고, 이 책에 무엇이 쓰여 있든 간에 저자는 무엇인가 진지하고 절실한 것을 말하고자 했다는 사실을 즉각 확신하게 되며, 동시에 저자가 생각해 낸 모든 것은 마치 당신과 서로 면전에 있는 것처럼 대화하면서 오로지 이 대화에서 비롯되는 것만을 적었다고 확신하게 될 것입니다. 이때 당신은 내가 베토벤에 대한 당신의 훌륭한 논문이 나온 것과 동일한 시기에,[4] 즉 이제 막 터진 〔프로이센과 프랑스의〕 전쟁의 공포와 숭고한 사건들의 와중에서 이 책에 담긴 사상에 몰두하고 있었다는 사실을 상기하게 될 것입니다. 그러나 이러한 몰두와 관련하여 애국적인 흥분과 미적인 탐닉 사이의 대립, 용기 있는 진지함과 명랑한 유희 사이의 대립과 같은 것을 생각하는 사람은 오류를 범하는 것이 될 것입니다. 이런 사람들은 오히려 이 글을 실제로 읽어 보면 우리가 얼마나 진지하고 독일적인 문제를 다루고 있는지를 분명히 깨닫고서 놀라게 될 것

---

3) 『비극의 탄생』의 초판 표지에는 〈쇠사슬에서 풀려난 프로메테우스〉라는 그림이 실려 있었다.
4) 바그너는 1870년에 베토벤 탄생 100주년을 기념하는 뜻으로 「베토벤론」이라는 논문을 썼다.

입니다. 이 문제는 독일이 품고 있는 희망의 한가운데에, 하나의 소용돌이이자 하나의 전환점으로서 우리에 의해서 정녕 본래적으로 던져진 것입니다. 그러나 그들이 예술 속에서 '삶의 엄숙함'에 대한 하나의 재미있는 첨가물 또는 없어도 좋은 요란한 방울소리 이상의 것을 인식할 수 없다면, 아마도 바로 이런 사람들에게는 미학적 문제가 그렇게 진지하게 취급된 것을 보는 것이 도대체가 불쾌하게 여겨질 것입니다. 마치 '삶의 엄숙함'에 대한 이러한 대결이 얼마나 중요한 것인지에 대해서 아무도 알지 못하는 것처럼 말입니다. 내가 당신의 정신에 따라 예술이 이 삶의 최고의 과제이고 본래적인 형이상학적 행위라고 확신하고 있다는 사실은 이 진지한 독자들을 계몽하는 데 기여할 것입니다. 여기서 나는 이러한 확신에 이르는 길에서 앞서 나간 나의 숭고한 투사인 당신에게 이 책을 바치고자 합니다.

1871년 말, **바젤에서**

1

예술의 발전은 **아폴론적인 것과 디오니소스적인 것**의 이중성과 결부되어 있다.[5] 이러한 사실은 생식(生殖)이 지속적으로 투쟁하면서 화합하는 남녀 양성에 의존하는 것과 유사하다. 우리가 이러한 사실을 논리적으로 통찰할 뿐 아니라 직접적으로 확실하게 직관하게 된다면 미학에 큰 소득이 될 것이다. 아폴론적인 것

---

5) 아폴론적인 것과 디오니소스적인 것은 이 책을 관통하는 중심용어이기 때문에 이 용어가 비롯된 아폴론 신과 디오니소스 신에 대해서 한 번 짚어볼 필요가 있다고 생각된다. 특히 디오니소스적인 것이라는 용어는 이 책에서 중심적인 지위를 갖고 있기 때문에 디오니소스 신에 대해서는 더 상세하게 살펴보겠다.

아폴론은 태양과 지혜의 신으로 불리며 도덕이나 법률을 주관하는 신으

로 알려져 있다. 또한 예언의 신이기도 하여 델포이를 중심으로 한 그의 신전(神殿)에서는 무녀(巫女)를 통해 신탁(神託)을 받는 일이 성행했다. 니체는 아폴론적인 것이라는 용어를 태양과 같은 밝음, 이러한 밝음 아래서 모든 사물들이 드러내는 균형, 절도, 질서, 명료한 형태, 그리고 국가의 도덕이나 법률, 아름다운 가상(假像) 및 이러한 아름다운 가상을 형성하는 예술적 능력을 상징하는 용어로 쓰고 있다.

디오니소스는 술과 황홀경의 신으로, 제우스와 테베 시의 창설자인 카드모스의 딸 세멜레 사이에서 태어났다. 로마 신화의 바쿠스(Bacchus)에 해당하며 올림포스 12신 중의 하나이다. 인간에게서 태어나서 올림포스 12신 안에 든 것은 디오니소스뿐이다. 물론 니체가 말하는 의미의 아폴론 적인 예술의 대표인 호메로스에서는 디오니소스가 아직 올림포스 신들에 포함되어 있지 않다.

세멜레가 제우스의 아이를 임신하고 있을 때 제우스의 아내 헤라는 늙은 유모의 모습으로 찾아가, 세멜레에게 애인이 제우스 신인지 의심을 품게 하면서 제우스가 오면 증거로 헤라와의 결혼식 때의 모습 그대로를 보여 줄 것을 요구하도록 부추겼다. 세멜레는 제우스가 찾아오자 부탁이 있으니 꼭 들어달라고 부탁을 했고 제우스는 어떤 소원이라도 들어 주기로 약속하게 된다. 세멜레의 부탁을 들은 제우스는 자신의 약속을 후회하지만 약속을 취소할 수 없었기 때문에 번개의 모습으로 나타났고 세멜레는 그 자리에서 새카맣게 타버리고 말았다. 제우스는 세멜레의 뱃속에서 아기를 꺼내어 자신의 넓적다리에 넣어 키웠고, 달이 차자 아이는 아버지의 넓적다리를 뚫고 세상에 나왔다. 이 아이가 바로 디오니소스이다.

제우스는 헤라가 눈치채지 못하도록 디오니소스를 니사의 님프들에게 맡겨 키우게 했다. 디오니소스는 니사에서 자라면서 포도의 재배법과 포도주 만드는 법을 발견했다. 디오니소스라는 이름은 '니사의 제우스'를 의미한다고 한다. 헤라는 디오니소스를 찾아내어 디오니소스를 미치광이로 만들었고 미친 디오니소스는 지상의 여러 나라를 방랑했다. 제우스의 어머니인 레아가 디오니소스의 광기를 치료해 주었고, 후에 디오니소스 축제 때 행해질 종교 의식을 전수해 주었다. 정상을 회복한 디오니소스는 인도로까지 여행을 계속하면서 포도 재배법과 포도주 만드는 법을 가르치고 자신의 신앙을 전파했다.

디오니소스를 세멜레의 아들이 아니라 페르세포네의 아들로 보는 신화도 있다. 페르세포네는 제우스와 데메테르의 딸인데 디오니소스가 페르세포네의 아들이라면 제우스는 자신의 딸을 임신시킨 것이 된다. 페르세포네와 뱀의 모습으로 둔갑한 제우스 사이에서 태어난 아들이 자그레우스였는데, 제우스는 그에게 세계의 지배를 맡기려고 했다. 그러나 자그레우스는 헤라의 사주를 받은 티탄〔거인〕들에 의해서 여덟 조각으로 갈갈이 찢겨 삼켜진다. 남은 건 심장뿐이었는데 제우스가 그 심장을 가져가서 삼킨 다음 세멜레와 만나 그녀를 통해 자그레우스를 다시 태어나게 했다고 한다. 자그레우스는 '영혼의 사냥꾼'을 의미하며, 디오니소스의 별명 중 하나이다. 이러한 이야기는 디오니소스 신도들이 날고기를 먹는 비의(秘儀)를 행했던 것과 관계가 있는 것으로 알려진다.

겨울에 죽었다가 봄에 소생하는 디오니소스에 관한 신화는 대지가 겨울에는 활동을 멈추었다가 봄에 소생한다는 고대인들의 생각을 반영하고 있다. 디오니소스는 풍요와 수확을 상징하는 신이며, 생명력, 피, 포도주, 물, 정액 등을 상징한다. 따라서 디오니소스는 누구보다도 농부들에게 사랑받았다. 디오니소스제(祭)는 사람들을 도취와 환각상태로 이끌었으며 극도의 환희와 고통의 극단적인 긴장상태로 끌어들였다. 이 제사에는 여성들과 노예들도 참여하였다. 농부들이 성대하게 벌이던 디오니소스제를 아테네의 지배자였던 독재자 페이시스트라토스(Peisistratos)는 민중들의 환심을 사기 위해서 도시국가 아테네의 축제로 만들었다.

아리스토텔레스의 『시학』에 따르면 그리스 비극뿐만 아니라 희극도 디오니소스 축제에서 비롯되었다고 전한다. 배우들은 산양의 뿔, 긴 귀, 꼬리를 지닌 사티로스(Satyros)와 실레노스(Silenos) 들로 분장하여, 도취한 디오니소스를 동행하는 역할을 맡았다. 비극을 뜻하는 그리스어 tragodia는 산양을 찬양하는 노래를 의미하며, 니체가 주장하고 있는 것처럼 디오니소스제에서 디오니소스에게 바치는 합창찬가(디티람보스)가 비극의 기원이라고 한다.

니체는 '디오니소스적인 것'이라는 용어를 아폴론적인 밝음과 절도에 대비되는 밤의 어둠과 심연, 혼돈 그리고 아폴론적인 평정에 대비되는 끊임없이 유동하고 변화하는 생명력, 포도주가 상징하는 것처럼 모든 사물들이 아폴론적인 개성과 차별과 구별을 극복하고 혼연일체가 되는 도취과 디오니소스적인 것이라는 위의 명칭들을 우리는 그리스인들에게서 빌렸다. 그리스인들은 자신들의 예술관의 심오하고 비밀스런 가르침을 개념을 통해서는 아니더라도 자신들이 신봉하는 신들의 세계에 대한 극히 명료한 형상들을 통해서 통찰력 있는 사람들에게 알려주고 있다. 그리스 세계에서는 조형 예술가의 예술인 아폴론적인 예술과 디오니소스의 예술인 비조형적인 음악예술이 기원과 목적이란 점에서 크게 대립하고 있다는 우리의 인식은 그리스인들이 신봉했던 두 예술신인 아폴론과 디오니소스에 결부되어 있다. 서로 성격을 전혀 달리하는 이 두 종류의 충동들은 대체로 공공연히 대립하면서 서로가 항상 새롭고 보다 힘 있는 탄생물들을 낳도록 자극하면서[6] 평행선을 이루며 나아간다. 이러한 탄생물들 속에서 저 대립의 투쟁은 영원히 계속되며, '예술'이라는 공통의 단어가 이러한 대립을 단지 외견상으로

와 황홀경의 상태, 사지가 갈갈이 찢겨지는 죽음을 극복하고 부활하는 강인한 생명력을 상징하는 용어로 쓰고 있다. 니체는 디오니소스적인 것이라는 개념을 자신의 사유도정의 끝까지 놓지 않았다. 후기 니체는 힘에의 의지로서의 세계를 디오니소스적인 것이라고 명명하고 있다.

6) "서로 성격을 전혀 달리하는 이 두 종류의 충동들은 대체로 공공연히 대립하면서 서로가 항상 새롭고 보다 힘 있는 탄생물들을 낳도록 자극하면서"가 의미하는 것은 아폴론적 충동과 디오니소스적 충동이 서로 투쟁하면서 새롭고 보다 힘 있는 예술형식들을 창조해 나간다는 것을 의미한다. 그리스 예술은 두 충동의 대립을 통해서 아폴론적인 예술에서 디오니소스적 예술로 그 다음에 양자를 종합하는 비극적인 예술로 나아간다.

만 연결시켜 줄 뿐이다. 그 두 충동들은 그리스적인 '의지'의 어떤 형이상학적인 기적을 통해서 결국에는 서로 짝을 맺게 되며, 이러한 결혼을 통해서 최종적으로 아폴론적이면서도 디오니소스적이기도 한 아티카 비극 작품이 산출되는 것이다.[7]

그 두 충동을 보다 잘 이해하기 위해서 우리는 그것들을 우선 **꿈**과 **도취**라는 서로 분리된 예술세계로서 생각해 보자. 이 두 생리학적 현상들 사이에는 아폴론적인 것과 디오니소스적인 것 사이의 대립과 같은 대립이 발견된다. 루크레티우스(Lucretius)의[8]

---

7) 아티카는 도시국가 아테네가 자리 잡았던 그리스 중부 지역을 가리킨다. 대체로 척박한 땅이었지만 과수재배에는 적합했다. 남동 의 라우레이온 산지에는 에게 해 최대의 은광맥이 있어서, 기원전 5세기경부터 이루어진 은광 채굴은 아테네가 부강하게 된 중요한 요인이 되었다. 기원전 8세기 중엽부터 아테네를 중심으로 완전한 통일이 이루어졌다.
아티카에서는 신주(新酒)의 술통을 따는 3월 봄의 디오니소스 대축제에서 비극작가들 사이에 경연이 열렸다. 이것은 아크로폴리스의 신전에 딸린 디오니소스 극장에서 신관(神官)의 주관하에 1만 7000명이 넘는 관중이 모여 행하는 국가적 행사였다. 5인의 심판관이 평가하여 1등을 한 작가는 커다란 명예를 얻었다. 특히, 예선을 통과한 작가에게는 각각 부유한 후원자가 딸려서 일체의 상연 비용을 부담하고, 합창대의 편성, 의상의 준비 등을 담당하였다. 작가는 합창대의 훈련, 배우의 연기지도, 가창부(歌唱部)의 작곡 등 연출 전반을 담당하였다. 이 비극 경연에서 아이스킬로스, 소포클레스, 에우리피데스의 3대 비극시인이 탄생했다.
8) 루크레티우스(Lucretius Carus, Titus, B.C. 94?~55?)는 에피쿠로스 학파의 시인으로, 유일한 저작인 『만물의 본성에 대하여(De rerum natura)』라는 시적인 저서에서 신들에 대한 신앙이 꿈에서 생겼다고 말했다. 그는 에피쿠로스와 마찬가지로 진실로 실재하는 것은 원자와 공허

51

생각에 의하면, 인간의 영혼 앞에 신들의 장엄한 형상이 나타났던 것은 꿈 속에서였다. 위대한 조형 예술가는 꿈 속에서 초인적인 존재들의 매혹적인 몸을 보았다. 그리고 그리스의 시인은 시적인 창조의 비밀에 대한 질문을 받는다면 마찬가지로 꿈을 상기하면서, 한스 작스(Hans Sachs)가[9] 직장가수(職匠歌, Meister-

---

한 공간일 뿐이며 불안과 공포의 원천인 영혼이나 신은 존재하지 않는다고 보았다. 무신론이 팽배한 현대와는 달리 루크레티우스 시대의 사람들은 도처에 신이 존재한다고 보았고, 사후에 영혼이 천국이나 지옥에 간다고 생각하면서 신이 내린 금기를 어길까 봐 두려워했고 사후에 지옥에 갈수까 봐 두려워했다. 루크레티우스의 유물론은 이탈리아 르네상스의 자연관과 17세기 프랑스의 유물론에 큰 영향을 미쳤다.

9) 한스 작스(Hans Sachs, 1494. 11. 5~1576. 1. 19)는 중세 말기부터 종교 개혁 시대에 걸쳐서 번영을 구가했던 독일의 자유도시들에서 출현한 시민문예인 '직장문예(職匠文藝)'의 대표자였다. 뉘른베르크에서 재봉사의 아들로 태어나 구두를 만드는 것을 직업으로 하면서 대부분이 교훈적인 종교시 6170편을 썼으며 80편 이상의 부활제극을 남겼다. 바그너가 〈뉘른베르크의 직장가수(職匠歌手)〉에 등장시키기도 했는데, 인용된 시는 제3막 2장에 나온다.

이 가극의 주요한 내용은 다음과 같다. 16세기 중엽 뉘른베르크에서 성요한 축제일에 노래 경연이 있었다. 이 경연에서 우승한 자는 금세공사인 포그너의 딸 에바와 결혼하게 되지만, 그녀와 서로 사랑하는 기사 발터는 실격을 당해서 에바와 함께 도망하려고 한다. 에바를 짝사랑하는 구둣방 주인 한스 작스가 발터의 노래에 감동하여 자신의 사랑을 포기하고 기지를 발휘하여 노래 경연에서 발터가 우승하게 한다.

중세 이래 수공업의 가게 주인이 되기 위해서는 동업조합인 길드의 심사에 의해서 직장(Meister, 마이스터)의 자격을 받아야만 했다. 이러한 관행은 직장문예에도 적용되어 경연에서 우승한 사람에게는 직장가수의 칭호가 주어졌다. 이러한 관습은 당시의 독일 전역에서 행해졌으며 뉘른베르

singer)란 노래에서[10] 읊고 있는 것과 유사한 가르침을 주었을 것이다.

> 친구여, 자신의 꿈을 해석하여 기록하는 것,
> 바로 그것이 시인의 일이다.
> 맹세코 말하지만, 인간의 가장 참된 환상은
> 꿈 속에서 나타난다.
> 모든 문학과 시는
> 참된 꿈의 해석에 지나지 않는다.

인간은 꿈의 세계를 산출한다는 점에서 완전한 예술가이다. 그리고 이러한 꿈의 세계의 아름다운 가상이야말로 모든 조형예술의 전제이며, 우리가 나중에 보게 될 것처럼 시문학의 중요한 절반을 차지하는 것〔서사시〕의 전제조건이기도 하다. 〔꿈 속에서〕 우리는 형상을 직접적으로 이해하면서 즐기며 모든 형태들이 우리에게 말을 걸어온다. 거기에는 중요하지 않은 것과 필요하지 않은 것은 하나도 없다. 그러나 이러한 꿈의 현실에서 나타나는 최고의 삶에서도 우리는 그것이 **가상**이라고 어렴풋하게 느낀다. 적어도 나의 경험은 그렇다. 이러한 경험이 자주 일어난다는 것,

---

크 시의 경연이 특히 성대했다고 한다.
10) 바그너의 가극 〈뉘른베르크의 직장가수〉에 나온다.

아니 그것이 정상이라는 사실을 입증하기 위해서 나는 많은 증거와 시인들의 말을 제시할 수 있을 것이다. 심지어 철학적인 인간은 우리가 그 안에서 살아가고 존재하는 이 현실의 이면에는 또 하나의 완전히 다른 제2의 현실이 숨겨져 있으며, 따라서 우리가 그 속에서 살고 있는 이 현실조차도 하나의 가상이라는 예감을 갖고 있다. 그리고 쇼펜하우어는 때때로 인간과 사물들을 한갓 환영이나 꿈 속의 형상으로 볼 수 있는 재능을 철학적 능력의 특징으로 간주하고 있다. 예술적으로 예민한 감각을 갖는 사람은 철학자가 실제의 현실을 대하는 것과 동일한 방식으로 꿈의 현실을 대한다. 그는 꿈의 현실을 면밀하게 그리고 즐거운 마음으로 주시한다. 왜냐하면 그는 [꿈 속의] 이러한 형상들로부터 삶을 해석하고, [꿈 속의] 이러한 사건들에 의거해서 삶의 훈련을 하기 때문이다. 그가 완전한 분별력을 지니고 자신의 꿈 속에서 경험하는 것은 결코 유쾌하고 즐거운 형상들만은 아니다. 심각한 것, 음울한 것, 슬픈 것, 암담한 것, 뜻밖의 장애, 우연의 조롱, 불안한 기대, 간단히 말해서 삶의 '신곡(神曲)' 전체가 지옥편과 함께[11] 그의 곁을 스쳐 지나가는 것이다. 물론 그것은 그림자극처럼 스쳐 지나가는 것은 아니다. 왜냐하면 그는 이러한 장면들 속에서 함께 살고 함께 괴로워하기 때문이다. 그러나 여기에

---

11) 단테의 『신곡』은 지옥과 연옥을 거쳐서 천국에 이르는 영혼의 편력을 그리고 있다.

서도 가상이라는 어렴풋한 느낌이 존재한다. 그리고 많은 사람들은 나처럼 꿈 속에서 위험이나 공포에 직면했을 때 용기를 내어 '이것은 꿈이다! 이 꿈을 더 꾸어 보자!'라고 외치면서 위험과 공포를 이겨낸 적이 있음을 기억할 것이다. 나는 사흘 밤 동안, 아니 그 이상 동안 하나의 꿈을 그 줄거리를 계속 이어 가면서 꿀 수 있었던 사람들이 있다는 이야기를 들은 적도 있다. 이와 같은 사실은 우리의 가장 깊은 본질, 우리 모두의 공통된 기반이 꿈을 꿀 때 필연적으로 깊은 쾌감과 기쁨을 느낀다는 것을 입증하는 것이다.

꿈의 경험에 필연적으로 수반되는 기쁨을 그리스인들도 아폴론 신이라는 형상 속에 표현했다. 모든 조형력의 신인 아폴론은 예언의 신이기도 하다. 어원에 따르면 '빛나는 자', 빛의 신을 의미하는 그는 내면의 환상세계의 아름다운 가상까지도 지배한다. 대낮의 현실이 불완전하게만 이해되는 것에 반해 내면의 환상세계는 보다 높은 진리와 완전성을 갖는다. 〔내면의 환상세계가 갖는〕 이러한 진리와 완전성 그리고 잠과 꿈을 통해 치유하고 도와주는 자연에 대한 깊은 의식은 예언의 능력에 대한 상징적 유사물(das symbolische Analogon)이자 삶을 가능하게 하고 가치 있게 만드는 예술에 대한 상징적 유사물이기도 하다. 그러나 꿈 속의 형상이 병적으로 나타나지 않기 위해서는 넘어서는 안 되는 저 섬세하고 미묘한 선도 아폴론의 형상에 결여되어서는 안 된다.

그렇지 않고 꿈 속의 형상이 저 섬세한 선을 넘을 경우에 가상은 조야한 현실로 나타나면서 우리를 실망시킬 것이다. 저 절도 있는 한정, 광포한 격정으로부터의 자유, 조형의 신의 저 지혜에 넘치는 평정이 아폴론의 형상에서 없어서는 안 되는 것이다. 그의 눈은 자신의 기원에 걸맞게 '태양과 같아야만 한다'. 아폴론이 성난 눈으로 불쾌하게 바라볼 경우에도 신성한 아름다운 가상이 그에게 서리어 있는 것이다. 따라서 쇼펜하우어가 마야[12]

---

12) 마야는 환영을 의미하는 산스크리트어이다. 쇼펜하우어는 우리가 우리 밖에 독립적으로 존재한다고 믿는 이 세계를 우리의 인식형식에 의해서 구성된 세계로 보았다. 이런 의미에서 쇼펜하우어는 우리가 경험하고 인식하는 세계를 우리의 표상이라고 보고 있다. 즉 우리가 경험하고 인식하는 세계는 세계 자체가 아니라 세계의 현상이라는 것이다. 그러나 우리는 보통 이러한 현상세계를 세계 자체라고 착각한다. 이 점에서 우리는 환영에 사로잡혀 있는 것이다.

쇼펜하우어에 따르면 인간은 사실은 태양이나 대지 자체를 아는 것이 아니라, 항상 단지 태양을 보는 눈과 대지를 만져 보고 느끼는 손을 알 뿐이다. 그런데 우리가 이러한 태양과 대지를 우리의 감각에서 독립해 있는 외부의 사물로 보게 되는 것은 우리의 감각 때문이 아니라 지성 때문이다. 지성은 자신의 고유한 형식인 인과성과 시간 · 공간이란 형식을 매개로 하여 객관적인 외계를 만들어 낸다는 것이다.

약간 더 상론하자면 어떤 형태의 감각이든 그것은 감각기관 내에서 일어나는 것이며 우리 밖에서 일어나는 것은 아니다. 감각기관은 단지 조야한 감각자료를 공급하는 데 그치고, 이 자료를 가지고 시간, 공간, 인과성의 형식을 통해 규칙적으로 변화하는 물질세계로 개조하는 것은 지성이다. 내가 책상을 만져 볼 때 그것으로부터 얻어지는 감각들은 존재한다. 그러나 이때에는 아직 책상이라는 덩어리의 총체로서의 표상은 아직 없다. 이러한 감각에 지성이 작용하면서 공간과 인과성의 형식을 매의 베일에 사로잡혀 있는 사람들에 대해서 말하고 있는 것은 약간 벗어난 의미에서이기는 하지만 아폴론에 대해서도 타당할 것이다(『의지와 표상으로서의 세계(*Welt als Wille und Vorstellung*)』 I권 416쪽). "태산 같은 파도를 올렸다 내리면서 사방으로 끝없이 펼쳐진 채 포효하는 광란의 바다 위에 뱃사람 하나가 자신이 탄 보잘 것 없는 조각배를 믿고 의지하면서 그것 안에 앉아 있는 것처럼, 고통의 세계 한가운데에 인간 개개인은 개별화의 원리를[13] 믿고 의지하면서 고요히 앉아 있다." 그 원리에 사로잡혀 있는 자가 그것을 굳건히 신뢰하면서 고요히 앉아 있는 자세가 아폴

개로 하여 그 책상이 외부에서 우리의 촉각기관을 자극하는 것으로 우리는 인식하게 된다.

현상으로서의 세계가 공간과 시간 그리고 인과율에 의해서 질서 지어진 세계라면, 이러한 세계의 근저에 있는 참된 세계는 불합리하고 맹목적인 살고자 하는 의지의 세계이다.

13) 『비극의 탄생』에서 니체가 크게 의지하고 있는 철학자인 쇼펜하우어의 개별화의 원리는 시간과 공간이라는 순수직관을 의미한다. 우주의 본체인 의지는 하나이지만 우리가 경험하는 세계에는 무수한 개체로 나타난다. 이러한 개체들은 특정한 시간과 공간에 위치함으로써 개체로서의 성격을 갖게 되기 때문에 쇼펜하우어는 시간과 공간을 '개별화의 원리'라고 부른다. 개별화의 원리는 세계의 본체인 불합리하며 맹목적인 의지를 인간 주관에 대해서 개개의 형상으로서 나타나게 하는 원리이다. 니체는 이러한 원리에 대응하는 것을 아폴론적인 것이라고 불렀고 그것의 본체에 해당하는 맹목적인 의지를 디오니소스적인 것이라고 명명하고 있다. 디오니소스적인 것과 아폴론적인 것 각각은 의지와 표상, 본질과 현상, 진리와 가상 각각에 상응한다.

론의 형상에 가장 숭고하게 표현되어 있다고 말할 수 있을 것이다. 그리고 우리들은 아폴론을 개별화의 원리를 상징하는 장려한 신상(神像)이라고까지 불러도 좋을 것이다. '가상'의 쾌감과 지혜 전체가 그것의 아름다움과 함께 그의 태도와 시선을 통해 우리에게 말을 거는 것이다.

같은 곳에서 쇼펜하우어는 근거율이[14] 자신의 여러 형성물들 중 어느 하나에게 어쩔 수 없이 예외를 허용해야 하는 것처럼 보여서 사람들이 갑자기 현상의 인식 형식에 대한 신뢰를 상실할 때 그들을 엄습하게 되는 엄청난 **전율**에 대해서 말하고 있다. 개별화의 원리가 이런 식으로 부서지면, 인간의, 아니 자연의 가장 깊은 근저로부터 환희에 찬 황홀감이 용솟음친다. 앞에서 언급한 **전율**에 이러한 황홀감을 덧붙일 경우에 우리는 **디오니소스적인 것**의 본질을 엿볼 수 있다. 이러한 디오니소스적인 것의 본질은 **도취**라는 현상을 실마리로 하여 가장 쉽게 설명될 수 있다. 모든 원시인이나 원시 민족이 자신들의 찬가(讚歌)에서 말하는 마취성 음료의 작용을 통해서 혹은 자연 전체를 환희로 채우면서 스며드는 강력한 봄기운을 통해서 저 디오니소스적인 흥분을

---

14) 근거율은 쇼펜하우어의 충족이유율을 가리킨다. 쇼펜하우어는 현상세계를 지배하는 원리로서 첫째로 생성의 충족이유율인 인과율, 둘째로 인식의 충족이유율인 논리법칙, 셋째로 존재의 충족이유율인 시간과 공간의 순수직관, 넷째로 행위의 충족이유율인 동기로서의 법칙을 들고 있다.

일깨운다. 이 흥분이 고조되면서 주체적인 것은 완전한 자기망
각 속으로 사라져 버린다. 중세 시대의 독일에서도 동일한 디오
니소스적인 강렬한 힘에 사로잡혀서 갈수록 늘어나는 군중들이
노래하고 춤추면서 이 마을에서 저 마을로 휩쓸려 다녔다. 성(聖)
요한제(祭)나[15] 성 파이트제의[16] 난무하는 이 군중에서 우리는 그
리스인의 바쿠스제(祭) 합창단의 옛 모습을 엿볼 수 있지만, 이
것은 소아시아에 전사(前史)를 갖고 있으며 바빌론과 광란상태에
빠졌던(orgiastisch) 사카이엔 족으로까지[17] 거슬러 올라가는 것

---

15) 성 요한제는 세례자 요한의 제일인 6월 24일에 벌어지는 축제로, 이 제
일에는 집단적인 난무가 벌어졌으며 이 제일의 전야에는 여러 가지 환상
적인 괴변이 생긴다고 한다.

16) 성 파이트는 4세기경 시케리아의 순교자였지만 독일에서는 전염성 무도
병(舞蹈病)을 예방하거나 치료하는 영력을 가졌던 성자로 숭배되었다.
그의 제일은 6월 15일이기 때문에 성 요한제와 혼동되어 지방에 따라서
는 이 날에 성 요한제에서의 집단적인 난무가 행해졌을 가능성이 있으
며, 이러한 난무 자체가 무도병 예방을 위한 증상 모방의 행사였을 수
있다. 무도병이란 류머티즘과 관련해서 일어나는 신경질환으로 걷는 것
이 춤을 추는 것 같아서 붙은 이름이다.

17) 사카이엔 족은 이란 고원의 동쪽에 살았던 고대 유목민족이다. 이 민족
의 축제도 사카이엔이라고 불렸다. 5일간에 걸친 축제 동안 사람들은 모
든 사회적 관습과 구속에서 해방되었고, 주인과 노예가 서로 처지를 바
꾸어 노예가 지배하고 주인이 복종하기도 했으며, 사형수도 축제 기간에
는 왕족이 누릴 수 있는 권리를 부여받았다고 한다. 니체는 이들이 광란
상태에 빠졌다(orgiastisch)고 보았으며, orgiastisch의 어근인 Orgie는
일반적으로 신에게 바치는 제사 특히 디오니소스 제사 때 신도들이 빠지
는 황홀경이나 광란상태 혹은 이러한 제사 자체를 의미하기도 한다.

이다. 경험의 결여나 둔감 때문에 자신은 건강하다고 생각하면서 그러한 현상들을 '민중들의 병'으로 치부하고 조소하고 경멸하면서 그것들을 외면하는 사람들이 있다. 물론 이 불쌍한 사람들은 디오니소스적인 열광자들의 벌겋게 불타는 생명이 그들 곁을 요란하게 지나갈 때 자신들이 자랑하는 '건강성'이 얼마나 시체처럼 보이고 유령처럼 보이는지를 느끼지 못한다.

디오니소스적인 것의 마력 아래서는 인간과 인간의 결합만이 다시 회복되는 것이 아니다. 소외되고 적대시되어 왔거나 억압되어 온 자연도 자신의 잃어버린 탕아(蕩兒)인 인간과 다시 화해의 축제를 벌이게 된다. 대지는 자신의 선물들을 보내고 암벽과 사막의 맹수들은 온순하게 다가온다. 디오니소스의 수레는 꽃과 화환으로 뒤덮이고 그 멍에를 지고 표범과 호랑이가 걸어간다. 베토벤의 '환희'의 송가를[18] 한 폭의 그림으로 바꾸어 보라. 수백만의 사람들이 전율하면서 먼지 속에 엎드릴 때 위축되지 말고 자신의 상상력을 펼쳐 보라. 그러면 디오니소스적인 것의 본질에 가까이 다가갈 수 있을 것이다. 이제 노예는 자유민이다. 이제 곤궁과 자의(恣意) 혹은 '뻔뻔스런 작태'가 인간들 사이에 확정해 놓은 완강하고 적대적인 모든 제한이 파괴된다. 세계의 조화라는 복음 속에서 사람들은 이제 이웃과 결합하고 화해하며

18) 실러의 작품인 『환희의 송가(An die Freude)』(1785)를 베토벤이 제9교향곡의 마지막 합창곡으로 작곡했다.

융합하고 있다고 느낄 뿐 아니라, 마야의 베일이 갈기갈기 찢어져 신비로운 근원적 일자(das Ur-Eine) 앞에 펄럭이고 있는 것처럼 이웃과 하나가 되고 있다고 느끼는 것이다. 노래하고 춤추면서 인간은 자신이 보다 높은 공동체의 일원임을 표명한다. 그는 걷는 것도 말하는 것도 잊어버리고 춤을 추면서 허공으로 날아오르려 한다. 그가 마법에 걸려 있음이 몸짓에서 나타난다. 이제 동물들도 말을 하고 대지에는 젖과 꿀이 흐르는 것처럼 인간에게도 초자연적인 것이 울려 퍼진다. 인간은 자신을 신으로 느끼며, 그가 꿈 속에서 신들이 거니는 것을 본 것처럼 이제는 그 자신이 황홀해지고 고양되어 거니는 것이다. 인간은 더 이상 예술가가 아니며 그는 예술작품이 되어 버린다. 근원적 일자가 환희에 찬 최고의 만족을 누리기 위해서 자연 전체의 예술적 힘이 도취의 전율 속에서 자신을 계시한다. 가장 귀한 점토이자 가장 값진 대리석인 인간이 이제 반죽되고 조각된다. 그리고 디오니소스적 세계 예술가의 끌 소리에 맞추어 엘레우시스의 비밀 종교의식의[19] 외침이 울려 퍼진다. "그대들은 무릎을 꿇는가? 세계

---

19) 엘레우시스는 아테네 서쪽 약 20km 지점에 있었던 도시로, 곡물(穀物)의 여신 데메테르와 그녀의 딸 페르세포네의 성지(聖地)이다. 이곳에서는 이들을 숭배하는 신성한 밀의(密儀)가 행해졌는데, 이 밀의는 그리스 시대부터 초기 기독교 시대까지 계속되었던 밀의 중 가장 중요한 밀의였으며 풍작과 인간의 생식 및 생사를 기원하는 밀의였다.
엘레우시스와 데메테르 사이의 인연은 다음과 같이하여 생겼다. 대지의

여, 그대는 창조주를 예감하는가?"[20]

2

우리는 지금까지 아폴론적인 것과 그것의 대립자인 디오니소스적인 것을 **인간 예술가의 매개를 거치지 않고** 자연 자체로부터 용솟음치는 예술적인 힘들로서 고찰했다. 이러한 힘들 속에서 자연의 예술충동들은 맨 처음 그리고 직접적으로 충족된다. 즉 〔자연의 예술충동들은〕한 번은 꿈의 형상세계에서 충족되며,

여신 데메테르는 지하세계의 신인 하데스에게 유괴당한 딸 페르세포네를 찾으러 엘레우시스에 갔다가 엘레우시스 왕가와 친하게 되어 여왕의 아들을 맡아 길러 달라는 부탁을 받아들인다. 이 소년이 영원한 젊음을 유지하도록 만들어 주려다가 여왕이 두려워한 탓에 실패하자, 데메테르는 왕가에 자신의 신분을 밝히고 은둔할 수 있도록 신전을 지을 것을 명령한다.

엘레우시스 비의는 이러한 신화에서 비롯된 것으로 여겨지지만 이 제사에서 모셔지는 주신(主神)은 제우스, 데메테르, 디오니소스 등이라고 추측되어 왔으며, 괴테는 데메테르와 디오니소스 두 신에 대한 제사라고 생각하였다. 봄에 올리는 소제(小祭)에 '교도'가 될 후보자들을 정화시킨 후, 가을의 대제(大祭) 때 완전한 가입의식을 치르도록 되어 있었다. 이 의식은 입문자들인 미스타이가 아테네에서 엘레우시스까지 엄숙한 행렬을 벌이는 것으로 시작된다고 하지만, 구체적인 의식 방식은 엄중히 비밀에 부쳐졌기 때문에 실제로 어떻게 진행되었는지는 확실한 자료가 없다. 이 비의에서 입문자들은 내세에 받을 몇 가지 복을 약속받았다고 한다.

20) 『환희의 송가』의 한 구절.

이러한 꿈의 세계가 갖는 완전성은 개개인의 지적 수준이나 예술적 교양과는 아무런 관련도 없다. 〔자연의 예술충동들은〕 다른 한편으로는 도취에 가득 찬 현실에서 충족되는데, 이러한 현실도 또한 개개인을 중시하지 않으며 오히려 개인을 심지어 말살하면서 신비적인 일체감을 통해서 구원하려고까지 한다. 자연의 이러한 직접적인 예술상태들에 대해서 모든 예술가들은 '모방가'이다. 예술가들은 실로 아폴론적인 꿈의 예술가, 디오니소스적인 도취의 예술가, 마지막으로──그리스 비극의 예에서 보는 것처럼──도취와 꿈을 겸비한 예술가 중의 하나에 불과하다. 우리는 이 세 번째 예술가의 모습을 다음과 같이 생각해야만 한다. 그는 디오니소스적인 도취와 신비적인 자기포기 속에서 열광하는 합창단으로부터 고독하게 떨어져 나와서 쓰러진다. 그리고 이제 아폴론적인 꿈의 작용에 의해서 그의 고유한 상태, 즉 세계의 가장 내적인 근거와의 통일이 **비유적인 꿈의 형상 속에서** 개시된다.

이러한 일반적인 전제들과 대립들을 염두에 두고 이제 우리는 **그리스인들**에게 다가가 **저 자연의 예술충동들**이 그들에게서 어느 정도로 그리고 어느 수준까지 전개되었는지를 알아보고자 한다. 이를 통해서 우리는 그리스 예술가가 자신의 근원적인 형상들에 대해서 갖는 관계, 혹은 아리스토텔레스의 표현에 따르면 '자연의 모방'을[21] 더 깊이 이해하고 평가할 수 있게 될 것이다. 그리스인들의 **꿈**에 대해서는 그것에 관한 수많은 문헌과 일화에도 불구하고 우리는 단지 추측으로만 말할 수밖에 없지만 그럼에도 상당한 확실성을 갖고 말할 수 있다. 그들의 눈이 갖고 있는 믿기 어려울 정도로 명확하고 확실한 조형능력과 그들의 밝고 진솔한 색채감각을 생각할 경우, 우리는 선과 윤곽, 색채와 배열의 논리적 인과성, 즉 그들의 최고의 부조(浮彫)에서 보는 것과 같은 장면의 연속성이 그리스인들의 꿈에도 존재했다고 전제하지 않을 수 없을 것이다. 이는 후대의 모든 사람들이 부끄러워할 일이다. 이러한 인과성과 장면들의 연속성이 갖는 완전함을 염두에 둘 때, 만약 이러한 비교가 가능하다면 꿈꾸는 그리스인들을 다수의 호메로스로 그리고 호메로스를 한 명의 꿈꾸는 그리스인으로 불러도 결코 부당하지 않을 것이다. 이것은 우리 근대인들이 자신의 꿈과 관련해서 감히 자신을 셰익스피어에 비교

---

21) 아리스토텔레스는 예술의 기원을 자연을 모방하고 싶어 하는 인간의 본능에서 찾았다. 플라톤 역시 예술을 자연에 대한 모방으로 보았지만 플라톤은 우리가 지각하는 자연세계를 참된 실재인 이데아의 불완전한 반영이라고 보았기 때문에 자연을 모방하는 예술은 자연보다도 이데아의 세계를 훨씬 불완전하게 모방하는 것으로 보았다. 플라톤에게는 사물들의 보편적인 본질을 파악하는 철학만이 이데아의 세계를 제대로 파악할 수 있는 것이었다. 이에 대해서 아리스토텔레스는 예술은 자연의 일반적인 성질을 표현하기 때문에 개별적인 사건을 서술하는 역사학과 같은 학문보다도 훨씬 더, 자연의 일반적인 본질을 개념적으로 파악하는 철학에 가깝다고 보았다.

할 경우보다 더 깊은 의미에서 그러하다.

이에 반해 **디오니소스적 그리스인**과 디오니소스적 야만인[22] 사이에 존재하는 엄청난 차이를 발견하려고 할 경우에는 우리는 단순히 추측에만 의지할 필요는 없다. 로마에서 바빌론에 이르는 고대 세계의 구석구석에서—여기서는 근대세계는 언급하지 않는 것으로 한다—우리는 디오니소스적 축제가 존재했다는 사실을 증명할 수 있다. 이러한 축제들의 전형이 그리스적 축제의 전형에 대해서 갖는 관계는, 그것들이 최고의 형태를 띠는 경우에도 숫염소로부터 이름과 속성을 빌린 수염투성이의 사티로스가[23] 디오니소스에 대해서 갖는 관계와 같다. 거의 모든 곳에서 이 축제들의 중심은 성적인 방종이었고, 이러한 방종의 물결은 모든 가족 제도와 그것의 신성한 법규를 휩쓸고 지나갔다. 다름 아닌 자연의 가장 난폭한 야수들이 이 축제를 기화로 풀려나와 음욕과 잔인함의 저 혐오스런 혼합이 이루어졌다. 이 혼합물은 나에게는 항상 '마녀의 술'로[24] 여겨졌다. 저 축제들의 열

---

22) 고대 그리스에서는 그리스인 이외의 이방인들을 모두 야만인이라고 불렀다.

23) 디오니소스신의 시종으로서 얼굴은 사람의 모습이지만 머리에 작은 뿔이 났으며, 하반신은 염소의 모습을 했다. 장난이 심하고 주색(酒色)을 밝히는 무리들로서 실레노스 및 마이나데스와 함께 디오니소스 제례에 참가했다. 사티로스극은 이들의 저급하고 익살스러운 성격을 본뜬 것이다.

24) 『파우스트』 제1부 「마녀의 주방」에서 파우스트가 마시는 술. 이것으로 늙은 파우스트는 젊어진다.

광적인 흥분에 대한 풍문은 모든 육로와 해로를 통해 그리스인 들에게 밀려 왔는데, 그리스인들은 그리스 세계에 대단한 긍지를 갖고 우뚝 서 있는 아폴론의 모습에 의해 그 축제들의 열광적 인 흥분에 대해서 한동안은 자신들을 철저하게 보호하고 방어할 수 있었던 것 같다. 이 기괴하게 생긴 무적의 디오니소스적인 힘 이상으로 위험한 힘은 없었으므로 아폴론은 메두사의 머리를[25] 방패로 삼아 그것에 대항할 수 있었다. 이 위풍당당하게 거부 하는 아폴론의 태도를 영원히 표현하고 있는 것이 도리스 예술 이다. 그러나 그리스적인 것의 가장 깊은 뿌리로부터 마침내 유 사한 충동들이 분출되었을 때 이러한 저항은 미심쩍게 되어 버 렸고 급기야는 불가능하게 되었다. 이제 델포이의 신이 할 일은 적당한 시기에 [디오니소스적인 힘과] 화해를 함으로써 그 괴력의 상대방으로부터 파괴적인 무기만을 빼앗아버리는 것에 그칠 수 밖에 없었다. 이 화해의 순간이야말로 그리스인들의 신들에 대 한 숭배의 역사에서 가장 중대한 순간이다. 우리가 어디를 바라 보아도 이 사건이 야기한 엄청난 변화들이 눈에 띈다. 이 화해는 두 적수들의 화해였으며 이 적수들은 앞으로 지켜야 할 경계선

---

25) 메두사는 원래는 아름다운 소녀였지만, 여신 아테나의 신전(神殿)에서 해신(海神)인 포세이돈과 정을 통했다는 이유로 아테나 여신의 저주를 받아 머리털이 모두 뱀이 되었다. 메두사의 머리를 본 사람은 공포에 사 로잡혀서 돌로 변한다고 한다.

을 예리하게 그었고 주기적으로 공물(貢物)을 교환했다. 근본적으로 둘 사이의 간격은 메워지지 않았다. 그러나 우리가 이 평화협정의 압력 아래서 디오니소스적인 힘이 어떤 식으로 자신을 드러냈는지를 본다면, 이제 우리는 인간이 범이나 원숭이로 퇴화하게 되는 바빌론의 사카이엔의 축제에 대해서 그리스인의 디오니소스적 광란은 세계구원의 축제와 성화(聖化, Verklärung)의 축일이라는 의미를 갖는다는 사실을 깨닫게 된다. 이러한 디오니소스적 광란에서 비로소 자연은 예술적 환희에 도달하며, 그것에서 비로소 개별화의 원리의 파기가 예술적 현상이 된다. 음욕과 잔인성으로 이루어진 저 혐오스런 마녀의 술은 여기서는 아무런 효력을 갖지 못하게 된다. 단지 디오니소스적인 열광자들의 정념에 깃든 경이로운 혼합과 이중성만이 마녀의 술을 상기시킬 뿐이다. 이러한 혼합과 이중성이란 마치 약이 치명적인 독을 상기시키는 것처럼 고통이 쾌락을 불러일으키고 환희가 가슴으로부터 고통에 가득 찬 소리를 자아내는 현상을 말한다. 최고의 기쁨으로부터 경악의 외침이 혹은 보상받을 길 없는 상실을 애달파하는 탄식의 소리가 울려 나온다. 마치 자연이 여러 개체로 분열되는 것을 탄식하는 것처럼 저 그리스적인 축제에서는 자연의 감상적인 측면이[26] 터져 나오는 것이다. 이와 같이 이중

---

26) sentimentalisch. 실러가 자신의 책 『소박문학과 감상문학(*Über naive*

의 기분에 사로잡힌 열광자들의 노래와 몸짓은 호메로스적인 그리스 세계에게는 전대미문의 새로운 것이었다. 그리고 특히 디오니소스적 **음악**은 그들에게 공포와 전율을 불러일으켰다. 그때까지 음악은 일종의 아폴론적 예술인 것처럼 알려져 있었지만, 그것은 정확하게 말하자면 리듬의 물결에 지나지 않았으며 아폴론적 상태를 표현하기 위해서 리듬의 조형적 힘이 전개된 것에 불과했다. 아폴론의 음악은 음조를 도리스적인 양식에[27] 따라 구성하는 것이었지만 그 음조는 칠현금(七絃琴, kithara)의[28] 특징인 암시적인 음조에 불과했다. 디오니소스적인 음악과 음악 일반의 성격을 이루고 있는 바로 그 요소, 즉 마음을 뒤흔드는 힘, 멜로디의 통일적 흐름, 그리고 그 어떤 것과도 비교할 수 없는 화음(和音)의 세계는 비아폴론적인 것으로서 조심스럽게 배척당하

---

und sentimentalische Dichtung)』(1795)에서 괴테의 소박(naive)문학과 자신의 감상문학을 대조시킨 것에서 끌어옴. 소박문학은 자연에 대한 직접적이고 자발적인 반응의 표현인 반면에, 감상문학은 자신의 경험에 대한 저자의 의식적인 반성을 표현한다.

27) 중후하고 남성적인 특징을 갖고 있는 그리스의 건축양식. 건축상의 특징은 기둥이 굵고 주초(柱礎)가 없으며 주두(柱頭)는 얕은 사발 모양을 한 주관(柱冠, echinus)과 네모진 모양의 판관(板冠, abacus)으로 되어 있다. 도리스는 스파르타를 중심으로 하는 상무적(尙武的)인 국가를 말하며, 원래는 고대 그리스 중부에 있던 지방을 가리켰다.

28) 칠현금(키타라)은 고대 그리스의 대표적인 현악기다. U자 모양의 나무로 된 공명통에 세로로 줄을 친 악기로, 왼쪽 가슴에 안고 오른손 손가락이나 상아로 된 픽으로 연주한다.

고 있었다. 디오니소스 찬가에서 인간은 자신의 모든 상징능력들을 최고조로 고양시키도록 자극을 받는다. 지금까지 느껴 보지 못했던 것, 즉 마야의 베일이 파기되고 종족의, 아니 자연의 영혼(Genius)으로서의 만물 융합의 상태(Einssein)가 표현되고자 육박해 오는 것이다. 이제 자연의 본질은 상징적으로 표현되어야만 한다. 상징의 새로운 세계가 필요하게 된다. 우선 몸 전체를 사용하는 상징법, 즉 입술과 얼굴과 말의 상징법뿐 아니라 신체의 모든 부분을 움직이는 풍부한 상징법이. 그러고 나서는 다른 상징력, 즉 리듬과 강약과 화음을 통한 음악의 상징력이 갑자기 맹렬하게 자라난다. 모든 상징력의 이러한 전면적인 해방을 이해하려면 사람들은 미리 자기포기라는 저 단계에 이르러 있어야만 한다. 이는 모든 상징능력 속에서 자신을 상징적으로 표현하려고 하고 있는 것은 이러한 자기포기이기 때문이다. 따라서 주신찬가를[29] 부르는 디오니소스의 숭배자들은 그와 동류의 인

---

29) 주신찬가(Dithyrambos)는 디오니소스제에서 디오니소스를 찬양하는 합창곡이었다. 주로 신화를 이야기 형식으로 부르며, 요란스런 몸짓과 춤 그리고 망아의 황홀상태를 수반했다. 기원전 6세기 초에 전설적인 시인이자 음악가인 아리온이 이 합창의 내용과 형식을 예술적으로 정리했다. 아리온은 각지를 돌아다니는 편력시인이었는데, 특히 주목할 것은 합창가의 중도에 노래가 아니라 이야기하는 대사를 삽입했다는 사실이다. 그의 작품이 전해지지 않아 그 대사가 어떠한 것인지는 알 수 없으나 아리스토텔레스가 『시학』에서 "비극의 맹아는 디티람보스의 합창가의 지휘자에 있었다"라고 한 것으로 보아 지휘자가 합창대에게 이야기하는 짧

간들에 의해서만 이해된다! 아폴론적 그리스인은 얼마나 놀란 눈으로 그들을 바라보았던가! 이 놀라움은 저 모든 것이 원래는 자신에게 낯선 것이 아니고 자신의 아폴론적인 의식이 하나의 베일처럼 이 디오니소스적 세계를 은폐하고 있을 뿐이라는 소름 끼치는 두려움이 스며들 때 더욱 커졌다.

3

이러한 사실을 파악하기 위해서 우리는 **아폴론적 문화**의 저 정교한 건축물을, 말하자면 돌을 하나씩 조심스럽게 해체함으로써 그것이 세워져 있는 토대를 살펴보아야 한다. 이 경우 가장 먼저 우리 눈에 띄는 것은 이 건축물의 합각머리 위에 서 있는 **올림포스** 신들의 장려한 모습이다.[30] 그들의 행동은 멀리까지 빛나는 부조(浮彫)에 묘사되어 이 건축물의 돌림띠(Friese)를 장식하고 있다. 비록 아폴론은 이 신들 중의 하나로 존재하면서 다른 신들과 나란히 서 있을 뿐 최고의 지위를 요구하고 있지는 않지만, 이러한 사실로 인해 우리는 잘못 생각해서는 안 된다. 아폴

은 대사라고 추측되는데, 그것은 디티람보스에서 비극으로 이행하는 중요한 단계라고 할 수 있다. Dithyrambos의 di는 신적인 것을 의미하며, thyrambos는 어떤 노래, 혹은 춤을 의미한다.

30) 니체는 여기서 아테네의 파르테논 신전을 염두에 두고 있다.

론 속에 구체화된 그 충동이야말로 저 올림포스 세계 전체를 낳았으며, 이런 의미에서 우리는 아폴론을 올림포스 세계의 아버지로 간주해도 된다. 그처럼 찬란한 올림포스 신들의 사회가 비롯된 저 거대한 욕구는 무엇이었을까?

다른 종교를 신봉하면서 이 올림포스 신들에게 다가가 이들에게서 윤리적인 고상함, 즉 성스러움, 비육체적인 정신화(Vergeistigung), 자비롭기 그지없는 사랑의 눈길을 찾는 자는 불쾌감과 환멸을 느끼면서 그들에게서 바로 등을 돌리게 될 것이다. 여기에는 금욕, 정신성 그리고 의무를 상기시키는 것은 아무것도 없다. 여기에서는 오직 거만하며 아니 승리감에 차 의기양양하기까지 한 존재만이 우리에게 말을 걸고 있을 뿐이며, 이 존재 속에서 모든 것은 그것이 선한지 악한지에 상관없이 신격화되어 있다. 따라서 이들을 바라보는 사람은 이 환상적인 삶의 충일(充溢) 앞에 충격을 받으면서 이렇게 자문하게 될 것이다. 도대체 어떤 마법의 술을 마셨기에 이 거만하기 짝이 없는 자들은 그들이 어디로 눈길을 돌리든 그들 자신의 존재의 이상적인 모습인 헬레네가 '달콤한 관능 속에 떠돌면서'[31] 그들에게 미소로 화답하는 모습을 볼 정도로 삶을 즐길 수 있었을까라고. 그러나 이미 그렇게 생각하면서 등을 돌린 이 관찰자에게 우리는 이

---

31) 『파우스트』 제1부 2603행에 나오는 말.

렇게 외쳐야만 한다. "잠깐 멈춰서라. 여기에 설명할 수 없을 정
도로 명랑하게 그대 앞에 펼쳐져 있는 이 동일한 삶에 대해서 그
리스인들의 민족적 지혜가 어떻게 말하고 있는지를 먼저 들어
보라." 미다스 왕이[32] 디오니소스의 동반자인 현자(賢者) **실레
노스(Silen)를**[33] 오랫동안 숲 속에서 붙잡지는 못한 채로 쫓아다
녔다는 오래된 전설이 있다. 왕이 마침내 그를 수중에 넣었을 때
왕은 인간에게 가장 좋고 훌륭한 것이 무엇인지를 물어 보았다.
이 마신(魔神, Dämon)은 꼼짝도 하지 않고 굳어진 채 침묵하고
있었다. 그러다가 왕이 강요하자 마침내 껄껄 웃으면서 이렇게
대답했다. "하루살이 같은 가련한 족속이여, 우연과 고난의 자

---

32) 그리스 신화에 나오는 부자(富者)로 유명했던 프리기아의 왕. 디오니소
   스를 양육했던 실레노스가 길을 잃었을 때 그를 후대한 답례로 디오니소
   스는 미다스의 소원 하나를 들어주기로 했다. 미다스는 자기의 손이 닿
   는 모든 것을 황금으로 변하게 해 달라는 소원을 이야기했는데, 이 소원
   이 이루어지면서 먹는 음식까지도 황금으로 변하게 되었다. 미다스는 자
   기의 소원을 철회했고, 디오니소스의 명령에 따라 파크톨로스 강에서 목
   욕을 하고 다시 원래의 상태로 돌아가게 되었다.
33) 상반신은 말의 귀를 가진 인간으로, 하반신은 말(馬)의 다리와 꼬리를 가
   진 모습으로 표현된다. 수염이 더부룩한 노인으로 대개는 술에 취한 모
   습으로 그려진다. 지혜가 많은 요정으로 그를 붙잡기만 하면 그가 가진
   지혜를 빼낼 수 있다고 전해지고 있다. 미다스 왕이 실레노스를 술에 취
   하게 하여 붙잡았을 때, 실레노스는 "인간의 가장 큰 행복은 애당초 태
   어나지 않는 것이며, 일단 태어났으면 되도록 빨리 죽는 것이 상책이다"
   라는 지혜를 전했다. 실레노스는 디오니소스를 길렀으며, 그의 술친구
   였다고도 전해진다.

식들이여, 그대는 왜 듣지 않는 것이 그대에게 가장 이로운 것을 나에게 말하도록 강요하는가? 가장 좋은 것은 그대에게 불가능한 것이다. 그것은 태어나지 않는 것이며 **존재하지 않는 것**이고 **무로 존재하는** 것이다. 그러나 그대에게 차선의 것이 있다면 그것은 일찍 죽는 것이다."[34]

올림포스 신들의 세계는 이 민족적 지혜와 어떠한 관계에 있는가? 그것은 고문을 받는 순교자의 황홀한 환상이 그의 고통에 대해서 갖는 관계와 같다.

이제 올림포스의 이른바 마의 산(Zauberberg)이 우리에게 자신을 열면서 자신의 근원을 보여준다. 그리스인은 존재의 공포와 끔찍함을 알고 있었고 느끼고 있었다. 즉 살아갈 수 있기 위해서라도, 그리스인은 그러한 공포와 끔찍함에 대해서 올림포스라는 찬란한 꿈의 산물을 내세워야만 했다. 자연의 거인적인 힘에 대한 저 엄청난 불신, 모든 인식 위에 무자비하게 군림하는 저 운명의 여신 모이라(Moira), 인간의 위대한 벗인 프로메테우스의 〔간을 쪼아 먹는〕 저 독수리, 현명한 오이디푸스가 맞은 저 무서운 운명, 오레스테스로 하여금 어머니를 살해하도록 강요하는 아트레우스 가문에[35] 내려진 저 저주, 간단히 말해서 우울한

---

34) 소포클레스의 『콜로누스의 오이디푸스』 1224행 이하 참조.
35) 아트레우스는 트로이 전쟁에서 그리스군 총사령관을 맡았던 아가멤논의 아버지이다. 이 가문에 내린 저주의 발단이었던 탄탈로스의 손자뻘

이다. 그는 배다른 동생을 죽이고 미케네의 왕 에우리스테우스에게 도망쳤다가 왕이 죽자 왕위에 올랐다. 아트레우스의 동생인 티에스테스는 아트레우스의 아내인 아에로페를 유혹하여 왕위를 빼앗으려고 하다가 추방되었는데, 이에 대한 복수로 자기 아들로 키웠던 아트레우스의 아들을 보내 아버지를 죽이려 하였으나 도리어 아들이 아버지의 손에 죽고 말았다. 모르고 친아들을 죽인 아트레우스는 화해를 가장하여 티에스테스와 그의 두 아들을 초청, 두 아들을 몰래 죽인 다음 그 살코기로 요리하여 티에스테스의 식탁에 내놓았다. 이러한 패륜으로 인해 신의 저주를 받은 왕국에는 흉년과 기근이 덮쳤고, 아트레우스는 티에스테스를 찾아 나섰다가 자기도 모르게 티에스테스의 딸 펠로피아와 결혼한다. 그때 그녀는 이미 자기 아버지의 씨인 아이기스토스를 뱃속에 갖고 있었는데, 훗날 이 아이기스토스의 손에 아트레우스는 죽고 만다.

복수가 복수를 낳는 피의 저주는 이후에도 아트레우스 가문에 계속되었다. 아트레우스의 아들 아가멤논이 트로이 원정을 나갈 때 대원들이 배에 모두 탔지만 바람이 일지 않아 배가 움직이지 않았다. 이는 아가멤논이 사냥 중에 아르테미스 여신에게 바쳐진 수사슴을 죽여서 여신이 분노했기 때문이었다. 아가멤논은 여신의 분노를 풀기 위해 딸 이피게니아를 아르테미스 여신에게 바쳤다. 이러한 사실에 분노한 아가멤논의 아내 클리타임네스트라는 정부 아이기스토스와 짜고 트로이에서 귀국한 아가멤논을 살해한다. 아가멤논의 아들 오레스테스와 딸 엘렉트라는 아폴론의 신탁에 따라 어머니와 어머니의 정부(情夫)를 살해한다. 그 후 엘렉트라는 쓸쓸히 일생을 마쳤고, 오레스테스는 복수의 여신에게 쫓겨 미쳐서 방랑하다가 마침내는 델포이에서 정화되어 신들의 저주에서 벗어났다.

이러한 저주는 이 가문의 선조 중의 하나인 탄탈로스 때문에 시작되었다고 한다. 제우스의 아들인 탄탈로스는 신들의 사랑을 받아서 신들의 신탁에 초대되었으나 신들의 비밀을 인간에게 퍼뜨리는 용서받을 수 없는 죄를 지었다. 또 다른 이야기에 따르면 신들의 예지력을 시험하기 위해서 자신의 아들을 죽여서 신들에게 바쳤다고 한다. 그러나 탄탈로스의 속마음을 읽은 신들이 그의 아들을 살려내었고, 탄탈로스는 그 죄로 지옥에 떨어져 갈증과 허기를 채울 수 없는 처참한 형벌을 받았다.

아트레우스 가문에 내린 저주가 몇 세대에 걸쳐 작용하면서 오레스테스에트루리아인들을[36] 그들의 신화의 여러 사례들과 함께 파멸에 빠뜨린, 숲의 신이 설파한 저 철학 전체와 그들의 신화 속의 여러 사례는 그리스인들에 의해서 올림포스 신들이라는 저 예술적인 **중간세계**를 통해서 끊임없이 극복되었으며, 아무튼 은폐되었고 시야에서 사라지게 되었다. 살아가기 위해서라도 그리스인들은 이러한 신들을 가장 절실한 필요에 의해서 창조하지 않을 수 없었다. 이러한 과정을 우리는 아마도 다음과 같이 생각해야만 할 것이다. 원래의 끔찍하기 짝이 없는 거인적인(titanisch) 신들의 질서로부터 저 아폴론적인 아름다움의 충동을 통해서 서서히 올림포스라는 환희에 찬 신들의 질서가 나타나게 되었다.[37] 마치

로 하여금 자신의 어머니를 살해하도록 유도하는 것은 아이스킬로스의 비극 『오레스테스』 3부작의 주제가 되고 있다.

36) 고대 이탈리아의 토스카나 지방에 살았던 비유럽인들로서, 모든 인간은 죽음 후에는 영혼이 박탈되어 악마들이 들끓는 암흑 세상을 헤매게 된다는 절망적인 사후관을 가지고 있었다.

37) 하늘의 신 우라노스와 대지의 신 가이아가 결합하여 티탄이라고 불리는 거인신들을 낳았는데, 아들 여섯과 딸 여섯이었다. 이들은 인간의 형상을 하였다고 하는데, 가이아의 권고에 따라 우라노스로부터 지배권을 빼앗아 막내아들인 크로노스를 지배자로 삼았다. 이들이 제1세대의 신들이었고, 그 뒤로 새로운 세대의 거인신들인 제우스, 헤라, 포세이돈, 하데스, 데메테르 등이 나타났다. 이들은 최후의 티탄 족인 크로노스와 여동생 레아가 결합하여 낳은 남신과 여신 들로 그들은 힘으로 티탄 신족을 정복하여 올림포스를 차지했다. 크로노스는 자기 자식에게 지배권을 빼앗긴다는 신탁 때문에 태어난 자식들을 차례로 삼켜 버렸는데, 마지막 제우스가 태어났을 때는 레아가 크로노스를 속여 돌을 삼키게 했기 때문

가시덤불에서 장미꽃이 피어나는 것처럼. 만일 그리스인에게 삶이 보다 높은 영광에 휩싸여서 그의 신들 속에 나타나지 않았다면, 그처럼 감수성이 예민하고 그처럼 욕망이 강렬하며 **고뇌**할 수 있는 탁월한 능력을 가지고 있는 저 민족이 어떻게 삶을 견뎌낼 수 있었겠는가. 계속 살아가도록 유혹하는 삶의 보완이자 완성으로서의 예술을 낳은 동일한 충동이 올림포스 세계도 탄생시켰다. 이 올림포스의 세계 안에서 그리스인의 '의지'는 〔자신의 삶을 신적인 것으로〕 찬란하게 변용시키는(verklären) 거울을 눈앞에 걸었던 것이다. 이렇게 신들은 스스로 인간의 삶을 살아감으로써 그것을 정당화한다. 이것만으로도 충분한 변신론(辯神論)이[38] 아닌가! 그러한 신들의 눈부신 광명 안에서 삶은 그 자체로서 추구할 만한 가치가 있는 것으로 느껴진다. 그리고 〔이제〕 호메로스적인 인간의 본래의 **고통**은 삶으로부터 이별, 무엇보다도 머

에 제우스는 살아남았으며 마침내 아버지를 추방하게 되었다. 제우스를 비롯한 새로운 신들과 티탄 신족과의 전투를 '티타노마키아'라 부른다.

니체는 이러한 거인신들과 새로운 신들의 투쟁을 '무질서하고 잔인한 정신'과 '아폴론적인 균형과 절도의 정신' 사이의 투쟁으로 보는 것이다.

38) 변신론(Theodizee)이란 라이프니츠가 처음으로 사용한 용어이며 신정론(神正論) 혹은 신의론(神義論)이라고도 번역된다. 변신론은 신이 이 세상을 창조했다는 기독교적인 신앙을 받아들이면서, 선한 신이 창조한 이 세계에 어떻게 해서 악이 존재하게 되었는가라는 난문을 해결하기 위한 철학적 이론이다. 그것은 이 세상에 악이 존재한다는 사실이 절대적으로 선한 존재로서의 신의 정의와 모순되지 않는다는 사실을 증명함으로써 악의 존재에도 불구하고 신을 변호하려고 한다.

지않아 다가올 이별[죽음]에서 비롯되는 것이 된다. 따라서 이제 우리는 실레노스의 지혜를 거꾸로 해서 그리스인들에 대해서 이렇게 말할 수 있을 것이다. "그들에게는 가장 나쁜 일은 머지않아 죽는다는 것이며, 다음에 나쁜 일은 누구나 언젠가는 죽는다는 것이다." 이러한 비탄이 일단 울려 퍼지게 되면, 그것은 단명한 아킬레우스에 대해서도 나뭇잎과 같은 인간종족의 무상함에 대해서도 영웅시대의[39] 몰락에 대해서도 다시 울리게 된다. 비록 날품팔이로라도 더 살고 싶어 하는 것은 가장 위대한 영웅에게도 불명예스런 일이 아니다.[40] [그리스적] '의지'는 아폴론적 단계에서 이렇게 강렬하게 삶을 갈망하며 호메로스적 인간은 삶과 자신이 일체라고 느끼기 때문에 [바로 위에서 언급한] 그 비탄마저도 삶에 대한 찬가가 되는 것이다.

그런데 여기서 말해 두어야만 할 것이 있다. 근대인이 동경의 눈으로 바라보았던 조화, 즉 인간과 자연의 통일을 실러는 '소박

---

39) 그리스적인 원래 의미에서 영웅은 부모 중 하나를 신으로 하면서 죽어서는 별이 되어 하늘에서 영원한 생명을 누리는 신인(神人)을 의미한다. 헤라클레스를 비롯하여 아르고 선(船)에 승선한 주요 인물들과 트로이 전쟁의 주요 인물들이 이러한 의미에서 영웅이다.

40) 『오디세이아』에는 유랑하던 오디세우스가 죽은 자들의 영혼과 만나는 장면이 있다. 이때 오디세우스는 아킬레우스가 이러한 영혼들의 장수(將帥)로 군림하고 있는 것을 보면서 감탄하는데, 이에 대해서 아킬레우스는 "죽은 자들의 무리 전체를 지배하기보다는 가난한 날품팔이로라도 살아 있는 것이 더 낫다"라고 답한다. 『오디세이아』 11권 489~491.

함'이라는 예술용어로 지칭했지만,[41] 그러한 조화는 인류의 낙원으로서 모든 문화의 입구에서 우리가 발견할 **수밖에 없는** 것과 같은 극히 단순하고 자연발생적으로 발생하는 불가피한 상태가 결코 아니다. 이렇게 믿을 수 있었던 시대는 루소의 에밀마저도 예술가로 간주하려고 했고 호메로스야말로 자연의 품에서 길러진 에밀식의 예술가라고 망상했던 시대뿐이었다. 예술에서 '소박한 것'을 우리가 마주치게 되는 경우, 우리는 그것이 아폴론적 문화에서 비롯되는 최고의 효과라는 사실을 인식해야만 한다. 아폴론적 문화는 항상 먼저 거인왕국을 전복하고 괴물들을 죽여야만 하며 강력한 환영들과 즐거운 환상들을 통해서 〔호메로스 이전의 그리스인, 즉 올림포스 신화 이전의 그리스인들이 가졌던〕 세계관의 무서운 깊이와 고뇌에 대한 가장 큰 감수성에 승리를 거두어야만 했던 것이다. 그러나 그 소박함, 즉 가상의 아름다움 속에 완전히 몰입되어 있는 상태에 도달한다는 것은 얼마나 드문 일인가! 그러니, 꿈의 예술가 개인이 민족과 자연 전체가 꿈꾸는 능력에 관계하는 방식으로 하나의 개인으로서 아폴론적인 민족문화에 대해서 관계하고 있는 **호메로스**야말로 그 어떤 말로도 표현할 수 없을 정도로 숭고한 인물이 아닌가! 호메로스적 **소박성**이란 오직 아폴론적 환상의 완전한 승리로 파악될 수 있다.

---

41) 주 54번 참조.

이러한 환상이란 자연이 자신의 의도를 관철하기 위해서 자주 사용하는 환상과 동일한 종류의 것이다. 〔자연의〕 진정한 목표는 환상에 의해서 은폐된다. 우리는 이 환상을 붙잡으려고 손을 뻗고, 자연은 우리를 착각하게 함으로써 자신의 목표에 도달한다.[42] 그리스인들 속에서 '의지'는 예술가〔천재〕와 예술세계를 통해 〔일상적인 현실세계를〕 찬란하게 변용함으로써 자기 자신을 직관하려고 했다. '의지'의 피조물들이 스스로를 찬양하기 위해서는, 관조된 완벽한 세계가 명령이나 비난으로 작용하지 않으면서, 자기 자신들을 찬양할 만한 가치가 있는 것으로 느껴야만 했고 더 높은 영역에서 서로 재회해야만 했다. 이러한 영역은 그리스인들이 거울에 비친 자신들의 모습, 즉 올림포스의 신들을 보았던 아름다움의 영역이다. 모든 것이 아름답게 비친 이 상을 가지고 그리스의 '의지'는 예술적 재능과 상관관계에 있는 고뇌에 대한 재능과 고뇌의 지혜에 이르는 재능에 맞서 싸웠다. 그리고 이 승리의 기념비로서 호메로스, 즉 소박한 예술가가 우리 앞에 서 있다.

---

42) 사랑에 빠진 남녀가 상대방에 대해서 갖는 환상이야말로 자연이 자신의 영속을 위해서 이용하는 대표적인 환상이라고 할 수 있다. 사랑에 빠진 남녀는 상대방의 아름다움 때문에 그 상대방을 사랑한다고 생각하지만 이 경우 상대방에게서 보게 되는 아름다움이란 사실은 그들을 근저에서 몰아대는 자연의 생식의지가 자신을 충족시키기 위해서 만들어 내는 환영인 것이다.

4

이 소박한 예술가에 대해서는 꿈의 비유가 우리에게 몇 가지 가르침을 준다. 꿈의 세계가 만들어 내는 환영에 몰입하여 그것을 흐트러뜨리지 않고 "이것은 꿈이다! 이 꿈을 계속해서 꾸어보자!"라고 부르짖는 꿈꾸는 사람을 머릿속에 떠올려 보자. 우리는 이러한 사실로부터 꿈을 관조하는 것이 마음속에 커다란 즐거움을 가져다준다는 사실을 추론할 수 있다. 다른 한편으로 우리는 꿈을 관조하는 데서 즐거움을 느끼며 꿈을 꿀 수 있기 위해서는 대낮과 대낮의 끔찍하고 성가신 일들을 잊어버려야만 한다. 그렇다면 우리는 이 모든 현상들을 해몽의 신인 아폴론의 인도에 따라서 다음과 같이 해석할 수 있다. 우리들의 삶 전체는 깨어 있는 상태가 절반을, 그리고 꿈꾸는 상태가 절반을 차지한다. 이 둘 중에서 우리는 깨어 있는 상태를 비교할 수 없을 정도로 중시하며 그것을 더 중요하고 더 가치 있고 더 살 보람이 있는 것으로, 아니 삶이라고 부를 수 있는 유일한 것이라고 분명히 생각할 것이다. 그러나 나는 내가 주장하는 것이 아무리 역설적으로 들릴지라도, 저 비밀스런 근거, 즉 우리 인간이 그것의 현상인 저 비밀스런 근거에 주목하면서 꿈의 가치를 정반대로 평가하고 싶다. 즉 내가 자연 속에서 저 강력한 예술충동을 감지하고 이 충동에 깃든 가상을 향한 강렬한 열망과 가상에 의한 구원에의 열망을 감지하게 될수록 나는 점점 더 다음과 같은 형이상학적 가설을 받아들일 수밖에 없다. 이러한 가설이란 진정으로 존재하는 근원적 일자는 영원히 고뇌하며 모순에 가득 찬 존재이면서 자신의 지속적인 구원을 위해서 매혹적인 환상이나 즐거운 가상을 필요로 한다는 것이다. 우리는 이러한 가상에 사로잡혀 있고 그것으로 성립되는바, 이러한 가상을 우리는 진정으로는 존재하지 않는 것으로서, 즉 시간과 공간 그리고 인과율 속에서 끊임없이 생성하는 것으로서, 달리 말해 경험적인 실재로서 느끼지 않을 수 없다. 따라서 우리가 우리 자신의 '실재'를 잠시 도외시하고 우리 자신의 경험적 존재를 세계 일반의 경험적 존재와 마찬가지로 근원적 일자가 매 순간 만들어 내는 표상으로 파악하게 된다면, 이제 우리는 꿈을 **가상의 가상**으로서, 가상에 대한 근원적 욕망을 보다 고차원적으로 충족시키는 것으로서 간주해야만 한다. 이와 동일한 이유에서 자연의 가장 깊은 핵심은 소박 예술가에게서 그리고 꿈과 마찬가지로 **가상의 가상**일 뿐인 소박한 예술작품에서 형언할 수 없을 정도로 즐거움을 느낀다. 저 불멸의 '소박한 예술가들' 중의 하나였던 **라파엘로**는 우리에게 다음의 비유적 그림에서 가상이 한 번 더 가상으로 승화되는 과정, 즉 소박한 예술가 및 아폴론적인 문화의 근본적인 진행과정을 묘사했다. 그의 작품 〈**그리스도의 찬란한 변용**〉의[43] 하반부는 미친 소년과 그를 껴안고 절망하는 부모와 어쩔 줄 모르고 불안해하는 사도들을 묘사하면서 영원한 근원적 고통, 즉 세계의 유일한 근거를 반영하고 있다. '가상'은 여기에서는 사물의 아버지인 영원한 모순의 반영이다. 이 가상으로부터 이제 환상 같은 새로운 가상세계가 감미로운 향기처럼 피어 오른다. 첫 번째 가상에만 사로잡혀 있는 사람들은 이 새로운 세계의 아무것도 보지 못한다. 이 새로운 세계는 가장 순수한 환희와 크게 뜬 눈으로부터 방사(放射)되는 고통 없는 관조 속에서 빛을 발하면서 떠다닌다. 여기서 우리는 최고의 예술상징 속에서 저 아폴론적 아름다움의 세계와 그것의 토대를 이루는 실레노스의 가공할 지혜를 눈앞에 보게 되며 양자의 필연적인 상호관계를 직관을 통해서 파악하게 된다. 아폴론은 그러나 우리에게 또다시 개별화의 원리의 신격화로서 나타난다. 이러한 개별화의 원리 안에서만 근원적 일자는 목표를 영원히 성취하는바, 가상을 통해 자신을 구원하는 것이다. 아폴론은 숭고한 몸짓으로 고통의 세계 전체가 얼마나 필요한지를 우리에게 보여준다. 이러한 고통을 통해서 개인은 [자신을] 구원하는 환상을 산출하도록 내몰리면서 이 환영을 관조하는 것에 침잠함으로써 바다 한가운데서 표류하는 작은 배 위에

---

43) 다음과 같은 성서의 한 구절을 주제로 해서 그린 라파엘로의 명화. "예수께서 베드로와 야고보와 그 형제 요한을 데리고 따로 높은 산에 올라가시더니, 저들 앞에서 변용되어 그 얼굴이 해같이 빛나며 옷이 빛과 같이 희어졌더라."(「마태복음」 17장 1~2절)

조용히 앉아 있을 수 있게 되는 것이다.

개별화의 신격화라는 것이 일반적으로 명령하고 규준을 부여하는 성격을 갖는 것으로 간주될 경우 그것은 오직 다음과 같은 하나의 법칙만을 인정할 따름이다. 개체, 즉 개체의 한계의 준수, 그리스적 의미의 **절도**가 바로 그것이다. 윤리적 신으로서 아폴론은 자신의 신도들에게 절도와 그것을 지키기 위해 필요한 자기인식을 요구한다. 따라서 아름다움이라는 미학적 요구 외에 '너 자신을 알라'와[44] '도를 넘지 말라'는 요구가 생겨난다. 이에 반해 자만심과 과도함은 비아폴론적 영역에 속하는 본래 적대적인 악령들, 즉 아폴론 이전 시대인 거인 시대의 속성들이자 아폴론적인 세계 이외의 세계인 야만세계의 속성으로 간주되었다. 인간에 대한 거인적 사랑 때문에 프로메테우스는 독수리에 의해서 찢겨져야만 했고, 스핑크스의 수수께끼를 풀었던 과도한 지혜 때문에 오이디푸스는 범행의 어지러운 소용돌이 안에 빠져들어야만 했다. 델포이의 신은[45] 그리스의 과거를 이렇게 해석했다.

아폴론적 그리스인에게는 **디오니소스적인 것**이 일으켰던 작

---

44) 델포이의 아폴론 신전에 걸려 있던 유명한 문구. 그리스의 7현인 중 한 사람인 탈레스의 말이라고 전해지나 이설(異說)도 있다.
45) 델포이는 신탁으로 유명했던 아폴론의 신전이 있던 고대 도시로, 여기서 델포이의 신은 아폴론을 가리킨다.

용도 '거인적'이고 '야만적'인 것으로 여겨졌다. 그러나 이렇게 생
각하면서도 그들은 자신들이 저 파멸한 거인들 및 영웅들과 내
면적으로 혈족관계를 갖는다는 사실을 자신들에게 숨길 수 없
었다. 더 나아가 아폴론적 그리스인이 그것 이상으로 통감하지
않으면 안 되었던 것은 그의 존재 전체는 모든 아름다움과 절도
를 갖추고 있었음에도 불구하고 고뇌와 인식이라는 숨겨진 토대
에 근거하고 있다는 사실이었다. 이 숨겨진 토대는 저 디오니소
스적인 것을 통해서 다시 모습을 드러내게 된 것이다. 그리고 보
라! 아폴론은 디오니소스 없이는 살 수 없었다! '거인적인 것'과
'야만적인 것'은 결국 아폴론적인 것과 동일한 정도로 필요했다!
그러면 이제 우리는 다음과 같은 문제들에 대해서 생각해 보자.
가상과 절도 위에 건립되었고 인공적인 제방으로 둘러싸인 이
세계 안으로 디오니소스 축제의 황홀한 음조가 어떻게 점점 더
유혹적으로 되어 가는 마법의 선율을 타고 흘러들어 갈 수 있었
을까. 어떻게 해서 이 선율 속에서 즐거움과 고통 그리고 인식
에 있어서의 자연의 **과도함** 일체가 폐부를 찌르는 절규가 될 정
도로 큰 소리를 내게 되었을까. 이 마력적(dämonisch)인 민중가
요에게, 유령처럼 창백한 하프 소리와 함께 성가를 음송하는 아
폴론의 예술가가 무엇을 의미했는지를 생각해 보자! '가상' 예술
의 여신들(die Musen)은 도취 속에서 진리를 말하는 하나의 예술
앞에 창백해졌다. 실레노스의 지혜가 명랑한 올림포스 신들에게

슬프도다! 슬프도다!라고 부르짖다. 개체는 모든 한계와 절도를 지녔음에도 불구하고 디오니소스적인 상태라는 자기망각 속으로 몰락해 갔고 아폴론적인 규준을 망각했다. **과도함**이 자신을 진실로서 내세웠으며 고통에서 탄생된 환희라는 모순이 자연의 심장부로부터 자기 자신을 알렸다. 이리하여 디오니소스적인 것이 침투했던 모든 곳에서 아폴론적인 것이 지양되었고 파괴되었다. 그러나 또한 확실한 사실은 최초의 습격을 견뎌낸 곳에서는 델포이의 신의 위용과 존엄이 이전보다 더 견고하고 위압적으로 되었다는 것이다. 따라서 나는 **도리스** 국가와 도리스 예술을 아폴론적 것의 전투진영의 연장으로서 설명할 수밖에 없다. 디오니소스적인 것의 거인적이고 야만적인 본질에 대한 끊임없는 저항 속에서만 그렇게 반항적이고 냉담하며 보루(堡壘)로 둘러싸인 예술, 그토록 전투적이며 엄격한 교육,[46] 그토록 잔혹하고 무자비한 국가제도가 오랫동안 존속할 수 있었던 것이다.

지금까지 나는 이 논문의 서두에서 말했던 것을 더욱 상세하게 서술했다. 정리해 보자면, 디오니소스적인 것과 아폴론적인 것은 항상 새롭게 잇달아 탄생하면서 서로를 고양시켜 가면서 그리스 본질을 지배해 왔다. 거인들의 전쟁과 가혹한 민간철학이 풍미했던 '청동' 시대로부터[47] 아폴론적인 미의 충동에 의

---

46) 스파르타 교육을 말한다.
47) 헤시오도스는 『일과 나날』이라는 책에서 인류는 다섯 시대를 겪는다고

말하며, 황금시대와 은시대 다음에 청동시대가 온다고 한다.

황금시대는 크로노스가 우주를 지배하던 시대로, 이때 살았던 황금으로 만든 족속은 아무런 근심 걱정이 없는 풍요로운 생활을 했다. 대지는 이들에게 풍부한 과일을 제공했다. 이들은 늙지도 않았고, 죽음을 편안한 잠에 빠지는 것으로 생각하여 전혀 두려워하지 않았다. 제우스는 이 황금시대의 종족을 인간의 수호정령으로 만들었다.

은의 시대는 제우스가 만든 은으로 된 족속이 살던 시대로 이들은 백 년 동안 어머니의 보살핌을 받는 어린이로 순진하게 지내야 했다. 성장하여 사춘기에 이르면 어머니 곁을 떠나는데 우매함과 무모함 때문에 얼마 살지 못했다. 이들이 신들에 대한 숭배를 거부하자 노한 제우스는 이들을 모두 지옥의 수호정령으로 만들어 매장해 버렸다.

청동시대는 물푸레나무에서 생겨난 사람들이 살던 시대로 이들은 은의 시대에 살던 자들보다도 훨씬 몰염치하고 호전적이었다. 이들의 유일한 관심사는 전쟁이어서 항상 싸움을 일삼고 끔찍한 일들을 저질렀다. 이들은 서로 싸우다가 모두 죽어 버렸다.

네 번째 시대는 영웅시대로 영웅들이 살던 시대이다. 이들은 신들의 후손으로 반인반신이었기 때문에 청동시대의 족속보다는 덕도 높았고 수치와 명예를 알고 존중했다. 그러나 이 시대에는 처참한 전쟁이 계속 벌어졌다. 테베의 일곱 용사가 테베를 공격한 것도, 오이디푸스의 비극이 일어난 것도, 트로이 전쟁이 벌어진 것도 모두 이 시대의 일이다. 제우스는 이러한 싸움에서 살아남은 자들을 '행복한 자들의 섬'에 머물게 했다. 그곳은 땅이 비옥해 일 년에 세 번씩이나 풍성한 수확을 할 수 있는 곳이었다.

다섯 번째 인간은 철의 족속이다. 철의 족속은 항상 불안한 삶을 산다. 이들은 태어난 지 얼마 되지 않아 머리가 하얗게 세고 형제들과 친구들 사이에도 우정과 신뢰가 없다. 이들은 신의와 정의, 진리를 무시하면서 사악하고 파렴치한 자들을 칭송한다. 수치도 이 시대에는 사라지고 없다. 거짓 맹세를 밥 먹듯 하며 남의 불행을 보고 즐거워한다. 지상에 남아 있던 마지막 신들마저 하늘로 올라가고, 인류는 무법천지 속에서 치유할 수 없는 불행과 고통을 견디며 살아가야만 하는 운명에 처하게 되었다.

해 지배되면서 호메로스적인 세계가 생겨났다. 이러한 '소박한' 장려함은 도도히 침입해 오는 디오니소스적인 것의 물결에 다시 삼켜져 버린다. 그리고 이러한 새로운 힘에 대항하여 아폴론적인 것이 대두하여 부동의 존엄성을 갖는 도리스 예술과 세계관으로 자신을 고양하게 된다. 이런 식으로 그리스의 역사는 저 적대적인 두 원리의 투쟁 속에서 네 개의 커다란 예술적 단계로[48] 구분되지만, 우리가 위에서 말한 마지막 단계, 즉 도리스 예술의 단계를 저 예술충동들의 정점이자 목적으로 간주하지 않을 경우 우리는 계속해서 이러한 생성과 활동의 최후의 계획이 무엇인지를 묻지 않을 수 없다. 그리하여 여기에서 아폴론과 디오니소스라는 두 예술충동의 공통의 목표로서 **아티카 비극**과 극 형식의 주신찬가(Dithyrambus)의 높이 기려지고 숭고한 예술작품이 우리들의 시야에 등장하게 된다. 이전의 오랜 투쟁 끝에 성취되는 두 충동의 신비로운 결혼은 이러한 자식의 모습으로 나타나면서

헤시오도스는 인류의 다섯 시대를 설명하면서 자신은 철의 시대에 살고 있다고 말했다. 유재원, 『그리스 신화의 세계』(현대문학, 1998), 59~68쪽, 콜레트 에스틴 · 엘렌 라포르트, 『그리스 로마 신화』(미래 M&B, 1987), 유복렬 옮김 · 김정현 감수, 134쪽 참조.

48) 니체는 그리스 예술의 전개과정을 5단계로 나누고 있다. 제1단계는 호메로스 이전의 거인시대, 제2단계는 아폴론적인 정신이 지배했던 호메로스 시대, 제3단계는 디오니소스적인 정신이 지배한 디오니소스적인 시대, 제4단계는 아폴론적인 도리스 예술의 시대, 제5단계는 아티카 비극의 시대이다.

영광으로 장식되었다. 그러한 자식은 안티고네이면서 동시에 카
산드라이기도 하다.[49]

---

49) 안티고네는 테베의 오이디푸스 왕과 그의 어머니 사이에서 딸로 태어
   났다. 자신의 손으로 눈을 찔러 소경이 된 오이디푸스를 따라서 여러 나
   라를 방황하다가 아버지가 콜로노스의 땅에서 죽은 뒤 다시 테베로 돌아
   왔다. 그 뒤 오이디푸스의 두 아들인 에테오클레스와 폴리네이케스가 왕
   위를 두고 서로 싸우다가 둘이 모두 죽었는데, 이때 새 지배자가 된 숙
   부 크레온은 에테오클레스를 애국자로, 폴리네이케스를 역적으로 취급
   하여 폴리네이케스의 매장을 허락하지 않았고 그의 시체를 들에 내다버
   려 새와 짐승의 밥이 되게 하였다. 그리고 이를 거역하는 자는 사형에
   처한다고 포고하였다. 이러한 포고에도 불구하고 안티고네가 형제의 시
   체를 가져다가 매장하자, 노한 크레온은 그녀를 지하 감옥에 가두었다.
   그녀는 거기서 목을 매어 죽었고, 그녀의 약혼자였던 크레온의 아들 하
   이몬도 스스로 목숨을 끊었으며, 크레온의 아내 에우리디케도 자해(自
   害)를 함으로써 크레온은 파멸에 빠지게 되었다.
   카산드라는 트로이의 마지막 왕 프리아모스의 딸이다. 예언의 신이기도
   한 아폴론이 구애하자, 사랑을 받아들이는 조건으로 예언 능력을 달라고
   요구하여 미래를 알 수 있는 힘을 갖게 되었다. 그러나 예언 능력만 전
   해 받고서 약속을 지키지 않자 성난 아폴론은 아무도 그녀의 예언을 믿
   지 않게 하였다. 예를 들자면 오디세우스의 계략으로 그리스군이 거대한
   목마를 남겨 놓고 거짓으로 물러났을 때, 목마를 성 안으로 들여 놓으면
   트로이가 멸망할 것이라고 예언하였으나 아무도 그녀의 말에 귀를 기울
   이지 않았다. 트로이가 함락되자 그녀는 그리스군의 총지휘관인 아가멤
   논의 전리품이 되었고, 고향 트로이가 파괴되고 가족이 살해되거나 노예
   가 되는 것을 목격해야만 했다. 아가멤논이 그녀를 데리고 귀국하려 할
   때에도 닥쳐올 재앙을 예견하였으나 아가멤논이 듣지 않아, 결국 그의
   부인 클리타임네스트라에게 함께 살해되었다.

5

우리는 이제 우리 연구의 본래 목표에 가까이 가고 있다. 우리 연구는 디오니소스적-아폴론적 정신(Genius)과 그것의 예술 작품을 인식하고 〔아폴론적인 것과 디오니소스적인 것의〕 저 통일성의 신비를 적어도 어렴풋하게라도 이해하는 것을 목표로 하고 있다. 이제 여기서 우리는 우선 다음과 같은 물음을 제기하고자 한다. 나중에 비극과 극 형식의 주신찬가로 발전하는 저 새로운 맹아는 그리스 세계의 어디에서 처음으로 나타나는가? 이에 대해서는 고대 그리스 자신이 우리들에게 형상을 통해서 설명을 해주고 있다. 즉 그리스인들은 그리스 문학의 시조이자 봉화 전달자로서 **호메로스와 아르킬로코스를**[50] 조각품과 보석 등에 나란히 새겨 넣었던바, 이는 그들이 후대의 그리스 세계 전체에 흘러들어가는 불의 강의 원천인 이 두 사람만을 우열을 가릴 수 없을 정도로 진정으로 독창적인 인물로서 간주해야만 한다고 확신했기 때문이다. 자기 내면에 침잠하는 백발의 몽상가이자 아폴론적 소박 예술가의 전형인 호메로스는 이제 난폭하게 인생 속을 떠돌아다니는 뮤즈의 전투적인 시종인 아르킬로코스의 정열

---

50) 기원전 8~7세기경 그리스의 서정시인으로 귀족과 여자 노예 사이에서 사생아로 태어났다. 용병으로서 여러 지방을 유랑하다가 전쟁터에서 죽었다. 귀족계급을 풍자하는 시를 많이 썼다.

적인 정신을 놀란 눈으로 바라본다. 그리고 이 점에 대해서 근대 미학은 아르킬로코스와 함께 '객관적' 예술가에 대립해서 최초의 '주관적' 예술가가 등장했다는 해석을 덧붙일 줄밖에 몰랐다. 우리에게 이러한 해석은 거의 쓸모가 없다. 왜냐하면 우리는 주관적 예술가를 열등한 예술가로 생각하고 있으며, 예술의 모든 장르 및 수준에서 무엇보다도 우선 주관적인 것의 극복과 '자아'로부터의 구제, 그리고 모든 개인적 의지와 욕망의 침묵을 요구할 뿐 아니라 더 나아가 객관성 없이는, 즉 사심 없는 순수한 관조[51] 없이는 최소한도의 진정한 예술적 창조도 불가능하다고 생각하기 때문이다. 따라서 우리의 미학은 어떻게 해서 '서정시인'이 예술가가 될 수 있는가라는 문제를 우선적으로 해결해야만

---

51) 사심 없는 관조라는 개념은 니체가 쇼펜하우어에게서 원용한 개념이지만 후기의 니체는 이러한 사심 없는 관조의 가능성을 부인한다. 후기의 니체에게는 모든 인식은 힘에의 의지에 봉사하는 것이다. 일례를 들자면 니체는 이렇게 말하고 있다.

"'인식'의 의미. 즉 인식은 '선'이나 '미'과 마찬가지로 엄밀하게 좁은 의미에서 인간 중심적으로, 또한 생물학적으로 풀이되지 않으면 안 된다. 어떤 종(種)이 자신을 보존하면서 자신의 힘을 증대시키기 위해서는, 그것은 그 실재에서 계산 가능한 불변의 법칙을 포착하고 있지 않으면 안 된다. 그러한 불변의 법칙에 기초하는 것을 통해서만 그러한 종이 세계 안에서 취할 태도의 모형이 구성되는 것이다. 객관적인 진리를 인식하려는 추상적이고 이론적인 욕구가 아니라 자기보존과 자신의 강화를 위한 충동이 인식 기관의 발달을 가능하게 하는 근본 동인이다."(『힘에의 의지』)

한다. 이는 서정시인은 어떤 시대에서도 항상 '나'를 말하며 자신의 정열과 욕망의 반음계(半音階) 전부를 우리 앞에서 노래하기 때문이다. 호메로스 곁에서 바로 이 아르킬로코스는 증오와 조소의 절규를 쏟아내고 도취상태에서 자신의 욕망을 분출함으로써 우리를 경악하게 만든다. 주관적이라고 불렸던 최초의 예술가인 그는 따라서 본래 비예술가가 아닌가? 그러나 그렇다면 '객관적' 예술의 발원지인 델포이 신탁마저도 시인 아르킬로코스에게 극히 주목할 만한 말로 경의를 표했던 것은 무슨 이유에서일까?[52]

실러는 그 자신에게도 설명하기 어려운 것이지만 무난하게 생각되는 심리학적 고찰에 의해서 자신의 시작(詩作)과정을 우리들에게 밝혀 주었다. 즉 그는 자신이 시작활동에 앞서서 준비상태로 자신 앞에 그리고 자신 안에 지니고 있던 것은 사고의 질서정연한 인과율에 따라서 배열된 일련의 영상들 같은 것이 아니라 오히려 어떤 **음악적인 기분**이라고 고백하고 있다.

"느낌은 나에게는 처음에는 특정하고 분명한 대상을 가지고 있지 않다. 이 대상은 나중에야 비로소 형성된다. 일종의 음악적

---

52) 아르킬로코스가 태어나기 전에 그의 아버지 테레시크레스는 "오오, 테레스여, 그대의 아들은 불멸의 인간, 유명한 시인이 될 것이다"라는 신탁을 받았다고 한다.

기분이 선행하며 이것에 이어 비로소 시상이 떠오른다."[53]

이제 고대 서정시 전체에 걸쳐서 가장 중요한 현상, 즉 **서정시인과 음악가**의 결합 아니 동일성 ── 이것은 고대에서는 어디서나 자연스러운 것으로 여겨졌으며 이것과 비교하면 근대의 서정시는 머리 없는 신상처럼 생각된다 ── 을 함께 고려할 경우 우리는 앞서 서술된 미학적 형이상학에 의거하여 다음과 같이 서정시인을 설명할 수 있다. 서정시인은 우선 디오니소스적 예술가로서 근원적 일자와 근원적 일자의 고통 및 모순과 완전히 일체가 된 것이며 이 근원적 일자의 모상을 음악으로 만들어 낸다. 이 점에서 음악이 세계의 반복, 세계의 두 번째 주조라고 불린 것은 정당하다. 그러나 이제 음악은 서정시인에게 마치 '**비유적인 꿈의 영상**'처럼 아폴론적인 꿈의 작용에 의해서 눈에 보이는 것이 된다. 근원적인 고통은 처음에는 형상도 개념도 없이 음악 속에 반영되었지만 이제는 가상 속에서 구원을 받음으로써 개개의 비유, 실례로서의 두 번째 반영을 만들어 내는 것이다. 예술가는 이미 자신의 주관성을 디오니소스적 과정에서 포기해 버렸다. 그에게 이제 자기가 세계의 심장과 일체가 되었음을 보여주는 형상은 저 근원적 모순과 근원적 고통을 가상의 근원적 쾌

---

53) 1796년 11월 1일에 실러가 괴테에게 쓴 편지에서 인용한 구절이다.

감과 함께 형상화하는 꿈의 장면이다. 따라서 서정시인의 '자아'
는 존재의 심연으로부터 울려나오는 것이다. 근대의 미학자가
말하는 의미의 서정시인의 '주관성'이란 하나의 착각에 지나지
않는다. 그리스 최초의 서정시인인 아르킬로코스가 뤼캄베스의
딸에게[54] 자신의 미칠 듯한 사랑을 고백하는 동시에 경멸의 말을

---

54) 뤼캄베스는 딸 네오블레를 아르킬로코스에게 줄 것을 약속했지만 다른
   사람에게 시집을 보냈다. 아르킬로코스는 뤼캄베스와 그 딸을 비방하는
   시를 써서 망신을 주었고, 뤼캄베스와 딸은 부끄러움을 이기지 못해 자
   살하고 말았다고 한다.
   아르킬로코스가 뤼캄베스를 비난하는 시는 다음과 같다.
   "아버지 뤼캄베스여,
   그 무슨 생각하시는 거요?
   누가 당신의 마음을 뒤흔든 게요?
   전에 당신이 지녔다는 그 마음을? 이제 진정 숱한
   웃음거리 도성에 드러나 있소."(아르킬로코스 조각글 172번)
   네오블레를 비방하는 시는 다음과 같다.
   "이제 진정 이를 알라. 네오블레는 다른 놈이 가져가라지.
   에라, 익을 대로 익어
   처녀의 꽃봉오리 벌써 시들었다.
   예전에 있던 우아함마저.
   물릴 줄 모르는
   [⋯]
   미친 년, [⋯] 끝을 보여주는군.
   지옥에나 떨어져라.
   [⋯] 그럴 순 없지.
   내가 어찌 그런 여자 취해서
   이웃의 웃음거리가 되겠는가?"(아르킬로코스 조각글 196번)
   김헌, 『고대 그리스의 시인들』(살림, 2004년), 60~62쪽.

던지고 도취의 황홀경에 빠져 우리 앞에서 춤출 경우 이는 그의 개인적인 열정에서 비롯되는 것이 아니다. 우리는 디오니소스와 그의 여자 시종들인 마이나데스들을[55] 보고 있는 것이며, 도취한 열광자인 아르킬로코스가 쓰러져 잠들어 있는 것을 보는 것이다——에우리피데스가 『바쿠스의 시녀들』에서 묘사하고 있는 것처럼 고산(高山)의 목초지에서 정오의 태양 아래 잠들어 있는 그의 모습을.[56] 그리고 이제 아폴론이 다가와 월계수로 그를 만진다. 잠들어 있는 자를 사로잡고 있는 디오니소스적-음악적 마력이 자신의 주위에 형상의 불꽃들을 발산한다. 이것이 바로 최

---

55) 디오니소스의 열성적인 숭배자는 주로 여성들이었고 이들은 마이나데스라고 불렸다. 마이나데스는 '광란하는 여자들'이라는 뜻이다. 표범 등 짐승의 가죽을 걸친 그녀들은 나뭇가지로 만든 관(冠)을 쓰고, 한 손에는 뱀이나 포도송이를, 또 다른 한 손에는 디오니소스 숭배의 표지(標識)인 지팡이를 든 채 노래하고 춤추면서 산과 들을 뛰어다녔다. 디오니소스 신에 의해서 접신이 되었을 때 이 여자들은 시끄럽게 떠들어대면서 산기슭에서 미친 듯이 춤을 추었고, 괴력(怪力)을 발휘하여 나무를 뿌리째 뽑는가 하면, 야수를 갈갈이 찢어 피가 뚝뚝 흐르는 날고기를 먹었다고 한다. 디오니소스는 이 여자들을 거느리고 리디아, 프리기아, 그밖의 동방 여러 나라에서 자신을 포교했다.
일반적으로 그녀들은 디오니소스 숭배의 본고장인 트라키아나 프리기아에서 디오니소스 제의가 있을 때 열광적으로 난무(亂舞)하던 여신도들의 신화적 반영이 아닌가 보고 있다. 사람들은 이 제의가 행해지는 동안 자신 속에서 신을 느끼면서 일상의 습관이나 금기(禁忌)에서 벗어나 자연과의 합일을 맛보았다.
56) 677행 이하를 참조.

고로 발전했을 때 비극과 주신찬가로 불리게 되는 서정시인 것이다.

조각가 및 그와 친척관계에 있는 서사시인은 형상들에 대한 순수한 관조 속으로 침잠한다. 디오니소스적 음악가는 어떠한 형상도 갖지 않는다. 그는 그 자신이 근원적 고통이며 이것의 근원적인 반향일 뿐이다. 서정적 영혼은 신비한 자기포기 상태와 합일상태로부터 하나의 형상세계, 하나의 비유적 세계가 자라나는 것을 느낀다. 이 세계는 조각가와 서사시인의 세계와는 전혀 다른 색채와 인과성과 속도를 가지고 있다. 조각가와 서사시인은 이 형상들 속에서 그리고 오직 그것들 속에서만 즐거움을 누리고, 그러한 형상들의 극히 세세한 특성들까지 애정을 갖고 관조하는 데 지칠 줄 모른다. 격노하는 아킬레우스의 모습 자체는 그들에게는 하나의 형상에 불과하며, 그들은 그의 격노하는 표정을 꿈 속에서 가상을 보면서 즐거워하는 것처럼 감상한다. 따라서 그들은 가상이라는 이 거울을 통해서 자신들이 만들어낸 형상들과 일체가 되고 융합되는 것을 막을 수 있다. 이에 반해 서정시인의 형상들은 바로 **그 자신**이며 자신의 다양한 객관화에 지나지 않는다. 이 때문에 그는 저 세계를 움직이는 중심으로서 '나'라고 말해도 되는 것이다. 다만 이러한 나는 깨어 있을 때의 경험적-현실적인 인간이 아니라 진실로 존재하는 유일한 자아 그리고 사물의 근저에 자리 잡은 영원한 자아이다.

이 자아의 모상들을 통해서 서정적 천재는 사물의 저 근거까지도 꿰뚫어보게 된다. 이제 우리는 다음과 같은 문제, 즉 서정적 천재가 이러한 모상들 중에서 비(非)천재로서의 **자기 자신**, 즉 하나의 '주체', 다시 말해서 그에게 실재한다고 여겨지는 특정한 사물을 향한 주관적 열정과 동요하는 주관적 의지가 뒤섞여 있는 전체를 어떻게 통찰하는지를 생각해 보자. 〔언뜻 보기에는〕 서정적 예술가와 그와 결합된 비예술가가 마치 동일한 것처럼 보일지도 모르고 전자가 〔자신을 자신의 개인적 목적을 추구하는 개체로 생각하면서〕 자기 자신에 대해서 '나'라는 단어를 사용하고 있는 것처럼 보일지도 모른다. 그러나 서정시인을 주관적인 시인으로 지칭했던 사람들은 이러한 외관에 속았지만 이제 우리는 더 이상 그것에 속지 않을 것이다. 정열에 불타 올라 사랑하고 증오하는 인간 아르킬로코스는 실제로는 이미 더 이상 아르킬로코스가 아니라 세계영혼으로 존재하는 영혼이 만들어 낸 하나의 환상일 뿐이며, 이러한 세계영혼은 자신의 근원적 고통을 인간 아르킬로코스라는 비유 속에서 상징적으로 표현한다. 이에 반해 주관적으로 의욕하고 열망하는 인간 아르킬로코스는 절대로 시인으로 존재할 수 없다. 그러나 서정시인이 자신 앞의 인간 아르킬로코스라는 현상만을 영원한 존재의 반영으로 볼 필요는 전혀 없다. 비극은 서정시인의 환상세계가 자신에게는 물론 가장 가까이 존재하는 저 현상〔자신의 개인적 목적을 추구하는 개체로서의

서정시인]으로부터 얼마나 멀리 떨어져 있을 수 있는가를 증명하고 있다.[57]

서정시인이 예술에 대한 철학적 고찰에서 곤란한 문제라는 사실을 **쇼펜하우어**는 솔직히 인정하고 있다. 그는 이 문제에 대해서 하나의 탈출구를 발견한 것으로 믿고 있지만, 나는 결코 그것을 받아들일 수 없다. 물론 서정시인이란 어떤 존재인가라는 곤란한 문제를 결정적으로 해결할 수 있는 수단은 이제까지 오직 쇼펜하우어의 손에만, 즉 음악에 대한 그의 심원한 형이상학에만 존재했다. 이상의 설명에서 나는 그의 정신을 이어받으면서 그에게 명예가 되는 방식으로 그러한 문제를 해결했다고 믿는다. 그러나 나의 설명과는 달리 쇼펜하우어는 다음과 같은 것을 〔서정적인〕 노래(Lied)의 독특한 본질로서 지적하고 있다(『의지와 표상으로서의 세계』 I권 295쪽). "노래하는 사람의 의식을 채우고 있는 것은 의지의 주체, 즉 자신의 욕구이다. 이것은 때로는 속박에서 벗어나 충족된 욕구(기쁨)로 나타나지만 그보다는 훨씬 자주 억압된 욕구(슬픔)로서 나타난다. 즉 그것은 항상 정념, 격정, 감동으로서 나타난다. 그러나 동시에 이 밖에 주위

---

57) 서정시에서는 주인공이 서정시인 자신이기 때문에 서정시는 서정시인 자신의 주관적인 감정의 표현인 것처럼 보이지만, 비극에서는 주인공이 서정시인 자신이 아니기 때문에 주인공이 세계의지 자체의 현현이라는 사실이 잘 드러난다는 것이다.

의 자연을 관조함으로써 노래하는 자는 그 자신을 순수하고 욕구 없는 인식의 주체로서 의식하게 된다. 이 인식의 흔들리지 않는 행복한 고요는 늘 제약받고 언제나 결핍을 느끼는 욕구의 절박한 충동과는 큰 대조를 이룬다. 이러한 대조의 느낌, 이러한 상호교착의 느낌이 본래 노래 전체에서 표현되는 것이며 일반적으로 서정적 상태를 형성하는 것이다. 이 서정적 상태에서는 순수한 인식이 우리를 욕구와 충동에서 구원하기 위해서 우리에게 다가온다. 우리는 그것에 따르지만 잠시뿐이다. 항상 거듭해서 욕구와 우리의 개인적 목적에 대한 상기가 우리를 고요한 관조로부터 떼어 놓는다. 그러나 또다시 주위의 아름다운 환경이 우리를 욕구로부터 벗어나게 하고, 이러한 환경 속에서 순수하고 욕구 없는 인식이 우리에게 자신을 드러낸다. 따라서 노래나 서정적 기분 속에서는 욕구(목적에 대한 개인적 관심)와 자신을 드러내는 환경에 대한 순수한 인식이 기묘하게 혼합되어 나타난다. 즉 이 둘 사이의 관계가 추구되고 상상되는 것이다. 주관적인 기분, 즉 의지의 흥분상태는 관조된 환경에 자신의 색깔을 부여하고 그 환경은 또한 주관적인 기분에 자신의 색깔을 반영한다. 이처럼 혼합되고 분열된 심정상태의 묘사가 진정한 노래이다."

이러한 묘사를 읽고 나서 이 묘사 속에서는 서정시가 하나의 불완전하게 달성된, 마치 뛰어다니기는 하지만 좀처럼 목표에 도달하지 못하는 것 같은 하나의 예술로서, 즉 욕구와 순수 관조, 비미학적인 것과 미학적인 것의 기이한 혼합을 **본질**로 갖는 절반의 예술로 특징지어지고 있다는 사실을 독자는 누구나 알 수 있을 것이다. 예술을 분류하면서 쇼펜하우어도 여전히 주관적인 것과 객관적인 것의 대립을 하나의 가치척도인 것처럼 사용하고 있지만, 우리는 오히려 주관과 객관이라는 대립 그 자체가 미학에서는 도대체 부적합하다고 주장한다. 왜냐하면 주체, 즉 욕구하고 자신의 이기적 목적을 추구하는 개체라는 것은 예술의 적일 뿐이지 결코 예술의 근원이라고 생각할 수 없기 때문이다. 주체가 예술가인 한 그는 이미 자신의 개인적 의지로부터 해방되어 있으며, 진실로 존재하는 주체〔세계영혼〕가 가상 속에서 자신을 구원하는 것을 자축하는 것을 돕는 매체가 된다. 예술이라는 희극 전체는 우리를 위해서, 즉 우리들의 향상이나 교양을 위해서 상연되는 것이 결코 아니며 우리가 저 예술세계의 진정한 창조자가 아니라는 사실은 우리에게 굴욕이 되면서**도** 우리를 우쭐하게 하는 것이지만, 우리는 무엇보다도 먼저 그 사실을 분명히 명심해야 한다. 그러나 아마도 우리는 우리가 세계의 진정한 창조자에게는 이미 형상이고 예술적인 투영이며 예술작품이 갖는 의의 속에서 우리의 최고의 품위를 갖는다는 사실을 받아들여도 좋을 것이다. 왜냐하면 삶과 세계는 **미적 현상으로서**만 **정당화되기** 때문이다[58] —— 그렇지만 물론 우리가 갖는 이러

58) 『비극의 탄생』에서 예술에 니체가 부여하는 결정적인 의미가 이 말에 압축적으로 표현되어 있다고 할 수 있다. 인생의 고통과 무상함에 직면해서 인간은 이 세계에서 계속 살 것인지 아닌지에 대해서 고뇌하게 된다. 이러한 고뇌로부터, 이 세계에서의 삶을 정당화하고 시인하는 다양한 방법들이 나타나게 된다. 니체는 인류 역사상 나타난 다양한 종교·예술·도덕, 심지어 학문도 이 세계에서의 삶을 정당화하는 방법들이라고 본다.

그러나 니체는 이러한 다양한 방법들 중 어떤 것은 인간의 삶을 허약하고 병들게 만들거나 천박하게 만든다고 본다. 예를 들어 기독교는 지상의 삶을 천상으로 이행하는 다리로 봄으로써 이 지상의 삶에 의미를 부여하고 그것을 정당화하려고 한다. 이러한 방법은 지상에서의 삶을 천상의 삶으로 가기 위한 통로에 불과하다고 보기 때문에 우리는 지상에서의 삶에 애착을 느끼거나 지상의 삶이 주는 기쁨에 탐닉해서는 안 된다고 본다. 이 때문에 기독교는 이 지상에서 우리가 느끼는 즐거움에 대해서 죄책감을 갖게 만든다.

이러한 기독교적 정당화 대신에 지상의 삶을 도덕적으로 정당화하는 방법이 있을 수 있다. 그것은 이 지상의 삶을 그것이 도덕적인 기준에서 보아 정당한지 아닌지에 따라 평가하면서 지상의 삶을 도덕적으로 정당화될 수 있는 삶으로 만듦으로써 정당화하려고 한다. 지상에서의 삶을 정당화하는 이러한 방법은 공리주의나 민주주의, 사회주의 등에서 볼 수 있는 방법이다. 그것은 '최대 다수의 최대 행복'이나 '만인의 평등과 자유'가 이루어진 사회를 기준으로 하여 지상에서의 삶을 정당화하려고 한다. 이 경우 현재의 삶은 이러한 이상적인 사회를 향해 나아가는 과도기로서의 의미를 갖고 그러한 것으로서 정당화된다. 이런 의미에서 니체는 이러한 정당화 방법들은 기독교적인 정당화 방법의 세속화된 형태들이라고 본다. 기독교에서 말하는 천국이 이러한 세속적인 정당화 방법에서는 미래의 이상사회로 대체되고 있을 뿐인 것이다.

이에 대해서 니체가 말하는 삶의 예술적 정당화는 이 지상에서의 고통과 고뇌에도 불구하고 바로 이 자리에서 지상에서의 삶을 긍정하는 것이다. 그것은 이 지상의 삶을 아폴론적으로 찬란하게 변용함으로써 정당화하거나, 비극에서처럼 이 지상의 삶을 근원적인 세계의지의 발현으로 봄으로써 정당화한다. 현실에서 도피하지도 않고, 현실세계를 지배하는 탐욕에

한 중요성에 대한 우리의 의식은 화폭 위에 그려진 군인이 그림 속의 전투에 대해서 갖는 의식과 거의 다를 바가 없다. 따라서 예술에 관한 우리의 지식 모두는 근본적으로는 완전히 환상에 지나지 않는다. 왜냐하면 인식하는 자로서의 우리는 저 예술이라는 희극의 유일한 창조자이자 관객으로서 영원한 즐거움을 누리는 저 존재[세계영혼]와 일체도 아니고 동일하지도 않기 때문이다. 다만 천재가 예술적 창조행위를 통해서 세계의 저 근원적 예술가와 융합되는 한에서만 그는 예술의 영원한 본질에 대해서 약간이라도 아는 바가 있는 것이다. 왜냐하면 저 융합된 상태에서 천재는 기묘한 방식으로, 즉 옛날이야기 속의 섬뜩한 인물과 유사하게 눈알을 돌려서 자신을 관조할 수가 있기 때문이다. 이제 그는 주체인 동시에 대상이고, 또 동시에 시인이자 배우이며 관객이기도 한 것이다.

6

아르킬로코스에 관한 [그동안의] 학문적 연구는 그가 **민요**를 문학에 도입했으며 이러한 업적 때문에 그리스인들의 일반적인

사로잡히지 않으면서도, 이렇게 세계를 미학적으로 정당화하는 것만이 인간을 건강하면서도 심원한 존재로 만든다고 니체는 보고 있는 것이다.

평가에서 호메로스와 어깨를 견주는 유일무이의 지위를 차지하고 있다는 사실을 발견했다. 그러나 전적으로 아폴론적인 성격을 갖는 서사시와 대비되는 민요란 무엇인가? 아폴론적인 것과 디오니소스적인 것의 결합의 영속적인 흔적 이외의 무엇이겠는가? 모든 민족들에게 퍼져 나가고 항상 새롭게 탄생되면서 점증해 가는 민요의 거대한 전파력은 자연이 갖는 저 이중의 예술적 충동이 얼마나 강한지를 보여주는 증거이다. 한 민족의 광란비제적(狂亂秘祭的, orgiastisch)인 운동이 그 민족의 음악 속에 영원히 흔적을 남기는 것과 유사하게 자연의 이중의 예술적 충동은 자신의 흔적을 민요에 남긴다. 사실 민요가 풍부하게 만들어졌던 모든 시기가 디오니소스적인 조류에 의해서 가장 강력하게 영향을 받았던 시기이기도 했다는 사실은 역사적으로도 증명될 수 있을 것이다. 우리는 언제나 디오니소스적 조류를 민요의 기초이자 전제로서 고찰해야만 한다.

그러나 민요는 우리에게 무엇보다도 먼저 음악적인 세계거울이며 근원적인 선율로서 간주된다. 이러한 근원적인 선율은 자신과 상응하는 꿈의 현상을 찾아서 그것을 가사(Dichtung) 속에서 표현한다. **따라서 선율이 최초의 것이자 보편적인 것이다.** 이 때문에 그것은 여러 가사들 속에서 다양하게 객관화될 수 있다. 선율은 또한 민중의 소박한 가치평가에 의하면 훨씬 더 중요하고 필수적인 것이다. 선율은 자기 내부에서 시를 낳는다. 그것도 부단히 거듭해서 새로운 것을. **민요의 분절형식**[연형식]이라는 것이 바로 이러한 사실을 알려주고 있다. 내가 결국 이러한 해석을 내리기까지 나는 민요의 분절형식이라는 현상을 항상 경탄하면서 관찰해 왔다. 어떤 민요집, 예를 들자면『소년의 마술 피리』 같은 민요집을[59] 이 이론에 비추어 검토해 본 사람은 끊임 없이 산출하는 선율이 자기 주위에 형상의 불꽃을 흩뿌리는 무수한 예들을 발견하게 될 것이다. 이 형상의 불꽃들은 그 다채로움, 급격한 변화, 그리고 그 미쳐 날뛰는 점에 있어서 서사시적 가상과 그것의 고요한 흐름과는 극히 이질적인 힘을 나타낸다. 서사시의 관점에서는 서정시의 이렇게 불균형하고 불규칙적인 형상세계는 단적으로 부정되어야 할 것이다. 그리고 테르판드로스 시대에[60] 아폴론적 축제의 서사 음유시인들은 서정시를 그렇게 단호하게 부정했던 것이다.

따라서 우리는 민요의 가사에서 **음악을 모방하려고** 극도로 긴장하고 있는 언어를 볼 수 있다. 이 때문에 호메로스의 시세계와 가장 근본적으로 모순되는 새로운 시세계가 아르킬로코스와 함

---

59) 독일 낭만주의의 두 시인 브렌타노(Clemens Brentano)와 아르님 (Archim von Arnim)이 1806년부터 1808년에 걸쳐서 만든 민요집. 당시의 독일 서정시에 신선하고 발랄한 자극을 주었다고 한다.
60) 테르판드로스는 기원전 7세기 전반에 스파르타에 살았던 서정시인으로 키타라를 발명했다. 키타라에다 서정시를 맞춰서 노래했다고 한다.

께 시작된다. 이상에서 우리는 시와 음악, 언어와 음조 사이의 유일하게 가능한 관계를 설명했다. 언어, 형상, 개념은 음악과 유사한 표현을 추구하며 이제 음악의 위력이 그것들에 스며들게 된다. 이런 의미에서 우리는 [그리스] 언어가 현상이나 형상의 세계를 모방했는지 혹은 음악의 세계를 모방하여 왔는지에 따라서 그리스 민족의 언어역사에서 두 개의 주요 흐름을 구별할 수 있다. 이러한 대립이 갖는 의미를 파악하려면 색채와 문장구조, 어휘와 관련해서 호메로스와 핀다로스에서 보이는 언어상의 차이를 단지 한 번이라도 보다 깊이 생각해 보아야 할 것이다. 그러면 호메로스 시대와 핀다로스 시대 사이에 **올림포스의 광란적인 피리가락**이[61] 울려 퍼졌음에 틀림없다는 사실이 손에 잡힐 듯이 분명하게 될 것이다. 이 피리가락은 음악이 비교도 안 될 정도로 발달했던 아리스토텔레스 시대에도 여전히 사람들을 도취

---

61) 프리기아의 유명한 피리의 명수인 마르시아스의 피리가락을 가리킨다. 마르시아스는 그리스 신화에 나오는 사티로스의 하나로 아폴론과 음악 시합을 벌였다. 아폴론은 리라를 가지고 마르시아스는 피리를 가지고 서로 실력을 겨루었으나 승부를 가리지 못하자, 아폴론은 각자의 악기를 거꾸로 쥐고 연주하자는 제의를 했다. 리라는 거꾸로 쥐고도 연주할 수 있었으나 피리는 불가능했기 때문에 마르시아스는 패할 수밖에 없었다. 심판관인 뮤즈가 패배자는 승리자의 처분에 따라야 한다고 정했기 때문에 아폴론은 마르시아스를 나무에 묶은 채 살가죽을 벗겼다고 한다. 다른 신화에서는 미다스가 심판관이 되어서 아폴론의 패배를 선언하자 노한 아폴론이 미다스의 귀를 당나귀 귀로 변하게 했다고 한다.

적인 열광상태로 이끌었고, 당시의 사람들이 모든 시적 표현방식을 음악을 모방하는 방식으로 사용하도록 자극했다. 나는 여기서 우리의 미학[근대 미학]에서는 단지 불쾌하게만 생각되는, 우리 시대에 잘 알려진 어떤 현상을 환기시키고자 한다. 우리가 재삼 경험하는 바와 같이, 예를 들어 베토벤의 교향악을 들을 경우 개개의 청중은 아무래도 머릿속에 형상을 그리지 않을 수 없게 된다. 그러나 어떤 악장에 의해서 산출된 여러 가지의 형상세계들을 함께 모아 본다면 그것은 정말 환상적으로 다채롭게 보일 것이며 더 나아가 서로 모순되게 보일 것이다. 그것들을 조합하는 데는 자신들의 빈약한 기지를 발휘하지만 진정으로 설명할 가치가 있는 현상은 간과해 버리는 것이 우리 [근대] 미학의 수법이다. 설령 작곡가 자신이 어떤 교향곡을 전원이라고 부르고 어떤 악장을 '시냇가의 풍경', 다른 악장을 '농부들의 즐거운 모임'이라고 이름붙이더라도 그것들 역시 음악에서 태어난 비유적인 표상들에 지나지 않으며, 이 표상들은 음악의 **디오니소스적** 내용에 대해서는 아무것도 우리에게 알려주지 못한다. 음악이 모방하는 대상들은 전혀 존재하지 않는다. [음악에서 태어난 것들로서] 이 표상들은 다른 형상들과 마찬가지로 어떠한 독자적인 가치도 갖지 못한다. 분절형식을 갖는 민요가 어떻게 생기는가, 언어능력 전체가 음악의 모방이라는 새로운 원리에 의해서 어떻게 자극되는가라는 것을 어렴풋하게라도 느끼기 위해서는 우리는 음악이 형상들로 나타나는 과정을 이제 젊고 신선하며 언어적으로 창조적인 어떤 민중들[그리스인들]에 적용시켜 보아야 한다.

따라서 우리가 서정시를 형상과 개념을 통해서 음악을 모방하는 불꽃으로 볼 수 있다면 우리는 이제 다음과 같이 물을 수 있을 것이다. "음악은 형상과 개념의 거울에 어떠한 것으로서 **나타나는가?**"라고. **음악은 의지로서 나타난다.** 이 경우 의지는 쇼펜하우어가 말하는 의미에서의 의지이다. 즉 그것은 미학적이고 순수하게 관조적이며 욕구 없는 기분과는 반대의 것을 의미한다. 여기서 사람들은 본질이라는 개념을 현상이라는 개념으로부터 가능한 한 첨예하게 구별해야 한다. 왜냐하면 음악은 그것의 본질상 의지일 수는 없기 때문이다. 음악이 의지라면 그것은 예술의 영역에서 완전히 추방되어야 할 것이다. 이는 의지는 그 자체로는 비(非)미(美)적인 것이기 때문이다. 그러나 음악은 의지로서 현상한다. 형상들 속에 음악의 현상을 표현하기 위해서는 서정시인은 사랑의 속삭임으로부터 광기의 노여움에 이르기까지 정열의 온갖 동요를 필요로 하기 때문이다. 아폴론적 비유에 의해서 음악을 이야기하려는 충동에 사로잡혀서 서정시인은 자연 전체와 그 속의 자기를 영원히 욕구하는 자, 영원히 갈망하는 자, 영원히 동경하는 자로만 이해한다. 그러나 서정시인이 음악을 형상 속에서 해석하는 한, 그가 음악이라는 매체를 통해서 관조하는 모든 것이 그의 주위에서 아무리 거칠게 요동치고 있을지라도 그는 아폴론적인 관조라는 고요한 바다에서 편히 쉬고 있다. 물론 그가 자기 자신을 음악이라는 동일한 매체를 통해서 바라본다면, 그에게는 그 자신의 형상이 불만스런 감정상태 속에 있다는 사실이 드러난다. 자기 자신의 욕구, 동경, 신음, 환호는 서정시인에게는 음악을 해석하는 데 사용되는 하나의 비유인 것이다. 이것이 서정시인이라는 현상이다. 그 자신은 의지의 갈망으로부터 완전히 벗어나 순수하고 맑은 태양의 눈과도 같지만, 아폴론적 천재로서 서정시인은 음악을 의지의 형상을 통해 해석한다.

이상의 논의 전체가 주장하는 바는 음악 자체는 자신의 완전한 무제약성 때문에 형상이나 개념을 **필요로 하지** 않고 오히려 그것이 옆에 있는 것을 단지 **참고 있을** 뿐이라고 할 정도로 서정시는 음악정신에 의존하고 있다는 것이다. 서정시인의 시는 그에게 형상을 떠올리지 않을 수 없게 만드는 음악 속에 최대의 보편성과 타당성을 갖고 미리 존재하는 것에 대해서만 말할 수 있다. 음악의 세계 상징법은 바로 그 때문에 언어로는 도저히 충분히 설명될 수 없다. 이는 음악은 근원적 일자의 심장부에 존재하는 근원적 모순, 근원적 고통에 상징적으로 관계하고 있으며, 따라서 모든 현상들 위에 있고 모든 현상들 앞에 있는 어떤 영역을 상징하고 있기 때문이다. 음악과 비교하면 모든 현상은 단지 비유에 지나지 않는다. 따라서 현상들의 기관(Organ)이자 상징으로서의 **언어**란 절대로 음악의 가장 깊은 내면을 외부로 드러낼 수 없다. 오히려 언어가 음악을 모방하자마자 그것은 음악과 피상적인 접촉만 하게 될 뿐이다. 아무리 유창한 서정적 표현을 통해서도 우리는 음악의 가장 깊은 의미에는 한 발짝도 다가갈 수 없는 것이다.

7

그리스 비극의 기원이란 문제를 우리는 미로라고 부르지 않을 수 없다. 이러한 미로에서 벗어나기 위해서 우리는 이상에서 언급한 모든 예술원리들의 도움을 받아야만 한다. 전승되어 온 고대의 단편적인 문헌들이 이미 자주 서로 조합되거나 다시금 분해된 적이 많았음에도 그리스 비극의 기원에 관한 문제는 해결되기는커녕 지금까지 한 번도 진지하게 제기된 적이 없었다고 주장하는 것은 결코 불합리한 주장이라고는 생각할 수 없다. 이러한 전승은 극히 단호하게 **비극은 비극 합창단으로부터 발생했으며**, 비극은 근원적으로 합창이고 그 이외의 아무것도 아니다라고 말하고 있다. 우리가 비극 합창단은 이상적 관객이라든가 혹은 무대장면이라는 왕족의 영역에 대해서 민중을 대표한다든가 하는 예술상의 상투적인 문구들에 만족하지 않고 본래의 원시 연극으로서의 비극 합창단의 핵심을 통찰해야 하는 의무는 여기서 생기는 것이다. 비극 합창단이 민중을 대표한다는 위의 두 번째 해석은 마치 민중의 합창단 속에 민주주의적 아테네 시민들의 불변적인 도덕법칙이 표현되어 있으며 이 민중의 합창단이 왕족의 격정적인 탈선과 방종을 넘어서 항상 정당성을 갖는 것처럼, 많은 정치가들에게는 숭고하게 들리는 견해일 것이다.[62] 이러한 해석은 아리스토텔레스의 한마디에 의해 아무리 강력하게 시사된 해석일지라도 비극이 나타나게 된 기원에 대해서는 아무런 의미도 갖지 못한다. 왜냐하면 민중과 왕족의 대립이라든가 일반적으로 모든 정치적–사회적 영역은 저 순수하게 종교적인 기원과는 아무런 상관이 없기 때문이다. 아이스킬로스[63]와 소포클레스[64]에서 보는 바와 같은 우리에게 잘 알려진 비극 합창단의 고전적 형태와 관련해서 그것에서 '입헌적 민주 대표제도'가 예상된다고 말하는 것도 우리는 역시 모독행위

---

62) 슐레겔은 『극예술과 문학에 대한 강연』(3권, 1809~1811)의 다섯 번째 강연에서 고대 비극의 '공화정신'과 그것의 정치적 내용을 강조하고 있다.

63) 아이스킬로스(B.C. 525~456)는 그리스 비극의 창시자로 90여 편의 작품을 썼다고 한다. 경연(競演)에서 13회(1회에 4편 상연)나 우승하였다고 하는데 후세에 남아 있는 것은 7편에 불과하다.

64) 소포클레스(B.C. 496~406)는 페리클레스 시대를 대표하는 원숙한 시인이며 비극의 완성자로 평가된다. 그는 123편의 작품을 써서 18회(일설에는 24회)나 우승하였으며, 3위 이하로 떨어진 일이 없었다고 한다. 아리스토텔레스는 『시학』에서 그의 작품 『오이디푸스 왕』을 비극의 전형(典型)으로 격찬하였다.

라고 보고 싶다. 그러한 모독을 거리낌 없이 하는 자들이 있기는 하다. 고대의 국가제도가 입헌적 민주 대표제도라는 것을 실제로 알지 못했으며, 내가 바라는 일이지만 그것을 비극 속에서 절대로 '감지'도 못했을 것이다.

합창단에 대한 이러한 정치적 설명보다도 훨씬 유명한 것은 A. W. 슐레겔의 사상이다. 그는 우리에게 합창단을, 말하자면 관중들의 정화(精華)이며 진수(眞髓), 즉 '이상적 관객'으로 볼 것을 권한다. 비극은 근원적으로는 단지 합창단이었을 뿐이라는 고대의 역사적 전승 속에 나타나는 견해와 비교해 보면 슐레겔의 견해의 본질을 알 수 있다. 슐레겔의 견해는 조야하고 비학문적이지만 상당히 인기 있는 주장이었다. 그런데 이러한 인기는 그 표현의 압축적 형식에 의해서, '이상적'이라고 불리는 모든 것에 대한 저 진정으로 게르만적인 선입견과 우리들의 순간적인 경이에 의해서 얻어진 것에 지나지 않는다. 우리가 우리에게 친숙한 연극 관객과 저 합창단을 비교하여 이 관객으로부터 비극 합창단과 유사한 무엇인가를 끄집어내어 이상화하는 것이 과연 가능한가를 자문한다면 우리는 놀라게 될 것이다. 우리는 그것에 대해서 조용히 부정하게 되고, 이제 슐레겔의 주장이 갖는 대담성과 그리스 관객의 전적으로 상이한 성격에 대해서 놀라게 된다. 즉 우리는 항상 진정한 관객은 그가 누구이든 간에 자신 앞에 놓인 것이 경험적 현실이 아니라 하나의 예술작품임을 늘 의식해야

한다고 생각해 왔다. 반면에 〔슐레겔에 의하면〕그리스인의 비극 합창단은 무대 위의 인물들을 살아 있는 실제 인물로 생각해야 만 했다. 오케아노스 딸들의[65] 합창단은 거인 프로메테우스를 눈앞에 실제로 보고 있다고 믿으며 자기 자신을 무대 위의 신과 마찬가지로 실재한다고 여긴다. 그렇다면 최고의 가장 순수한 부류의 관객은 오케아노스의 딸들처럼 프로메테우스를 육체를 지니고 실재하는 것으로 간주해야만 하는가? 그리고 무대 위로 뛰어올라 신을 그의 고난으로부터 해방시켜 주는 것이 이상적 관객의 특징인가? 우리는 이상적인 관객을 미학적 관객으로 생각해 왔으며 관객 각자가 예술작품을 예술로서, 즉 미적으로 수용하는 능력이 클수록 그를 그만큼 유능한 관객으로 생각해 왔다. 그런데 이제 슐레겔의[66] 발언은 완전하고 이상적인 관객이란 무

---

65) 오케아노스는 우라노스와 가이아 사이에 태어난 거인족으로, 대지의 끝을 둘러싸고 흐르는 대양의 신이었다. 누이동생인 테티스와의 사이에서 세계의 모든 바다와 하천의 신인 3000명의 아들과 바다나 하천 또는 샘의 요정(妖精)이 된 3000명의 딸 오케아니데스를 낳았다. 오케아노스의 딸들은 아이스킬로스의 비극 『묶여진 프로메테우스』에서 합창단으로 나온다.

66) A. W. 슐레겔(1767~1845)은 동생인 프리드리히 슐레겔과 함께 독일 전기(前期) 낭만파 운동의 중심 인물로 알려져 있다. 평론가, 동양어학자이자 셰익스피어의 희곡 절반을 번역한 명번역자로서 명성을 얻었다. 또한 동생 F. 슐레겔과 함께 고대 인도 문학 연구의 기초를 닦은 업적도 크다. 그는 『연극 예술과 문학에 대한 강의』(1805) 제5장 제9절에서 "합창단은 한마디로 말해서 이상화된 관객이다"라고 말하고 있다.

대 위의 세계로부터 미적으로가 아니라 육체적, 경험적으로 영향을 받는다고 시사하고 있다. 오, 이 그리스인들이란! 하면서 우리는 탄식한다. 그들은 우리의 미학을 전복시켜 버렸다! 그러나 그것에 익숙해져서, 합창단이 화제가 될 때마다 우리는 슐레겔의 말을 반복했다.

그러나 고대의 저 실로 명확한 전승이 여기서 슐레겔을 반박하고 있다. 비극의 원시적 형태인 무대 없는 합창단과 이상적 관객으로서의 합창단은 서로 양립할 수 없는 것이다. 관객이라는 개념으로부터 끌어져 나오는 예술 장르, 즉 '관객 자체'를 자신의 본래적인 형태로 간주해야만 하는 예술 장르는 어떤 것일까? 무대상연 없는 관객이란 모순된 개념이다. 우리는 비극의 탄생은 합창단에 나타나 있는 민중의 도덕적 지성에 대한 존중으로부터도, 무대상연 없는 관객이라는 개념으로부터도 설명될 수 없는 것이 아닌가 하고 생각한다. 이 문제는 너무나 심오해서 그러한 피상적인 고찰방법은 수박 겉핥기식일 수 밖에 없다는 것이 우리의 견해이다.

실러는 합창단의 의미에 대한 훨씬 더 가치 있는 통찰을 『메시나의 신부』의 유명한 서문에서 보여주고 있다.[67] 그는 합창단을 비극이 자신을 현실세계로부터 완전히 차단하고 자신의 이상적

---

67) 『메시나의 신부』 서문은 단독으로는 「비극에서 합창단의 사용에 관해서」(1803)라는 논문으로 발표되었다.

지반과 자신의 시적인 자유를 획득하기 위해 자기 주변에 쳐놓은 살아 있는 성벽으로 간주했다. 실러는 이러한 통찰을 무기로 하여 자연스러운 것이라는 저속한 개념에 대항하여, 즉 극문학에서 일반적으로 요구되는 환상에 대해서 투쟁했다. 실러가 말하는 바에 따르면 무대 위에서는 대낮 자체라 하더라도 인공적인 대낮일 뿐이며, 건축물은 단지 상징적인 것이다. 운율적 언어도 현실 언어를 이상화시킨 성격을 띠고 있다. 그럼에도 불구하고 그러한 〔자연주의적〕 오류가 전반적으로 지배하고 있다. 그것〔무대 위에서 모든 것이 이상적인 성격을 띠고 있다는 것〕을 단지 하나의 시적인 자유라고 묵인하는 것만으로는 충분하지 못하다. 그것은 모든 시의 본질인 것이다. 실러는 계속해서 이렇게 말하고 있다. 자신이 『메시나의 신부』에서 합창단을 도입한 것은 예술상의 모든 자연주의에 대하여 공공연하게 그리고 명예롭게 선전(宣戰)을 포고하기 위해서 취한 단호한 조치라고. 그러한 고찰방식은 자신의 우월을 망신(妄信)하고 있는 현대가 '사이비 이상주의'라는 경멸적인 명칭을 붙여준 고찰방식인 것으로 나에게는 생각된다. 내가 두려워하는 것은 우리가 오늘날 자연적인 것, 현실적인 것을 찬양하면서 도달하게 된 것이 모든 이상주의의 정반대의 것, 즉 밀랍세공의 진열장 같은 것이라는 사실이다. 현대의어떤 인기 소설〔에밀 졸라 식의 자연주의 소설〕에서처럼 밀랍세공에도 예술은 있다. 다만 이러한 예술에 의해서 실러와 괴테의 '사이비 이상주의'가 극복되었다고 주장하면서 우리를 괴롭히지 않기를 바랄 뿐이다.

물론 실러의 올바른 통찰에 따르면 그리스의 사티로스 합창단, 즉 그리스 비극의 기원을 이루는 합창단이 소요했던 곳은 '이상적인' 땅이며 죽음을 면할 길이 없는 인간들이 걸어다니는 땅보다 훨씬 더 드높이 솟아 있는 땅이다. 그리스인은 이 합창단을 위해서 가공(架空)의 **자연상태**를 나타내는 공중의 가설무대를 만들고 그 위에 가공(架空)의 **자연존재**[사티로스로서의 합창단]를 세워 놓았다. 비극은 이러한 기초 위에서 성장했고 이 때문에 물론 이미 현실에 대한 꼼꼼한 묘사로부터 해방되어 있었다. 그러나 이 경우 그것은 하늘과 땅 사이에 상상력을 통해 삽입된 자의적인 세계가 아니다. 오히려 그것은 올림포스 산과 그 위의 신들이 신앙심 깊은 그리스인에게 가졌던 현실성과 신빙성을 지닌 세계인 것이다. 사티로스는 디오니소스적인 무용수로서 신화와 제의에 의해서 성화(聖化)된 종교적인 현실 속에서 살고 있다. 그와 함께 비극이 시작된다는 것, 그로부터 비극의 디오니소스적 지혜가 선포된다는 것은 합창단으로부터 비극이 탄생되는 것만큼이나 우리에게는 기이한 현상이다. 가공의 자연존재인 사티로스와 문화인과의 관계는 디오니소스적 음악과 문명과의 관계와 같다고 내가 주장할 경우, 이러한 주장이 아마도 우리 연구의 출발점이 될 것이다. 문화인과 문명에 대해서 리하르트 바그너는 등잔의 빛이 대낮의 빛에 의해서 사라지듯이 그것들도 음악에 의해서 사라지게 된다고 말하고 있다.[68] 이와 똑같이 그리스 문화인들도 사티로스 합창단 앞에서 자신이 사라지는 것을 느끼게 될 것이라고 나는 믿는다. 국가와 사회 그리고 개인들 간의 간격이 강력한 통일감정에 의해서 사라져 버리고 자연의 심장으로 되돌려진다는 것, 이것이야말로 디오니소스적 비극의 가장 직접적인 영향인 것이다. 내가 이미 여기서 암시한 바와 같이 모든 진정한 비극이 우리를 해방시켜 주는 수단인 형이상학적 위안, 즉 사물의 근저에 놓여 있는 삶은 현상들이 끊임없이 변화하는 속에서도 불멸의 힘을 지닌 채 환희에 넘쳐 있다는 위안은 사티로스 합창단으로서, 자연존재의 합창단으로서 생생한 육체를 지닌 명료한 모습으로 나타나게 된다. 이러한 자연존재는 말하자면 모든 문명의 배후에 소멸되지 않고 살아 있으며, 세대가 바뀌고 민족의 역사가 아무리 변하더라도 영원히 동일한 것으로 남아 있다.

극히 섬세하고 극히 강렬하게 고통을 느낄 수 있는 유일한 민족인 심원한 그리스인들은 이러한 합창단으로 스스로를 위로했다. 그들은 예리한 눈빛으로 이른바 세계사라는 것의 무시무시한 파괴 충동과 자연의 잔혹성을 꿰뚫어 보고 있었고, 의지에 대한 불교적 부정을 동경할 수 있는 위험에 처해 있었다.[69] 이러

---

68) 바그너의 「베토벤론」 제3장에 나오는 말이다.

한 그를 예술이 구원한다. 그리고 예술을 통해서 자신을 구원하는 것은 생이다.

삶의 일상적 구속과 한계를 파괴하는 디오니소스적 상태의 황홀경은 그것이 지속되는 동안 일종의 **망각의 강과 같은**(lethargisch) 요소를[70] 포함하고 있다. 이러한 상태 속에서 그가 과거에 개인적으로 체험한 모든 것이 망각되어 버린다. 이러한 망각의 심연에 의해서 일상적 현실의 세계와 디오니소스적 현실의 세계가 나눠진다. 그러나 저 일상적 현실이 다시 의식 속에 되살아나자마자 그것은 심한 구토증을 수반하게 된다. 이러한 상태로부터 금욕적이고 의지를 부정하는 기분이 생겨난다. 이런 의미에서 디오니소스적 인간은 햄릿과 유사하다. 양자는 우선 사물의 본질을 올바로 들여다보았다. 그들은 **인식했던** 것이다. 그러고 나면 행동을 한다는 것은 그들에게 구토를 불러일으키는 것이다. 그들의 행동은 사물의 영원한 본질을 조금도 바꿀 수 없

---

69) 『비극의 탄생』에서 니체는 쇼펜하우어 철학을 크게 수용하고 있지만 쇼펜하우어와는 달리 의지 자체를 부정하려고 하지 않았다는 점에서 쇼펜하우어와는 본질적인 차이를 보이고 있다. 쇼펜하우어가 의지의 부정을 통해서 열반상태에 도달하려는 불교를 긍정적으로 보는 반면에, 니체는 불교를 생과 의지를 부정하는 종교로 보면서 생과 의지를 긍정하는 그리스 비극을 그것에 대립시키고 있는 것이다.

70) 로마 신화에 따르면 사람은 죽으면 스틱스 혹은 아케론이라는 강을 건너는데 이 강은 망각(lethe)의 강으로서, 이 강을 건너면 지상의 경험을 잊는다고 한다.

기 때문에, 뒤죽박죽인 세계를[71] 다시 정돈하라고 요구받는 것이
그들에게는 우스꽝스럽고 치욕적인 것으로까지 느껴진다. 인식
은 행동을 죽인다. 행동하기 위해서는 환각의 베일에 싸일 필요
가 있다. 이것은 햄릿의 가르침이며, 몽상가 한스의[72] 값싼 지혜
가 아니다. 한스는 반성만을 뒤풀이할 뿐이며, 말하자면 가능성
의 과잉 때문에 행동으로 옮기지 못한다. 반성이 아니라 참된 인
식이, 무서운 진리에 대한 통찰이 햄릿은 물론이고 디오니소스
적 인간에게도 행동을 유발하는 모든 동기를 말살해 버린다. 이
제 위로는 쓸모가 없다. 갈망은 세계를 넘고 신들 자체까지도 넘
어서 죽음을 향해서 달린다. 삶은 그것을 눈부시게 반영하는 신
들이나 불멸의 피안과 함께 부정된다. 인간은 한 번 보게 된 진
리를 의식하고 있는 한, 도처에서 삶의 공포 혹은 삶의 부조리
를 보게 된다. 이제 그는 오필리아의 운명이 상징하는 것을 이해
한다. 이제 그는 숲의 신 실레노스의 지혜를 안다. 그리고 그것
이 그에게 구역질을 나게 한다.

의지의 이러한 최고의 위험상태 속에서 이제 **예술**이 구원과 치
료의 마술사로서 다가온다. 예술만이 삶의 공포나 부조리에 대

---

71) 셰익스피어의 『햄릿』 제1막 5장 참조.
72) 셰익스피어의 『햄릿』 제2막 2장의 끝 부분에 나오는 주인공의 독백 중에
    있는 말. 원어는 John-a-dreams인데, A. W. 슐레겔의 독역본에서는
    Hans der Träumer(몽상가 한스)라고 번역했다.

한 저 구토를 일으키는 생각을 인간에게 사는 보람을 주는 여러 가지 표상으로 변화시킬 수 있다. 이러한 표상은 우리를 공포에 사로잡히게 만드는 것을 예술적으로 제어할 경우 **숭고한 것**이 되고, **부조리**의 구역질로부터 예술적으로 인간을 해방시키는 경우에는 희극적인 것이 된다. 주신찬가의 사티로스 합창단은 예술로 〔그리스인들을〕 구원하고 있다. 이 디오니소스의 시종들이 만드는 중간세계〔비극과 희극〕에서, 앞에서 언급했던 공포나 구역질의 발작은 모두 진정되었다.

8

사티로스도 근대 목가 속의 목자도 근원적인 것과 자연적인 것을 향한 동경의 산물이다. 그러나 그리스인은 얼마나 확고하고 겁도 없이 이 숲 속의 인간을 붙잡았던가! 〔이에 반해〕 근대인은 섬세하고 연약한 피리 부는 목자라는 달콤한 형상과 얼마나 **부끄럽**고 유약하게 희롱했던가! 아직 어떠한 인식도 이루어지지 않았고 아직 문화의 침투도 받지 않은 자연, 이것을 그리스인은 사티로스 안에서 보았다. 이 때문에 사티로스는 그리스인에게는 원숭이와 아직 동일시되지 않았다. 그 반대로 그는 인간의 원형, 인간이 가질 수 있는 최고의 그리고 가장 강렬한 감동의 표현이었다. 그는 신이 가까이 있다는 사실 때문에 황홀해하며 감격하고 열광하는 사람, 신의 고통을 자신 안에서 반복하면서 함께 괴로워하는 동지, 자연의 가슴 가장 깊은 곳에서 나오는 지혜를 고지하는 자, 그리스인이 언제나 외경심과 경이를 느끼면서 바라보곤 했던 자연의 전능한 생식력의 상징이었다. 사티로스는 어떤 숭고한 존재, 신적인 존재였다. 특히 고통에 상처 입은 디오니소스적 인간의 눈에는 그렇게 여겨졌음에 틀림없다. 〔이에 반해〕 치장한 거짓 목자는 디오니소스적 인간의 기분을 상하게 했을 것이다. 위장되지 않고 위축되지 않은 웅대한 자연의 필치 위에 그의 눈은 숭고한 만족을 느끼면서 머물렀다. 여기에서 문명의 환영은 인간의 근원적인 형상에 의해서 지워졌고, 자신의 신에게 환호하는 진정한 인간, 수염 난 사티로스가 자신의 모습을 드러냈다. 그 앞에서 문화인은 기만적인 희화(戲畵)로 위축되었다. 비극예술의 시작에 대해서도 실러는 옳았다. 합창단은 밀어 닥치는 현실에 대한 살아 있는 성벽이다. 왜냐하면 사티로스 합창단은 보통 자신을 유일한 실재로 믿고 있는 문화인보다도 삶을 더 진실되고, 더 사실적으로, 그리고 더 완전하게 모사하기 때문이다. 시의 영역은 시인의 두뇌가 만든 환상적이고 불가능한 것으로서 세계 외부에 존재하는 것이 아니다. 시는 그것과는 정반대의 것, 즉 진리의 꾸밈 없는 표현이기를 원한다. 이 때문에 시는 문명인이 현실이라고 말하고 있는 허위투성이의 가식을 떨쳐 버려야 한다. 자연의 이러한 본래적인 진리와 자신을 유일한 실재로 가장하는 문화의 허위 사이의 대조는 사물의 영원한 핵심인 물자체와 현상세계 전체 사이의 대조와 유사하다. 비극이 현상들이 계속해서 몰락해 가는 가운데 형이상학적으로 위로하면서 존재의 핵심에 존재하는 영원한 삶을 가리키는 것처럼, 이미 사티로스 합창단이란 상징은 사물 자체와 현상 사이의 저 근원적인 관계를 비유적으로 말해 주고 있다. 현대인의 목가에 등장하는 저 목자는 현대인에게 자연으로 간주되는 교양이라는 환상의 총계를 모사한 것에 지나지 않는다. 디오니소스적 그리스인은 진리와 자연이 최고의 힘을 발휘할 것을 원한다. 그는 마법에 걸려 사티로스로 변한 자신을 본다.

이러한 기분과 인식과 함께 디오니소스 시종의 무리들은 열광하면서 환호한다. 그러한 힘은 그들 자신을 서로의 눈앞에서 변화시켜서 그들은 자신을 다시 부활한 자연의 정령이고 사티로스라고 느낀다. 훗날의 비극 합창단의 구조는 저 자연스런 현상의 예술적 모방이다. 물론 이렇게 예술적인 모방이 이루어지는 단계에서는 디오니소스적인 관객들과 디오니소스적인 마술사들의 분리가 필요했다. 다만 사람들이 염두에 두어야 하는 것은 아티카 비극의 관객은 합창석의 합창단에서 자기 자신을 재발견했으며 근본적으로 관객과 합창단 사이에는 대립이 없었다는 사실이다. 왜냐하면 일체가 춤추고 노래하는 사티로스들로 이루어지거나 이러한 사티로스들에 의해서 대표되는 사람들로 이루어진 합창단이기 때문이다. 슐레겔의 말은 여기서 보다 깊은 의미로 해석되어야 한다. 합창단은 유일한 **관조자**, 무대 위 환상세계의 관조자인 한 '이상적인 관객'이다. 우리가 알고 있는 바와 같은 관중은 그리스인에게는 알려져 있지 않았다. 관람석이 중심을 향해서 내려가는 반원형 계단식 구조로 되어 있는 그들의 극장에서는 모두가 자기 주위의 모든 문화세계를 완전히 **무시하고** 무대를 만족스럽게 내려다보면서 자기 자신이 합창단의 일원인 것처럼 착각할 수 있었다. 이러한 통찰에 따라서 우리는 근원적인 비극(Urtragödie)의 원시적 단계였을 당시의 합창단을 디오니소스적 인간의 자기반영이라고 불러도 좋다. 이러한 현상은 진정한 재능을 가지고 있어서 자신이 맡은 역할의 인물이 자기 눈앞에서 손에 잡힐 것처럼 선명하게 움직이는 것을 보는 배우를 통해서 가장 명료하게 이해될 수 있다. 사티로스 합창단은 무엇보다도 디오니소스적 대중이 떠올리는 환영이며, 무대 위의 세계는 사티로스 합창단이 떠올리는 환영이다. 이러한 환영의 힘은 너무나 강력해서 '〔경험적인〕 실재'가 주는 인상, 즉 주위 관람석에 자리 잡고 있는 교양인들을 무시하게 만든다. 그리스 비극의 무대는 외따로 떨어진 산골짜기를 연상시킨다. 무대의 건축양식은 산에서 이리저리 돌아다니면서 열광하는 바쿠스의 신자들이 위로부터 내려다보는 빛나는 구름의 형상처럼 보이며, 이형상 한가운데에 디오니소스의 형상이 보이는 것이다.

우리가 여기서 비극 합창단을 해명하기 위해서 거론하고 있는 저 예술적 근원현상은 기본적인 예술 성립과정에 대한 현대의 학문적 견해에서 볼 때는 불쾌한 현상이다. 그러나 시인이 시인일 수 있는 것은 그 시인 자신이 자기 앞에서 살아 있고 움직이고 있는 형상들에 둘러싸여 있는 것을 보며 그러한 형상들의 가장 내적인 본질을 통찰할 수 있음으로써 가능하다는 사실보다 분명한 것은 없다. 우리는 근대적 소양의 특유한 약점 때문에 미학적인 근원현상을 너무 복잡하고 추상적으로 생각하는 경향이 있다. 비유(Metapher)라는 것은 진정한 시인에게는 수사적인 형상이 아니라 개념 대신에 그의 눈앞에서 실제로 움직이고 있는 대표적인 형상인 것이다. 인물(Charakter)이라는 것은 진정한 예술가에게는 주워 모은 개별적인 특징들로 구성된 전체가 아니라 그의 눈앞에서 생생하게 살아 움직이는 것이다. 이러한 인물은 단지 끊임없이 살아가고 행위를 한다는 점에서만 화가가 그린 동일한 환영과 구별될 뿐이다. 호메로스는 어떻게 하여 다른 시인들보다 그렇게 훨씬 더 구체적으로 묘사하고 있는가? 이는 그가 그만큼 더 많이 관조하기 때문이다. 우리가 시에 대해서 그렇게 추상적으로 이야기하는 것은 우리 모두가 형편없는 시인이기 때문이다. 미학적 현상이란 근본적으로 단순한 것이다. 하나의 생생한 유희를 계속해서 보고 항상 정령의 무리들에 의해서 둘러싸여 살아가는 능력만 있으면 된다. 그러면 그대는 시인이 되는 것이다. 자기 자신을 변화시켜서 다른 사람의 육체와 영혼으로부터 말하려는 충동만을 느끼면 된다. 그러면 그대는 극작가인 것이다.

디오니소스적 흥분은 대중 전체에게 자신들이 정령들에 둘러싸여 있음을 보고 그들과 내적으로 하나가 되어 있음을 알 수 있는 이러한 예술적 재능을 전해 줄 수 있다. 비극 합창단에서 일어나고 있는 일은 **연극의** 근원현상이다. 자신의 눈앞에서 자신이 변하는 것을 보고 마치 자신이 다른 사람의 몸과 성격 속으로 들어간 것처럼 행동하는 것, 이것이 연극의 근원현상인 것이다. 이러한 과정은 연극 발전의 초기에 일어난다. 여기에는 자신의 형상들과 융합하지 못하고 그것들을 화가와 유사하게 관찰하는 눈으로 자신의 외부에서 바라보는 음유시인과는 다른 것이 있다. 여기에는 이미 다른 존재 속으로의 진입에 의한 개체의 포기가 있다. 더구나 이러한 현상은 전염병처럼 번져 나가 군중 전체는 자신이 디오니소스적 마술에 걸려 있다고 느끼는 것이다. 따라서 주신찬가는 다른 모든 합창가요와 본질적으로 구별된다. 월계수 가지를 손에 들고 행진곡을 부르며 엄숙하게 아폴론 신전으로 나아가는 처녀들은 어디까지나 그녀들 자신으로 머물며 자신들의 시민적 이름을 그대로 간직한다. 그러나 주신찬가의 합창단은 변신한 자들로 구성된 합창단이며, 이 경우 이들은 시민으로서의 과거와 사회적 지위를 완전히 잊어버리고 있다. 그들은 시간을 초월하여 모든 사회적 영역 밖에 살고 있는 디오니소스의 시종들이 되었다. 그리스의 다른 모든 합창 서정시는 아폴론적인 가수 개인의 거대한 고양에 지나지 않는다. 반면에 주신찬가에서는 의식을 잃고 서로를 변신한 것으로 보는 배우들로 구성된 공동체가 우리 앞에 서 있다.

마법에 걸리는 것이 모든 극예술의 전제이다. 이렇게 마법에 걸린 상태에서 디오니소스적 열광자는 자신을 사티로스로 보고 **사티로스로서 그는 다시 신을 바라본다.** 즉 그는 사티로스로 변신한 가운데 자신의 상태의 아폴론적 완성으로서 새로운 환영을 자기 밖에서 보는 것이다. 이러한 새로운 환영에 의해서 연극은 완성되는 것이다.

이러한 인식에 따라서 우리는 그리스 비극을, 아폴론적 형상 세계 속에 항상 새롭게 거듭해서 자신을 방출하는 디오니소스적 합창으로 이해해야만 한다. 따라서 비극이 철저하게 연관되어 있는 저 합창단이 이른바 전체 대화, 즉 무대세계 전체, 연극 자체의 모태인 것이다. 차례로 이어지는 여러 번의 방출 속에서 비극의 이러한 근원적 근거는 연극의 저 환영을 방사(放射)한다. 이러한 환영은 전적으로 꿈의 현상이며, 따라서 서사적 성격을 갖는다. 그러나 다른 한편으로 그것은 디오니소스적 상태의 객관화로서, 가상 속에서의 아폴론적인 구원이 아니라 정반대로 개체의 파괴와 개체의 근원적 존재와의 합일을 표현한다. 연극은 디오니소스적 인식과 활동의 아폴론적 구체화이며, 이 때문에 서사시와는 거대한 계곡을 통해서 분리되어 있는 것이다.

그리스 비극의 **합창단**은 디오니소스적으로 흥분된 대중 전체의 상징이다. 이렇게 파악함으로써 우리는 합창단을 완전히 설명한 셈이다. 우리는 현대적인 무대에서 합창단이 차지하는 지위, 특히 오페라에서 합창단이 차지하는 지위에 익숙해졌기 때문에 그리스인들의 비극 합창단이 어떻게 해서 연극에 고유한 것인 '연기'보다 오래된 것이고 더욱 근원적이고 더 나아가 더욱 중요한 것인지를——이것은 고대의 전승에서 분명하게 나타나 있는 사실임에도 불구하고——전혀 이해할 수가 없었다. 그리고 이러한 전승에 따를 때 합창단이 그렇게 중요하고 근원적인 것임에도 왜 합창단이 신분 낮은 시종들에 의해서, 더구나 처음에는 산양 같은 사티로스만으로 구성되어 있었는지를 우리는 이해할 수 없었다. 또한 합창석이 무대보다 앞에 있었다는 것도 우리에게는 항상 수수께끼였다.[73] 그러나 우리는 이제 무대가 연기와 함께 근본적으로는 그리고 근원적으로는 단지 '**환영**(Vision)'으

---

73) 고대 그리스 극장의 구조는 경사면을 이용한 부채꼴 계단상의 관객석과 무대 사이에 반원형 또는 원형으로 합창대의 무용장(오케스트라)이 설치되었고, 합창대가 여기서 춤추고 노래했다. 극장은 처음에는 관객석과 중앙제단과 합창단석으로만 이루어져 신의 제단 주위로 합창 소리가 울려 퍼지도록 했다.

로밖에 간주되지 않았고, 유일한 '실재'는 환영을 자신으로부터 산출해 내고 이 환영에 대해서 춤과 음향과 언어라는 모든 상징법을 사용해서 이야기하는 합창단이었다는 사실을 통찰하게 되었다. 이러한 합창단은 자신의 환영에서 자신의 주인이자 스승인 디오니소스 신을 관조하며, 따라서 그것은 영원히 **봉사하는** 합창단이다. 합창단은 디오니소스 신이 어떻게 고통을 겪고 어떻게 영광을 누리는지를 관조하며, 그 때문에 그것 자신은 **행동하지** 않는다. 이렇게 신에 대해서 전적으로 봉사하는 입장에도 불구하고 합창단은 **자연**의 최고의 표현이며, 자연의 디오니소스적 표현이다. 따라서 그것은 자연처럼 열광상태 속에서 신탁과 지혜의 말을 한다. 그것은 〔디오니소스 신과〕 **함께 고통을 겪는 자**로서 동시에 **현자**(賢者), 즉 세계의 심장부로부터 진리를 선포하는 자이다. 현명하고 열광적인 사티로스라는 저 환상적이지만 혐오스러운 모습의 인물은 이렇게 해서 탄생한 것이다. 그는 신과는 정반대로 '어리석은 인간(der tumbe Mensch)'이다. 사티로스는 자연과 자연의 가장 강한 충동의 모사, 자연의 상징이며, 동시에 자연의 지혜 및 예술의 고지자이다. 그는 음악가·시인·무용가·시령자(視靈者, Geisterseher)를 한 몸에 구비한 자이다.

본래의 무대 주인공이며 환영의 중심인 **디오니소스**는 이러한 인식과 전승에 따르면 처음에는, 즉 비극의 초창기에는 진실로 존재하는 것이 아니고 단지 존재한다고 상상된 것에 불과했다.

즉 원래 비극은 '합창'이었을 뿐 '연극'은 아니었다. 신을 실재하는 것으로 표현하고, 그 환영의 모습과 이 모습을 찬란하게 변용하는 주변의 모습을 모두의 눈에 볼 수 있게 표현하려는 시도가 행해지게 된 것은 나중에 가서였다. 이와 함께 좁은 의미의 '연극'이 시작된다. 이제 주신찬가의 합창단에게는 청중의 기분을 디오니소스적으로 고취시켜서, 비극의 주인공이 무대 위에 등장하게 될 때에 청중이 가면 쓴 그의 흉측한 모습을 보는 것이 아니라 자신들의 황홀상태로부터 태어난 환영의 모습을 보도록 만든다는 과제가 주어지게 된다. 얼마 전에 사별한 왕비 알케스티스를 그리워하면서 깊은 생각에 잠겨 있는 아드메토스를 생각해보자.[74] 왕비의 모습에 대한 생생한 기억 때문에 그의 몸과 마음은 초췌해져 있다. 그때 갑자기 모습과 걸음걸이가 유사한 어떤 부인이 얼굴을 가리운 채 그의 앞에 이끌려 온다. 그 순간 아드

---

74) 아폴론은 자신이 인간 아드메토스의 하인으로 있을 때 아드메토스가 아폴론을 따뜻하게 대해 준 보답으로, 아드메토스의 수명이 다했을 때에 친척 가운데 한 사람이 그의 죽음을 대신할 수 있다는 약속을 운명의 여신 모이라에게서 얻어냈다. 그러나 아드메토스가 죽을 날이 다가왔을 때 늙은 부모조차 아들 대신 죽기를 거부했기 때문에 젊은 아내 알케스티스가 남편의 죽음을 대신하게 되었다. 마침 그때 헤라클레스가 찾아와서 아드메토스는 아내의 죽음을 숨기고 손님을 환대하였는데, 결국 이 사실을 알게 된 헤라클레스가 묘지로 달려가 사신(死神)과 격투를 벌인 끝에 알케스티스를 되찾아 아드메토스에게 돌려주었다. 이 이야기는 에우리피데스의 『알케스티스』의 주제가 되고 있다.

메토스 왕을 전율케 하면서 갑자기 엄습하는 불안, 순간적인 비교, 본능적인 확신을 상상해 보자. 그러면 이것은 디오니소스적으로 흥분한 관객이 무대 위로 신이 등장하는 것을 볼 때의 감정과 유사하다는 것을 알게 될 것이다. 관객은 이때 이미 신의 고뇌와 완전히 일치가 되어 있다. 자신도 모르게 관객은 그의 영혼 앞에 마치 마술에 홀린 것처럼 떨고 있는 신의 모습 전체를 저 가면 쓴 등장인물에 옮기고는, 가면 쓴 인물의 현실성을 망령 같은 비현실성 속으로 해소시켜 버리는 것이다. 이것이 아폴론적인 꿈의 상태이다. 이 상태 속에서 일상의 세계는 가려지고, 그것보다 더 명료하고 더 잘 이해할 수 있으며 더 인상적이지만 보다 그림자 같은 하나의 새로운 세계가 끊임없이 모습을 바꾸면서 우리의 눈에 새롭게 나타난다. 그리스 비극 속에서 양식상 결정적으로 대립되는 두 요소가 인식되는 것은 이 때문이다. 언어, 색채, 움직임, 말의 역동성은 합창단이라는 디오니소스적 서정시와 무대 위의 아폴론적 꿈의 세계 각각에서 완전히 다르게 나타나는 것이다. 디오니소스 신은 아폴론적인 현상 속에 객관화되는 것이지만, 이 아폴론적 현상은 더 이상 합창단의 음악처럼 '영원한 바다, 종횡으로 얽힌 실, 불타는 생명'[75] 아니며, 또한 디오니소스의 열광적인 시종이 신의 존재를 가까이에서 느낄

---

75) 『파우스트』 제1부 「밤」 505~508행에 나오는 말.

때 갖게 되는 저 힘, 단지 느껴질 뿐이며 형상화되지 않는 힘이 더 이상 아니다. 이제 무대로부터 명료하고 확고한 서사적 형상이 디오니소스의 시종에게 말을 한다. 이제 디오니소스는 힘을 통해서가 아니라 서사적 주인공으로서 호메로스의 언어를 사용하여 말을 하는 것이다.

9

그리스 비극의 아폴론적인 부분, 즉 대화에서 표면에 나타나는 모든 것은 단순하고 투명하며 아름답게 보인다. 이런 의미에서 대화는 그리스인들의 모사이다. 그리스인들의 본성은 사실은 춤에서 드러난다. 왜냐하면 춤에는 가장 큰 힘이 숨겨져 있으면서 동작의 유연성과 풍부함 속에서 자신을 드러내기 때문이다. 소포클레스의 주인공의 언어가 갖는 아폴론적인 정확성과 명쾌함으로 인해 우리는 놀라게 된다. 그래서 우리는 그들의 본질의 가장 깊은 밑바닥까지도 보았다고 생각하게 되고 이 밑바닥에 이르는 길이 그렇게 짧다는 데에 약간 놀라게 된다. 그러나 우리가 일단 겉으로 나타나는 주인공의 성격을 도외시한다면 —— 주인공의 성격은 근본적으로는 어두운 벽에 던져진 빛의 형상에 지나지 않으며 다시 말해서 전적으로 현상에 지나지 않는다 —— 우리는 오히려 이 눈부신 영상들 속에 자신을 투사하는 신화에 돌입하게 되고, 우리에게 잘 알려진 광학적 현상과는 정반대되는 현상 하나를 갑자기 체험하게 된다. 우리가 태양을 직시하려고 애쓰다가 눈이 부신 나머지 얼굴을 돌릴 때 일종의 치료제로서 우리 눈앞에 어두운 색깔의 반점을 보게 된다. 이것과는 정반대로 소포클레스의 주인공의 저 광학현상, 즉 가면이라는 아폴론적 현상은 자연 내부의 가공스런 것을 들여다 본 눈이 만들어낸 필연적인 산물이다. 말하자면 소름끼치는 밤을 보고 상처 입은 눈을 치료하기 위해서 빛나는 반점인 것이다. '그리스적 명랑성'이라는 의미심장한 개념을 이러한 의미에서 이해할 경우만 그것을 제대로 파악했다고 볼 수 있다. 그러나 오늘날 도처에서 이 개념은 위험이 없는 유쾌함의 상태라는 의미로 그릇 이해되고 있다.

그리스 연극에서 가장 고뇌에 찬 인물, 저 비운의 **오이디푸스**를 소포클레스는 고귀한 인간으로 이해했다. 오이디푸스는 자신의 지혜에도 불구하고 미망과 비참에 빠지도록 운명 지어졌지만, 자신의 저 무서운 고뇌를 통해서 결국에는 자신의 주위에 축복이 넘치는 마력을 행사하게 되고 이 마력은 그의 사후에도 계속 작용하게 된다. 고귀한 인간은 죄를 범하지 않는다라고 저 심원한 시인은 말하고자 하는 것이다. 그의 행위를 통해서 모든 법, 모든 자연스런 질서, 그뿐만 아니라 도덕 세계까지 붕괴하더라도 바로 그 행위에 의해서, 붕괴된 낡은 세계의 폐허 위에 새로운 세계를 세우는 보다 높은 마술적인 영향권이 형성되는 것이다. 이것이 바로 시인이자 동시에 종교적 사상가인 소포클레스가 우리에게 말하려고 하는 것이다. 시인으로서 그는 우리에게 우선 기이하게 얽혀 있는 소송사건을 제시한다. 재판관인 오이디푸스는 이 소송사건을 한 가닥씩 서서히 풀어나가지만 마지막에는 그 자신이 파멸하게 된다. 진정한 그리스인이라면 이러한 변증법적인 해결에서 너무나 큰 기쁨을 맛보았기 때문에 작품 전체에는 명랑한 분위기가 감돌며, 이러한 명랑성으로 인해서 저 소송사건을 [내밀하게] 규정하는 가공할 전제들의 첨예한 성격은 완화된다. 『콜로노스의 오이디푸스』에서 우리는 동일한 명랑성을 보게 된다. 그러나 이 명랑성은 일종의 무한한 정화(eine unendliche Verklärung)로까지 높여져 있다. 자기에게 닥쳐오는 모든 것에 순전히 **인종자**로서 자신을 내맡길 뿐인 극도의 비운에 빠진 노인에 대해서 초지상적인 명랑성이 대조를 이루고 있다.[76) 이 명랑성은 신적인 영역으로부터 내려와

---

76) 니체가 그려 내고 있는 오이디푸스를 이해하는 데는 다음과 같은 쇼펜하우어의 말이 도움이 될 것이다.

"우리는 항상 아주 고결한 인물은 일상의 성가신 일들에 대한 끝없는 안달 같은 것(이런 것은 저열한 성질인데 우리가 나쁜 성질을 겁내게 되는 것도 이 때문일 것이다)은 전혀 하지 않는, 고요한 슬픔의 기색을 띠고 있는 모습일 것으로 상상한다. 그것은 자기뿐만이 아니라 모든 사람의 인생에서 일어나는 소유로 인한 허영과 삶의 고통을 깨달은 데서 생기는 의식이다. 하지만 그런 인식은 무엇보다도 개인적으로 경험된 고통, 특

우리에게 다음과 같은 사실을 시사한다. 주인공은 자신의 극도의 수동성 속에서 최고의 능동성을 얻게 되고 이 능동성은 그의 생애를 훨씬 넘어서 계속해서 영향을 미치는 반면에, 젊은 시절의 의식적 노력과 정진(精進)은 단지 수동성으로 이끌었을 뿐이라는 사실을 말이다. 이렇게 해서 오이디푸스 이야기의, 사멸할 인간의 눈으로는 풀 수 없을 정도로 얽혀 있는 소송사건의 매듭들이 서서히 풀리게 된다. 변증법에 대한 이러한 신적인 대립물을 접하면서 가장 심원한 인간적인 기쁨이 우리를 엄습한다. 이러한 설명이 시인 소포클레스에 대한 올바른 설명일지라도, 그것으로 신화의 내용이 완전히 설명되었는가라는 물음이 여전히 제기될 수 있다. 여기서 드러나는 것은 시인의 견해 전체는 우리가 심연을 들여다 본 후 치유하는 자연이 우리에게 보여주는 빛의 형상일 뿐이라는 사실이다. 자기 아버지의 살해자인 오이디푸스, 자기 어머니의 남편인 오이디푸스, 스핑크스의 수수께끼를 푼 자인 오이디푸스! 이러한 운명적 행위들의 신비스런 삼위일체는 우리에게 무엇을 말해 주고 있는가? 태곳적의, 특히 페르시아의 민간 신앙에 따르면 현명한 마법사는 근친상간에 의해서만 태어난다고 한다. 이 신앙을 우리는 수수께끼를 풀고 자기 어

___

히 아주 커다란 고통에 의해 일깨워질 것이다.……"(『의지와 표상으로서의 세계』 I권 396쪽)

머니와 결혼하는 오이디푸스와 관련시켜서 다음과 같이 해석해야만 한다. 예언적이고 마법적인 힘을 통해서 현재와 미래의 속박, 개별화의 엄격한 법칙이 깨졌고 자연 고유의 마력까지도 깨진 곳에서는 자연에 반하는 엄청난 일이 ─ 이 이야기 속의 근친상간처럼 ─ 원인으로서 선행해야 한다라고. 왜냐하면 인간이 자연에 거역하여 승리를 거두는 것을 통해서가 아니라면, 즉 비자연성을 통해서가 아니라면 인간은 자연으로 하여금 자신의 비밀을 드러내도록 강요할 수 없을 것이기 때문이다. 이러한 인식이 오이디푸스의 운명의 저 무시무시한 삼위일체 속에 새겨져 있는 것을 나는 보는 것이다. 자연의 ─ 저 이중 성격의 스핑크스의 ─ 수수께끼를 푼 사람은 아버지의 살해자이며 어머니의 남편으로서 가장 성스러운 자연 질서를 파괴해야만 한다. 그뿐 아니라 이 신화는 우리에게 이렇게 속삭이고 싶어 하는 것처럼 보인다. 지혜라는 것, 특히 디오니소스적인 지혜라는 것은 자연에 거역하는 하나의 만행이라고, 자신의 지혜에 의하여 자연을 파멸의 심연에 빠뜨리는 자는 그 자신에게서도 자연이 해체되는 것을 경험해야 한다고. "지혜의 칼 끝은 지혜로운 자에게 향한다. 지혜는 자연에 대한 범죄이다." 이 끔찍한 명제를 이 신화는 우리에게 외치고 있는 것이다. 그러나 이 그리스 시인이 마치 햇빛처럼 저 신화의 숭고하고 가공할 멤논의 기둥을[77] 부드럽게 쓰다듬자, 이 기둥은 갑자기 노래하기 시작한다. 소포클레스의 선율로!

수동성의 영광에 대하여 이제 나는 능동성의 영광을 대비시켜 보겠다. 이 영광은 아이스킬로스의 **프로메테우스** 주위를 비추고 있다. 여기서 아이스킬로스가 사상가의 입장에서 우리에게 말해야만 했지만 시인으로서 비유적인 형상으로 말했기 때문에 우리가 단지 예감할 수밖에 없는 것을 젊은 괴테는 그의 작품 『프로메테우스』의 대담한 말로 우리에게 드러낼 수 있었다.

"여기 앉아, 나는 인간을 만든다,

내 형상을 따라서.

나와 동일한 한 종족을,

그는 괴로워하고, 울며,

즐거워하고 기뻐하며

그리고 그대의[78] 종족을 거들떠도 보지 않는다.

---

77) 멤논은 새벽의 여신인 에오스의 아들이며 절세의 미남이었다. 트로이군의 용장이었지만 아킬레우스와 싸우다 살해되었다. 어머니인 에오스는 그의 시체를 에티오피아로 옮겼다. 어머니의 눈물은 아침 이슬이 되었고 멤논의 부하들은 새가 되었다. 후에 그는 제우스의 배려로 불사의 존재가 되었다. 한편 멤논 신화는 이집트에도 전래되어 테베 근처의 아멘호테프 3세 묘역에는 거대한 멤논 석상이 조성되었다. 이 거상은 아침 햇살을 받으면 이상한 소리를 냈는데, 사람들은 그 소리가 멤논이 그의 어머니인 '새벽의 여신' 에오스에게 노래하는 소리라고 믿었다.

78) 여기서 그대는 제우스를 가리킨다.

나처럼"

　거인의 경지로 자신을 고양시키면서 인간은 자신의 문화를 쟁취하고 신들에게 인간과 결속을 맺도록 강요한다. 인간은 자신의 독자적인 지혜로 신의 존재와 조건을 자기 손아귀에 쥐고 있다. 그러나 그 근본사상으로 볼 때 본래 불경함에 대한 찬가인 프로메테우스의 노래에서 가장 경탄할 만한 점은 **정의**를 향한 아이스킬로스의 깊은 경도(傾倒)이다. 한편으로는 대담한 '개인'의 헤아릴 수 없을 정도의 고통, 또 다른 한편으로는 신들의 곤경, 신들의 황혼에 대한 예감, 저 고통스런 두 세계의 화해와 형이상학적 통일을 강요하는 힘, 이 모든 것이 아이스킬로스의 세계관의 핵심과 주제를 매우 강력하게 시사해 준다. 그의 세계관에 의하면 영원한 정의로서의 운명의 여신 모이라는 신들과 인간 위에 군림한다. 올림포스 세계를 정의의 저울에 다는 아이스킬로스의 놀라운 대담성을 보면서 우리는 심원한 그리스인은 형이상학적 사유를 위한 부동의 확고한 기반을 신비스런 제의(Mysterien)에 두고 있었고 자신의 모든 회의적인 발작을 올림포스 신들에게 발산할 수 있었다는 사실을 떠올릴 수 있어야 한다. 특히 그리스 예술가는 신들에 대해서 상호의존이라는 막연한 감정을 느끼고 있었다. 그리고 바로 아이스킬로스의 『프로메테우스』에 이러한 감정이 상징적으로 표현되어 있다. 거인적인 예술가 프로메테우스는 자신이 인간들을 창조하고 올림포스 신들을 최소한 파괴할 수 있다는 반항적인 믿음을 가지고 있었다. 그리고 그는 자신의 한층 높은 지혜를 통해서 그렇게 할 수 있다고 믿었지만 이러한 지혜의 대가로 영원한 고통을 받아야만 했다. 위대한 천재의 훌륭한 '능력', 이것은 영원한 고통으로 대가를 치르더라도 다 치를 수 없을 정도의 것이라는 **예술가**의 쓰디쓴 자부심, 이것이 아이스킬로스 문학의 내용이자 영혼이다. 이에 반해 소포클레스가 『오이디푸스』에서 서곡으로 노래하는 승리의 노래는 예술가의 승리가 아니라 **성자**의 승전가를 노래하고 있는 것이라고 할 수 있다. 그러나 아이스킬로스가 신화에 내린 저 해석으로도 이 신화의 놀랍도록 무시무시한 공포의 깊이가 제대로 헤아려진 것은 아니다. 오히려 예술가의 생성의 기쁨, 어떠한 불운에도 굴하지 않는 예술적 창조의 명랑성은 비애의 검은 호수에 비치는 밝은 구름과 하늘의 모습에 지나지 않는다. 프로메테우스의 전설은 아리안 계 민족 공동체 전체의 근원적 재산이며 심오하고 비극적인 것에 대한 그들의 재능의 기록이다. 그뿐 아니라 이 신화가 아리안 족의 본질에 대해서 갖는 의미는 타죄(墮罪)신화가 셈 족의 본질에 대해서 갖는 특징적 의미와 동일하다는 사실과, 두 신화 사이에 누이와 오빠 사이 같은 친척관계가 성립하고 있다는 사실에는 개연성이 없지는 않은 것 같다. 프로메테우스 신화의 전제가 되는 것은 상승해 가는 모든 문화의 진정한 수호신으로서의 **불**에게 원시인류가 부여했던 엄청난 가치이다. 그러나 인간이 자유자재로 불을 다스린다는 것과 사물을 불태우는 번갯불이나 따뜻한 태양열과 같은 하늘의 선물에 의하지 않고서도 불을 얻는다는 것이 저 명상적 원시인들에게는 신적인 자연에 대한 모독이며 약탈로 여겨졌다. 이렇게 해서 최초의 철학적 문제가 인간과 신 사이에 풀 수 없는 고통스런 모순을 설정하고, 이것을 모든 문화의 입구에 하나의 바윗덩어리처럼 세워 놓게 된다. 인간이 가질 수 있는 최선의 것이자 최고의 것을 인간은 모독행위에 의해서 얻어 내었고 이제 다시금 고통과 근심, 걱정의 홍수로 그 대가를 치러야 한다. 모욕당한 하늘의 신들은 상승하려고 숭고하게 노력하는 인류를 이런 것들로 괴롭힌다. 이것은 매우 신랄한 생각이다. 이 생각은 인간이 독신(瀆神)행위에 **존엄성**을 부여한다는 점에서 셈 족의 타죄신화와 기묘하게 대조된다. 셈 족의 신화에서는 악의 근원으로 간주되는 것은 호기심, 현혹에 속아 넘어감, 유혹에 약함, 음란함, 요컨대 일련의 주로 여성적인 정념들이다. 이에 반해서 아리안 족의 사고방식의 탁월성은 **능동적 죄**를 원래의 프로메테우스적 덕목으로 간주하는 숭고성에 있다. 이러한 생각과 함께 염세주의적 비극의 윤리적 토대가 마련된다. 이러한 윤리적 토대는 인간적 악을 **정당화하고** 더 나아가 인간적 죄뿐 아니라 이를 통해서 야기된 고통을 **정당화하는 것**으로 간주된다. 사물의 본질에 깃들어 있는 재앙——관조적인 아리아인은 성격상 이러한 재앙을 엉터리로 해석하지 못 한다——, 세계의 심장에 깃든 모순이 그에게는 상이한 세계들, 예를 들어 신적 세계와 인간적 세계의 혼란스러운 뒤섞임으로서 나타난다. 이러한 각각의 세계들은 독립된 개체로서는 정당하지만 다른 세계와 병존하는 것으로서는 자신의 개별화 때문에 고뇌하지 않을 수 없다. 개별적인 것이 보편적인 것으로 되려고 하는 영웅적 충동이 생길 경우, 즉 개별화의 속박을 넘어서 **유일한** 세계 본질 자체가 되려고 할 경우 개별적인 것은 사물들 속에 깃들어 있는 근원적인 모순을 스스로 떠맡게 된다. 즉 그것은 〔신을〕 모독하고 고통 받는 것이다. 아리아인들에 의해서 〔신에 대한〕 모독이 남성으로, 셈 족에 의해서는 죄가 여성으로 이해되고, 최초의 독신(瀆神)이 남성에 의해서 범해지고 원죄가 여성에 의해서 범해진 것은 이 때문이다. 더 나아가 마녀들의 합창은 이렇게 말하고 있다.

> "우리는 그것을 그렇게까지 정확하게 말하지 않으련다.
> 천 걸음을 달렸어도 여자는 역시 여자.
> 아무리 여자가 서둘러도
> 남자는 한걸음에 앞지른다."[79]

---

79) 『파우스트』 제1부 「발푸르기스의 밤」에 나오는 구절, 3982~85행.

프로메테우스 전설의 가장 심오한 핵심——거인적 노력을 하는 개인은 필연적으로 신을 모독하게 된다는 점——을 이해하는 사람은 동시에 이 염세주의 사상의 비아폴론적 성격 또한 느끼지 않을 수 없다. 왜냐하면 아폴론은 개체의 경계선을 긋고 개체들로 하여금 자신을 인식하고 절도를 지킬 것을 요구하며 가장 신성한 세계법칙으로서의 이 경계선을 거듭해서 상기시킴으로써 개개의 사물을 안정시키려고 하기 때문이다. 그러나 이러한 아폴론적 경향에 의해서 형식이 이집트식으로 딱딱하고 차갑게 굳어지지 않도록, 즉 호수 위의 개개의 물결에 각각의 궤도와 영역을 지정해 주려고 하다가 호수 전체의 움직임이 죽어버리지 않도록, 디오니소스적 것의 거대한 물결이 저 모든 소경계(小境界)들, 다시 말해 아폴론적인 것으로만 기운 '의지'가 그 안에 그리스인을 가둬 놓으려고 했던 소경계들을 수시로 파괴하곤 했다. 마치 프로메테우스의 형인 거인 아틀라스가 지구를 등에 짊어지듯이, 갑자기 밀려온 디오니소스적 것의 밀물이 개체라는 개개의 작은 물결의 산을 자신의 등에 업는다. 말하자면 아틀라스가 모든 개체들의 아틀라스가 되어서 그것들을 넓은 등 위에 싣고 점점 더 높이, 점점 더 멀리 나르려는 이러한 거인적 충동이 프로메테우스적인 것과 디오니소스적인 것의 공통점이다. 아이스킬로스의 프로메테우스는 이런 점에서 디오니소스가 행한 분장이다. 반면에 앞에서 언급했던, 정의에 대한 아이스킬로스의 깊은 경도로 미루어 볼 때 그의 부계 혈통이 개별화와 정의의 한계들의 신인 아폴론에서 유래한다는 사실을 통찰력 있는 사람이라면 알 수 있다. 따라서 아이스킬로스의 프로메테우스가 가진 이중성, 즉 아폴론적이면서 동시에 디오니소스적인 성격은 다음과 같은 개념적 정식을 통해서 표현될 수 있다. "현존하는 모든 것은 정당하고 부당하며 두 가지 면에서 똑같이 정당화된다."

이것이 너의 세계이다! 이것이 세계라 불리는 것이다![80]

10

그리스 비극이 그 가장 오래된 형태에서 디오니소스의 고뇌만을 표현했으며, 오랜 시간 동안에도 무대 주인공이 디오니소스뿐이었다는 사실은 논란의 여지없이 분명하게 전승에 나타나 있다. 그러나 에우리피데스[81]에 이르기까지 비극의 주인공은 항

---

80) 『파우스트』 제1부 「밤」에 나오는 구절, 409행.
81) 에우리피데스(B.C. 484?~406?)는 여러 면에서 그리스 비극의 정통을 벗어나 있는 작가라고 할 수 있다. 그는 소피스트의 영향을 크게 받은 대표적인 진보적 사상가였다. 이러한 사실은 작품의 여러 곳에 나타나는 극단적인 사실성(寫實性)과 세계에 대한 합리주의적 해석 등에서 엿볼 수 있다. 합리주의에 입각한 전통 비판이 심판관의 비위를 거슬렸는지 우승 횟수는 그가 죽은 후 주어진 것을 합해서 5회에 불과했다. 또한 프롤로그나 국면 해결을 위해 막바지에 신(神)을 등장시키는 수법 등 새로

상 디오니소스였고 프로메테우스나 오이디푸스 등과 같이 그리스 무대상의 유명한 인물들 모두 저 원래의 주인공인 디오니소스의 분장에 지나지 않았다는 사실도 위의 사실과 마찬가지로 확실하게 주장할 수 있다. 이 모든 분장 뒤에 어떤 신성이 숨어 있다는 점이야말로 그 유명한 인물들이 놀라울 정도의 전형적 '이상성'을 가졌다는 사실의 근본적인 이유이다. 누가 주장했는지는 모르겠지만 모든 개인은 개인으로서는 우스꽝스럽고 따라서 비극적이 못 된다는 주장이 있다. 이러한 사실로부터 우리는 그리스인은 일반적으로 어떤 사람이 개인으로서 비극 무대에 서는 것을 참을 수 없었다는 점을 간취할 수 있을 것이다. 실제로 그들은 그렇게 느꼈던 것 같다. 이는 '이데아'를 '이돌(Idol)'[82], 즉 모상과 구별하는 플라톤적인 가치평가가 그리스 본질에 깊이 뿌리박고 있다는 사실과 마찬가지다. 플라톤의 용어를 빌려서 우리는 그리스 무대의 비극적 인물들에 대해서 이렇게 말할 수 있

운 극적 수법을 시도하여 그리스 비극을 크게 변화시켰다. 인간 정념(情念)의 가공할 작용을 주제로 한 작품이 많았으며, 특히 여성 심리의 묘사에서는 고대 작가들 중에 따를 사람이 없다고 한다. 생전에는 비교적 불우했던 것으로 전하지만, 사후의 명성은 아이스킬로스와 소포클레스를 압도하기까지 했으며, 『메데이아』와 『트로이의 여인』에 나타나고 있는 비장미(悲壯美)는 후세 문학에 지대한 영향을 미쳤다.

82) 플라톤은 우리가 이 세계에서 보는 구체적인 개개의 사물들을 그것들의 영원한 원형인 이데아의 불완전한 반영으로 보았다. 이돌은 이데아의 모상이라는 뜻이다.

을 것이다. 유일하게 진실로 실재하는 디오니소스는 다양한 형태로, 즉 어떤 투쟁하는 영웅의 가면을 쓰고 마치 개별적 의지라는 그물망 속에 휘말려 있는 것으로 나타난다. 이렇게 나타난 신이 이제 말하고 행동하면, 그는 방황하고 노력하며 괴로워하는 개인을 닮게 된다. 그가 일반적으로 이렇게 서사시에서 보는 것과 같은 규정성과 명료성과 함께 **나타난다**는 것은 꿈의 해석자 아폴론의 작용이다. 아폴론은 저 비유적 현상을 통해서 합창단에게 합창단 자신의 디오니소스적 상태를 해석해 준다. 그러나 실제로 저 주인공은 비밀제의의 괴로워하는 디오니소스이며 개별화의 고통을 스스로 체험하는 신인 것이다. 이 신에 대해서 다음과 같은 놀랄 만한 신화가 전해지고 있다. 디오니소스는 소년 시절, 거인들에 의해서 갈기갈기 찢겨졌고 이렇게 찢겨진 상태로 자그레우스로 숭배되게 된다고. 이 이야기 속에서 암시되고 있는 것은 이렇게 갈기갈기 찢겨진 상태, 즉 본래의 디오니소스적인 **고통**은 세계가 공기, 물, 땅과 물로 분화하는 것과 동일하며, 따라서 우리는 개별화의 상태를 모든 고통의 원천이자 근원으로서, 즉 그 자체로 비난할 만한 것으로 간주해야 한다는 것이다. 이 디오니소스의 미소로부터 올림포스 신들이 탄생했고 그의 눈물로부터 인간이 탄생했다. 갈기갈기 찢겨진 신으로 존재하기 때문에 디오니소스는 잔인하고 횡포한 악마와 부드럽고 온화한 지배자라는 이중의 성격을 가지고 있다. 그러나 에폭푸테스들은[83] 디오니소스의 부활에 희망을 걸었고, 우리는 이러한 부활을 개별화의 종말로서 파악해야만 할 것이다. 에폭푸테스들의 소란스런 환호의 노래는 세 번째로 나타나는 디오니소스를 향한 것이었다. 그리고 오직 이러한 희망 속에서만 갈기갈기 찢겨지고 개체들로 분화된 세계의 얼굴에 한 줄기 기쁨의 빛이 비추게 된다. 신화는 영원한 슬픔 속에 잠긴 데메테르를 통해서 이러한 사실을 형상화하고 있다. 사람들이 그녀에게 **다시 한번** 디오니소스를 낳을 수 있다고 말해 주었을 때 그녀는 처음으로 다시 **기뻐했다**. 위에서 언급된 견해들 속에는 이미 심오한 염세주의적 세계관의 모든 구성 요소가 들어 있고 동시에 **비극의 비밀스런 가르침**이 들어 있다. 존재하는 모든 것의 통일성에 대한 근본인식, 개별화는 악의 근원이고 예술은 개별화의 속박을 파괴할 수 있다는 기쁜 희망이며 다시 회복된 통일에 대한 예감이라는 견해가 말이다.

호메로스의 서사시는 올림포스 문화의 시이며 올림포스 문화는 이 시의 힘으로 거인 전쟁의 공포에 대한 승전가를 불렀다는 사실은 앞에서 시사했다. 이제 비극문학의 압도적인 영향 아래 호메로스의 신화들이 새롭게 태어나고, 이렇게 변형된 신화

---

83) 여신 데메테르를 제사지내는 엘레우시스 밀의에서 성상(聖像)을 보는 것이 허용된 수도자. 원의(原義)는 보는 자, 목격자이며, 일반적으로는 예언자, 광신자의 의미로 쓰인다.

들은, 그동안에 보다 깊은 세계관에 의해서 올림포스 문화까지도 정복당했다는 사실을 보여주게 된다. 반항적인 거인 프로메테우스는 올림포스에 사는 자신의 박해자에게 박해자가 적당한 시기에 자신과 협정을 맺지 않는다면, 박해자의 지배권은 언젠가 극도의 위험에 빠질 것이라고 통고했다. 아이스킬로스의 비극에서 우리는 공포에 질려 자신의 종말을 걱정하는 제우스가 거인 프로메테우스와 동맹을 맺는 것을 볼 수 있다. 이렇게 해서 예전의 거인시대가 저승에서 헤어나와 다시 빛을 보게 된다.[84] 거칠고 적나라한 자연의 철학이 춤추면서 지나가는 호메로스적 세계의 신화를 진리의 노골적인 표정을 지으면서 바라본다. 호메로스적 신화는 이 여신[진리]의 섬광 같은 눈앞에서 창백해지고 몸을 떤다. 결국 호메로스적 신화에게 디오니소스적 예술가의 강력한 주먹이 새로운 신을 섬길 것을 강요한다. 디오니소스적 진리는 신화의 영역 전체를 **자신의** 인식을 표현하는 상징으로서 인수하며, 이러한 인식을 한편으로는 비극이라는 공개적인 제전에서, 다른 한편으로는 극 형식의 비밀제의라는 은밀한 행사에서 항상 옛 신화의 껍질을 쓰고 표현한다. 프로메테우스를 독수리로부터 해방시키고 신화를 디오니소스적 지혜의 시녀로 변형시킨 이것은 무슨 힘이었을까? 이것은 음악의 헤라클레스적 힘이다. 비극 속에

---

84) 거인족은 제우스에 의해서 저승으로 추방된 후에 다시 지상과 천상으로 불러내어졌다는 신화가 있다.

발현되는 이 힘은 신화를 해석하여 새롭고도 가장 심원한 의미를 부여할 줄 아는 힘이다. 우리는 이것을 이미 음악의 가장 강력한 능력으로서 특징지었던 바 있다. 왜냐하면 모든 신화는 운명적으로 점차 역사적 현실이라는 좁은 테두리 속으로 기어들어가서 후대에 의해서는 한때 역사적 요구를 지녔던 일회적인 사실로서 취급되는 것을 피할 수 없기 때문이다. 그리고 그리스인들은 이미 예리하면서도 의도적으로 그들의 청년기의 신화적 꿈 전체를 하나의 역사적이고 실용적인 **청년시대의 역사**(Jugendgeschichte)로 바꾸어 쓰려는 과정에 완전히 들어서 있었다. 종교가 사멸하는 방식도 늘 이런 식이었다. 어떤 종교의 신화적 전제들이 정통적인 독단론의 엄격하고 지성적인 눈 아래서 역사적인 사건들의 완료된 총계로서 체계화되고, 사람들이 신화의 신빙성을 초조하게 변호하면서도 신화의 자연스런 존속과 지속적인 성장에 대해서는 저항할 때, 즉 신화에 대한 감각이 사멸하고 그 대신 종교를 역사적 토대 위에 세울 것이 요구될 때 종교는 사멸한다. 이 사멸해 가는 신화를 이제 디오니소스적 음악의 새롭게 탄생한 영혼이 붙잡았던 것이다. 그리고 이 음악의 손 아래서 신화는 이제까지는 한 번도 보여주지 못했던 색채를 띠고, 형이상학적 세계에 대한, 동경에 가득 찬 예감을 불러일으키는 향기를 내면서 다시 한 번 꽃을 피우게 되었다. 이렇게 마지막으로 활짝 피어오른 뒤에 신화는 사그라진다. 그 잎은 시들어버리고 곧 루키아노스와 같은 고대의 풍자가들이[85] 바람 앞에서 굴러다니는 퇴색하고 시들어버린 꽃송이들을 붙잡으려고 손을 뻗는다. 비극을 통해서 신화는 자신의 가장 심원한 내용과 가장 표현이 풍부한 형식을 얻게 된다. 신화는 부상당한 영웅처럼 다시 한 번 몸을 일으키고, 죽어가는 자의 저 지혜에 넘치는 평정과 함께 넘치는 힘이 그의 눈 속에서 최후의 힘찬 빛을 발하며 타오른다.

신성을 모독하는 자인 에우리피데스여, 그대가 이 죽어가는 자에게 다시 한 번 고역을 강요하려고 했을 때 그대는 무엇을 원했던 것인가? 그는 그대의 폭력의 손아귀 안에서 죽었다. 이제 그대는 헤라클레스의 원숭이처럼 낡은 장식물로 치장할 줄밖에 모르는 모조되고 변조된 신화를 필요로 하게 되었다.[86] 그리고 그대의 손에서 신화가 죽은 것처럼 그대의 손에서 음악의 영혼도 죽었다. 비록 그대가 탐욕의 손을 뻗어서 음악의 모든 정원을 약탈했을지라도 그대는 그대의 손에 붙잡힌 것을 변조되고 흉내를 냈을 뿐인 음악에 갖다 바쳤다. 그리고 그대가 디오니소스

---

85) 루키아노스는 기원전 2세기경에 살았던 그리스의 풍자시인으로 풍자와 조롱 그리고 아이러니의 수법으로 당시 민중의 미신과 귀족과 철학자의 타락과 허영을 그려 내었다. '루키아노스의 무리들'은 그의 선구자인 아리스토파네스와 같은 기원전 5세기의 아티카 고(古)희극의 작가들을 가리킨다.
86) 원숭이는 헤라클레스가 입었던 사자 가죽을 입을 수 있을지는 모르지만, 헤라클레스의 무기인 무거운 몽둥이는 들 수 없다.

를 떠났기 때문에 아폴론도 그대를 떠났다. 모든 정열을 그것들의 보금자리에서 쫓아내어 그대의 울타리 안에 감금해 보라. 그대의 주인공의 대사를 위해서 소피스트적인 변론술을 연마해 보라. 그래도 그대의 주인공들은 흉내를 내고 변조된 열정밖에 갖지 못하며 흉내를 내고 변조된 말밖에 하지 못한다.

11

그리스 비극은 그것과 자매관계에 있는 보다 오래된 예술 장르와는 다른 방식으로 몰락했다. 그것은 풀 수 없는 갈등의 결과 자살로 생을 마감했다. 그것은 비극적으로 죽은 것이다. 반면에 다른 모든 예술들은 고령의 나이에 더할 나위 없이 아름답고 평온하게 숨을 거두었다. 훌륭한 자손을 남기고 고요하게 세상을 하직하는 것이 행복한 자연상태에 어울리는 것이라면, 저 보다 오래된 예술 장르들의 종말은 그러한 행복한 자연상태를 우리에게 보여주고 있다. 그것들은 서서히 사라져 갔다. 그리고 죽어가는 자들의 눈앞에는 이미 그들보다 더 아름다운 자손들이 서 있으며 기운찬 모습으로 초조한 듯 머리를 쳐들고 있었다. 이에 반해 그리스 비극이 죽었을 때는 엄청난 공허가 생겼고, 이러한 공허는 도처에서 통절하게 느껴졌다. 옛날 티베리우스(로마 제국의 제2대 황제, 기원전 42~37—옮긴이) 시대에 그리스의 뱃사람들이

147

절해의 고도에서 "위대한 판(목양신)은 죽었다"라고[87] 처절하게 외치는 소리를 들은 것처럼, 이제 "비극은 죽었다. 시 자체도 비극과 함께 사라졌다! 너희들 보잘것 없고 말라빠진 아류들은 저승으로 사라져라! 거기에서 너희들은 옛 거장들의 빵부스러기라도 한 번 배불리 먹는 것이 나을 것이다!"라는 소리가 고통에 가득찬 곡성(哭聲)처럼 그리스 세계 전역에 울려 퍼졌다.

그러나 이윽고 새로운 예술 장르가 꽃피어 아티카 비극을 자신의 선구자이자 스승으로서 숭배하게 되었다. 여기서 우리는 놀랍게도 다음과 같은 사실을 인식하지 않을 수 없다. 이 새로운 예술 장르는 분명히 자기 어머니의 모습을 닮았지만, 그 모습이란 어머니가 오랫동안 죽음과 투쟁하는 단말마(斷末魔)의 고통 속에서 보여주었던 그 모습에 지나지 않았다는 사실을 말이다. 비극의 이러한 단말마의 고통과 싸웠던 자가 **에우리피데스**였다. 저 새로운 예술 장르는 '신(新)아티카 희극'으로서[88] 알려져 있다.

---

87) 이 말은 플루타르크의 『모랄리아』에서 유래하는 말이지만 일반적으로 '고대는 사멸했다'는 의미로 사용된다.

88) 기원전 5세기 초 무렵 디오니소스 제의에서는 비극의 경연과 희극의 경연이 함께 열렸다. 5세기가 끝날 때까지의 희극은 고희극이라고 불리지만, 아리스토파네스는 기원전 385년에 죽었기 때문에 고희극의 종말을 장식하는 작가이면서 신희극의 개시를 알리는 작가로도 간주된다. 신희극은 아리스토파네스의 희극보다는 에우리피데스의 비극을 더 많이 닮았으며, 신희극에서 합창단은 막간을 표시하기 위해서 공연하는 음악가와 무용수의 집단으로 퇴화되어 버렸다고 한다.

비극의 너무나도 비참한 횡사(橫死)의 기념비로서 이 희극에는 비극의 타락한 형태가 명맥을 유지하고 있었다.

이러한 연관을 고려해 볼 때 새로운 희극의 작가들이 비극 작가 에우리피데스에 대해서 느꼈던 열렬한 애착도 납득할 수 있다. 따라서 에우리피데스가 저승에서 아직도 제 정신을 유지하고 있다는 확신만 선다면 그를 만나기 위해서 지금 당장 목매달아 죽어도 좋겠다던 필레몬의 소망도 그다지 이상할 것이 없다. 그러나 에우리피데스가 메난드로스[89] 및 필레몬과 어떤 점을 공통으로 가지고 있었는지, 에우리피데스의 어떤 점이 그 두 사람에게 에우리피데스가 그렇게 모범이 될 정도로 자극을 주었는지를 장황함을 피하여 극히 간략하게 말하자면, **관객**이 에우

---

89) 메난드로스(Menandros, B.C. 342~292)는 고대 그리스의 신희극(新喜劇) 작가로, 아테네의 부유한 집안에서 태어나 아리스토텔레스의 후계자 테오프라스토스에게서 배웠다. 마케도니아의 왕 데메트리오스 1세의 우대를 받았으며 철학자 에피쿠로스와도 가까이 지냈다. 아리스토파네스로 대표되는 고희극(古喜劇)과는 달리 공적인 생활에 대한 풍자나 분방한 공상은 찾아보기 어렵고, 평범한 아테네 시민의 사적인 일상생활을 주제로 삼았고 실용적인 처세훈이나 상식적인 교훈을 담고 있었다. 단조로운 사실성을 강조했고 에우리피데스와 유사하게 격언을 즐겨 사용했다. 신희극의 탄생에는 에우리피데스의 비극이 여러 가지로 영향을 끼쳤다고 한다. 작품 수는 100편이 넘었다고 하는데 현존하는 것은 얼마 안 되며, 1959년에 발견된 『까다로운 성격자(Dyskolos)』가 완전한 작품으로서는 유일한 것이다. 그의 신희극은 로마 희극의 표본이 되어 후세의 희곡 문학에 큰 영향을 주었다.

리피데스에 의해서 무대로 올라오게 되었다고 말하는 것으로 충분하다. 에우리피데스 이전의 비극작가들이 주인공들을 어떠한 소재로부터 형성했으며, 현실의 충실한 가면을 무대에 올려 놓는다는 의도가 그들과는 얼마나 거리가 먼 것이었는가를 이해하는 사람은 에우리피데스가 전혀 다른 경향을 가지고 있었다는 점도 이해할 수 있을 것이다. 그에 의하여 일상적인 인간이 관객석에서 무대 위로 올라오게 된 것이다. 전에는 단지 위대하고 대담한 특징만을 표현했던 거울이 이제는 자연의 실패한 선까지도 착실하게 재현하는 꼼꼼한 충실성을 보여주게 되었다. 고대 예술의 전형적인 그리스인인 오디세우스가 이제 새로운 시인들의 손에 의하여 그래쿨루스(Graeculus)의[90] 모습으로 전락하게 되었고, 이 인물은 이후 선량하고 눈치 빠른 노예로서 무대의 중심에 서게 된다. 에우리피데스가 아리스토파네스[91]의 『개구리』에

---

90) 그리스인을 의미하는 라틴어의 축소 명사. 헬레니즘 시대 이후에 생성된 것으로서, 로마의 유력자들에게 의탁하여 지내던 그리스 지식계급을 경멸적으로 부른 말이다.

91) 아리스토파네스(B.C. 445?~385?)는 고대 그리스의 최고 희극작가로서 작품의 대부분을 펠로폰네소스 전쟁(B.C. 431~404) 기간 동안에 썼다. 건전한 보수주의자로서 인기를 모았던 그는 전쟁 때문에 피폐해진 농민 편에서 평화를 제창했고, 새로운 유행 철학, 소피스트, 새로운 교육, 전쟁과 선동적인 정치가들을 풍자하였다. 희극 경연에서는 1등을 네 번, 2등을 세 번, 3등을 한 번 했다고 한다.
그의 작품 『여자의 축제(Thesmophoriazousa)』는 비극시인 에우리피데스를 야유하고 있고, 『개구리(Batrachoi)』는 에우리피데스와 아이스킬

서 자신의 공적으로 내세우고 있는 것, 즉 자신이 조제한 약으로 비극을 그 과대한 비만증에서 구했다는 것을 우리는 무엇보다도 그의 주인공들에게서 엿볼 수 있다. 요컨대 이제 관객들은 에우리피데스의 무대 위에서 자신들의 분신을 보게 되었으며, 그 분신이 그렇게도 말을 잘 할 줄 아는 것을 보고 기뻐했다. 그러나 이러한 기쁨이 전부가 아니었다. 사람들은 에우리피데스에게서 말하는 것을 배웠고, 에우리피데스는 아이스킬로스와의 경연에서 그러한 사실에 대해서 자랑하고 있다. 민중은 이제 자기 덕분에 교활하기 그지없는 소피스트적인 논법으로 교묘하게 관찰하고 토론하고 추론하는 법을 배우게 되었다는 것이다. 공중언어의 일대 변혁에 의해서 에우리피데스는 새로운 희극을 가능하게 하였다. 왜냐하면 에우리피데스 이후부터 일상사를 무대 위에서 표현하는 방법과 격언법은[92] 누구나 아는 것이 되어 버렸기 때문

로스(B.C. 525~456)를 비교하면서 아이스킬로스를 우월한 비극시인으로 보고 있다. 작품 『개구리』의 내용을 간단히 살펴보면, 연극의 신 디오니소스는 3대 비극시인이 죽은 후 비극의 쇠퇴를 염려하여 가장 인기가 있었던 에우리피데스를 지하에서 소생시키려고 지하세계를 방문한다. 그러나 거기에는 아이스킬로스도 있어서 두 사람에게 경연을 시킨 결과 아이스킬로스가 이겼기 때문에, 아이스킬로스를 지상에 소생시키게 된다. 또한 아리스토파네스의 작품 『구름』은 소크라테스를 소피스트의 대표자로 간주하면서 풍자한 것으로 유명하다. 기원전 487년부터 디오니소스제에서 동물로 분장한 합창대가 위정자나 권력자에 대해서 풍자하는 것으로 시작했던 아테네의 고희극(古喜劇)은 아리스토파네스에서 절정에 달하게 되었다.

이다. 그때까지 언어의 성격을 규정한 것은 비극에서는 반신(半神)이었고 희극에서는 술 취한 사티로스 혹은 반인(半人)이었는데, 이제는 에우리피데스 자신이 모든 정치적 희망을 걸었던 서민적 범용성이 발언권을 얻게 되었다. 그래서 아리스토파네스 작품 속에 나오는 에우리피데스는 자신이 모든 사람들이 쉽게 판단을 내릴 수 있는 일반적이고 누구나 잘 알고 있는 일상적인 삶과 충동을 표현했다고 자찬(自讚)하고 있다. 이제 모든 대중이 철학을 하고 전에 없었던 영리함으로 토지와 재산을 관리하며 소송을 하게 되었다면, 이것은 자신의 공적(功績)이며 자신이 민중속에 심어 놓은 지혜의 성과라는 것이다.

그리하여 이제 새로운 희극은 이렇게 준비되고 계몽된 대중 앞에 등장할 수 있었고, 에우리피데스는 어떤 의미에서 새로운 희극 합창단의 교사가 된 것이다. 물론 이번에는 관객이라는 합창단이 연습을 해야 하는 것이 달랐을 뿐이다. 이 합창단이 에우리피데스식의 음조로 노래 부르는 연습을 마치자마자 저 장기놀이와 유사한 연극, 즉 약삭빠르고 교활한 것이 계속 승리하는 새로운 희극이 탄생한 것이다. 그러나 합창교사 에우리피데스의 인기는 그칠 줄 몰랐다. 아니 비극작가가 비극과 마찬가지로 죽었다는 사실을 사람들이 몰랐다면 그에게서 더 많은 것을 배우

---

92) 그리스 비극에서는 격언적인 표현 양식이 발달했고 에우리피데스는 이 것을 즐겨 사용했다.

기 위해서 사람들은 죽음도 불사했을 것이다. 그러나 그리스인은 자신의 불멸성에 대한 믿음을 비극과 함께 포기해 버렸으며, 이상적 과거에 대한 믿음뿐 아니라 이상적 미래에 대한 믿음도 포기해 버렸다. "늙으면 경박하고 변덕스럽다"라는 묘비명 속의 말은[93] 노년기의 그리스 세계에 대해서도 타당하다. 찰나, 기지, 경솔, 변덕은 그것[노년기의 그리스 세계]의 최고의 신이 되었다. 적어도 정신상태라는 면에서는 제5의 계급, 즉 노예가 지배하게 된 것이다. '그리스적 명랑성'에 대해서 여전히 말할 수 있다면, 이제 그것은 무거운 책임을 질 줄 모르고 위대한 것을 추구하지도 않으며 현재의 것보다도 과거의 것이나 미래의 것을 높이 평가하지 않는 노예의 명랑성이다. '그리스적 명랑성'의 이러한 가상이야말로 기독교 초기 400년 동안, 신에 대한 외경심에 차 있던 심원한 인물들을 격분시켰던 것이다. 진지함과 공포로부터의 이러한 여성적인 도피, 안이한 향락에 대한 이러한 비겁한 자기만족이 경멸할 만한 것으로뿐 아니라 본래부터 반기독교적인 태도로 보였다. 그리고 수백 년 동안 사람들 사이에 지속되어 온 고대 그리스관(觀)이 고대 그리스 세계를 거의 극복 불가능할 정도로 집요하게 저 분홍빛 명랑성이 지배했던 세계로 보았던 것도 그들의 영향 때문이었다. 그러한 고대 그리스관에 따르면 마

---

93) 괴테의 『묘비명(*Grabschrift*)』(1744) 중의 한 구절.

치 비극의 탄생, 비밀제의, 피타고라스, 헤라클레이토스 등이 있었던 기원전 6세기가 전혀 존재하지 않았고, 그 위대한 시대의 예술작품들이 전혀 존재하지 않았던 것처럼 보인다. 그러나 이것들 모두는 그러한 노년기의 노예적인 생존 욕구나 명랑성을 근거로 해서는 설명될 수 없으며, 완전히 다른 세계관을 근거로 하고 있는 것이다.

나는 앞에서 에우리피데스가 관객들을 무대 위로 끌어올려 관객들에게 연극을 판단할 수 있는 능력을 처음으로 그리고 진정하게 부여했다고 주장했지만, 이러한 주장은 자칫 고대의 비극 예술이 관객에 대한 불균형한 관계에서 벗어나지 못했다고 주장하는 것처럼 들릴 수 있다. 그리고 사람들은 예술작품과 관객 사이에 균형 있는 관계를 수립하려고 했던 에우리피데스의 급진적 경향을 소포클레스를 넘어서는 하나의 진보로서 찬양하고 싶은 유혹에 사로잡힐지도 모른다. 그러나 '관객'이란 하나의 말에 불과하며 절대로 동질적인 집단도 아니고 그 자체로 고정된 양을 갖는 것도 아니다. 숫자에서만 힘을 갖는 하나의 힘에 예술가가 순응해야 할 의무는 존재하지 않는다. 예술가가 재능과 의도라는 면에서 자신이 관객들 중 어느 누구보다도 우월하다고 느낀다면, 그는 그보다 열등한 모든 사람들의 공통된 의견보다는 이들에 비해 최고의 재능을 가진 몇 명의 관객만을 염두에 둘 것이다. 사실은 그리스 예술가 중에서 일생에 걸쳐서 에우리피데스보다 큰 대담함과 자부심으로 관객을 다루었던 사람은 없었다. 그는 대중이 자신의 발 아래 꿇어 엎드릴 때조차도 그들을 의연히 무시하면서 자기 고유의 경향, 즉 그가 대중을 사로잡을 수 있었던 그 경향을 공공연하게 정면에서 공격했다. 이 천재가 관객이라는 악령들의 무리에 대해서 조금이라도 경외심을 가지고 있었다면, 그는 생애의 중반에 이르기도 전에 실패의 타격으로 무너져 버렸을 것이다. 이러한 점을 고려할 때 우리는, 에우리피데스가 관객을 무대 위로 끌어올려서 진정한 판단능력을 갖추게 해주었다는 우리의 말이 단지 잠정적인 것에 지나지 않았으며, 우리는 그의 경향을 보다 깊이 이해하려고 해야 한다는 사실을 깨닫게 된다. 오히려 역으로 아이스킬로스와 소포클레스가 생시뿐 아니라 사후에도 민중의 전적인 사랑을 받았다는 것은 주지의 사실이다. 따라서 에우리피데스의 이 선배들의 경우에는 예술작품과 관객 사이에 불균형이 존재했다고 말할 수 없다. 항상 창작욕에 사로잡혀 있었던 재능 많은 예술가인 에우리피데스를, 가장 위대한 시인이라는 칭송의 태양이 빛나고 민중의 사랑이라는 맑은 하늘이 펼쳐져 있는 길에서 폭력적으로 몰아내 버린 것은 무엇이었을까? 관객에 대한 어떠한 기묘한 고려 때문에 그는 관객에게서 등을 돌리게 되었는가? 관객을 지나치게 존중한 나머지 관객을 경멸할 수 있었다는 것이 그에게는 어떻게 해서 가능했을까?

에우리피데스는 시인으로서는 자신이 물론 대중보다 우월하지만 관객 중의 두 사람에 대해서는 그렇지 않다고 느꼈다. 바로 이것이 방금 제시된 수수께끼의 해답이다. 그는 대중을 무대 위로 끌어올렸지만, 저 두 명의 관객만을 그의 모든 예술을 제대로 판단할 수 있는 심판관이자 거장으로서 존경했다. 그들의 지시와 경고에 따라 그는 그때까지 축제공연 때마다 보이지 않는 합창단으로서 관객석에 나타났던, 느낌과 열정과 체험의 세계 전체를 무대 위 주인공들의 영혼 속에 투입했다. 이렇게 해서 생기게 된 새로운 등장인물들을 위해서 새로운 말과 새로운 어조를 찾을 때에도 그는 이들의 요구에 따랐다. 그가 관중의 법정에 의해서 다시 한 번 단죄되는 것을 보았을 때에도 오직 이 두 사람의 목소리에서 자신의 창작에 대한 타당한 판결과 승리를 약속하는 격려의 말을 들었다.

이 두 관객 중의 한 사람은 에우리피데스 자신이었다. 시인으로서가 아니라 **사상가로서**의 에우리피데스 말이다. 사상가로서의 에우리피데스에 대해서 우리는 이렇게 말할 수 있을 것이다. 레싱의 경우와 유사하게, 에우리피데스의 비범하면서도 풍부한 비판적 재능이 생산적인 예술충동을 낳지는 않았을지라도 지속적으로 자극했다고. 이러한 재능, 즉 자신의 명민한 비판적 사고를 총동원하여 에우리피데스는 극장에 앉아 마치 퇴색한 그림을 세심하게 관찰하는 것처럼 자신의 위대한 선배들의 걸작들에서 획 하나하나, 선 하나하나를 다시 인식하려고 했다. 그리고 이제 아이스킬로스 비극의 보다 깊은 비밀에 정통한 사람에게는 이상할 것이 없는 어떤 일이 그에게 일어났다. 그는 획 하나하나와 선 하나하나에서 헤아릴 수 없는 어떤 것, 즉 사람들의 눈을 현혹시키는 어떤 명확성, 동시에 배경의 수수께끼 같은 깊이, 아니 그보다도 배경의 무한성을 인식했다. 가장 명료한 형체도 항상 불확실하고 해명할 수 없는 것을 암시하는 것 같은 혜성의 꼬리 같은 것을 가지고 있었다. 동일한 어스름 빛이 연극의 구조와 합창단의 의미에도 서려 있었다. 그리고 〔고대 비극에서 제시되고 있는〕 윤리적 문제의 해결방식은 그에게 얼마나 의혹을 자아내었던가! 신화의 취급은 또 얼마나 이상했던가! 행복과 불행의 분배는 얼마나 불공평했던가! 고대 비극의 언어도 그에게는 많은 점에서 거슬리고 최소한 이해할 수 없는 것이었다. 특히 그는 사태가 단순한 것에 비해서는 너무 과장되게 묘사되어 있고, 등장인물들의 소박한 성격에 비해 볼 때 너무나 수사가 많고 기괴한 사건이 많다는 사실을 발견했다. 그래서 그는 극장에 앉아 불안한 가운데 고민하면서 관객으로서 자기는 위대한 선배들을 아무래도 이해하지 못하겠다고 고백했다. 그러나 그에게는 지성이 모든 감상과 창작의 뿌리로 여겨졌기 때문에, 그는 자기 주위를 둘러보면서 아무도 자기처럼 생각하지 않는지, 자신처럼 저 헤아릴 수 없는 느낌을 솔직히 인정하지 않는지를 묻지 않을 수 없었다. 그러나 많은 사람들이 심지어 최고 수준의 사람들까지도 그에게 불신의 조소를 지었을 뿐이다. 그러나 아무도 그에게 왜 그의 의혹과 이의에 반해서 위대한 거장들이 옳은지를 설명하지 못했다. 이런 괴로운 상태에서 그는 **다른 관객 하나**를 발견했다. 이 관객은 비극을 이해하지 못했으며 따라서 비극을 중요시하지도 않았다. 이 관객과 연합함으로써 그는 고립에서 벗어나 아이스킬로스와 소포클레스의 예술작품들에 대한 엄청난 투쟁을 시작하는 용기를 가질 수 있었다. 반박논문을 통해서가 아니라, **자기의** 비극관을 전통적 비극관에 대결시키는 극작가의 입장에서.

12

이 다른 관객의 이름을 거론하기 전에 우리는 잠깐 멈춰서 아이스킬로스의 비극의 본질 속에 들어 있는 모순되고 헤아릴 수 없는 것에 대한 앞서 언급된 인상을 상기해 보자. 아이스킬로스의 비극의 **합창단**과 **비극적 주인공**에 대해서 우리가 가졌던 낯선 느낌을 생각해 보자. 우리는 이 두 가지를 우리의 습관이나 전통과 조화시킬 수 없다. 우리가 저 이중성 자체를 그리스 비극의 근원이자 본질로서, 즉 서로 얽혀 있는 두 예술충동인 **아폴론적인 것과 디오니소스적인 것**의 표현으로서 재발견하게 될 때까지는 말이다.

저 근원적이고 전능한 디오니소스적 요소를 비극으로부터 제거하고 비극을 순수하면서도 새롭게 비디오니소스적인 예술, 관습과 세계관 위에 건립하는 것, 이것이 이제 보다 밝은 조명 아래서 우리에게 자신을 드러내는 에우리피데스의 경향이다.

에우리피데스 자신이 인생의 황혼기에 이러한 경향의 가치와 의의에 대한 물음을 하나의 신화에서[94] 자신의 동시대인들에게 가장 강력한 어조로 제기했다. 도대체 디오니소스적인 것은 존속해도 좋은가? 그것을 그리스 땅에서 강제로 근절시켜야 하는 것은 아닌가? 그것이 가능하기만 하다면 그래야 한다고 시인은 말한다. 그러나 디오니소스 신은 너무나 강력하다. 가장 현명한 적대자조차도——『바쿠스의 시녀들』에 나오는 펜테우스 같은 자도——자신도 모르는 사이에 디오니소스에게 매혹되고 이렇게 마력에 걸려든 상태에서 나중에 나락으로 떨어지게 되는 것이다.[95] 두 노인, 카드모스와 테이레시아스의 판단은 노년의

---

94) 에우리피데스의 만년의 작품 『바쿠스의 시녀들』을 가리킨다.

95) 탄생과정부터 기구했던 디오니소스는 다른 신들과는 달리 그리스의 방방곡곡을 떠돌아다니면서 자신이 진짜 신이라는 것을 사람들에게 설득해야만 했다. 이를 위해서 가끔은 기적을 행하거나 사람들을 죽여야만 했다. 가장 유명한 이야기가 디오니소스와 사촌관계에 있던 테베의 왕 펜테우스에 관한 것이다. 펜테우스는 디오니소스의 어머니인 세멜레의 자매였던 이가우에의 아들이었다.

테베에 디오니소스 신앙이 퍼지자 백성들은 열광적으로 귀의했고 펜테우스의 조부(祖父)인 카드모스와 눈먼 예언자 테이레시아스, 그리고 펜

이 시인의 판단인 것처럼 보인다. 즉 가장 현명한 몇몇 사람들이 숙고하는 것으로는 저 오래된 민간의 전통, 끝없이 번져가는 저 디오니소스 숭배를 뒤집을 수 없다. 아니, 그렇게 놀라운 힘에 대해서는 최소한 외교적으로 조심스러운 관심을 보여주는 것이 낫다. 그러나 이때에도 신이 그러한 미지근한 참여에 화가 나서 그 외교관을——여기서는 카드모스와 같은——결국은 용으로 변신시키는 일이 언제라도 일어날 수 있다. 위와 같이 에우리피데스는 우리에게 말하고 있다. 그는 영웅적인 힘으로 오랜 세월에 걸쳐서 디오니소스에게 저항했다. 그러나 결국은 자신의 적을 찬양하면서 스스로 목숨을 끊음으로써 인생을 마감했다.[96] 그는 더 이상 견딜 수 없는 끔찍한 현기증에서 벗어나기 위해서 탑 위에서 몸을 던지는 현기증 환자와 같았다. 저 비극 『바쿠스의

테우스의 어머니인 이가우에까지도 귀의하게 되었다. 이에 반해 펜테우스는 자기 친척인 디오니소스의 새로운 종교를 좋아하지 않았으며, 디오니소스가 신이라고 떠들고 다니는 것도 우스꽝스럽게 생각하고 있었다. 펜테우스가 디오니소스를 살해하려고 시도하자 디오니소스는 복수를 한다. 여자로 가장을 하고 디오니소스 축제에 잠입해 들어가 염탐을 하겠다는 생각을 왕의 머릿속에 심은 것이다. 그런데 디오니소스 신에 의해서 눈이 먼 여자들은 디오니소스 축제에 나타난 펜테우스를 멧돼지로 생각하여 펜테우스의 친어머니인 이가우에가 앞장서서 그를 갈기갈기 찢어 버렸다. 에우리피데스의 『바쿠스의 시녀들』은 이 신화를 소재로 한 것이다.

96) 에우리피데스가 죽은 원인은 분명하지 않으며, 그가 자살했다는 것은 전설이다.

시녀들』은 자신의 경향[소크라테스적 경향]이 실행되는 것을 저지하려는 에우리피데스의 저항과 같은 것이었다. 아아, 그러나 이미 그 경향은 실행되고 말았다! 놀라운 일이 벌어진 것이다. 그 시인이 자신의 경향을 취소하려고 했을 때는 이미 그것이 승리를 거둔 뒤였다. 디오니소스는 이미 비극 무대로부터 쫓겨났고, 그것도 에우리피데스를 통해서 말하는 악마적인 어떤 힘에 의해서 쫓겨났다. 에우리피데스조차도 어떤 의미에서는 하나의 가면에 지나지 않았다. 그를 통해서 말하고 있는 신은 디오니소스가 아니었으며 아폴론도 아니었다. 그것은 새로 태어난 마신(魔神), **소크라테스**였다. 이것은 디오니소스와 소크라테스적인 것의 대립이라는 새로운 대립이다. 그리스 비극작품은 이러한 대립으로 인해 몰락했다. 에우리피데스가 자신의 경향을 취소함으로써 우리를 위로하려고 했을지라도 그것은 도움이 되지 않았다. 가장 훌륭했던 신전은 폐허가 되어 버렸다. 그것이야말로 모든 신전 중에서 가장 훌륭한 신전이었다는 파괴자의 비탄과 고백이 무슨 쓸모가 있겠는가? 에우리피데스가 그 벌로 모든 시대의 예술 비평가들에 의해서 용으로 변했다 하더라도 이러한 빈약한 보상(補償)에 누가 만족하겠는가?

이제 저 **소크라테스적** 경향을 살펴보자. 이것을 무기로 에우리피데스는 아이스킬로스의 비극과 투쟁했고 그것에 승리했던 것이다.

우리는 이제 이렇게 물어야 한다. 연극을 오직 디오니소스적인 것에 세우려 한 에우리피데스의 의도가 최고의 이상적인 형태로 실현되었을 때, 그것은 어떤 목적을 가질 수 있었는가? 만일 연극이 음악이라는 모태로부터, 디오니소스적인 것의 신비스런 여명으로부터 태어나지 않는다고 한다면 어떠한 형태의 연극이 남겠는가? 오직 '**극화된 서사시**'만이 남을 것이다. 말할 것도 없이 이러한 아폴론적 예술영역에서 비극적 효과는 존재할 수 없다. 이러한 **비극적** 효과와 관련해서는 표현된 사건의 내용이 중요한 것이 아닌 것이다. 아니 나는 이렇게까지 주장하고 싶다. 괴테는 자신이 기획한 『나우시카(Nausikaa)』에서[97] 저 목가적 존재의 자살을——제5막을 채울 내용이었다——비극적인 감동을 일으키는 방식으로 표현할 수 없었을 것이라고. 서사적-아폴론적인 것의 힘은 너무나 강력해서 가장 가공할 사물들조차도 가

---

97) 괴테가 이탈리아 여행 중 기획했던 희곡 단편이다. 나우시카는 『오디세이아』에 나오는 여자로 스케리아 섬의 왕 알키노스의 딸이다. 배가 난파하여 영웅 오디세우스가 벌거숭이로 스케리아 섬에 떠밀려 왔을 때 나우시카는 아버지의 저택으로 그를 데리고 가서 정성을 다해 보살핀다. 용기와 품위를 함께 갖추고 있으며, 사려가 깊고 부드러움을 지닌 여성의 이상형이라고 할 수 있다. 유부남인 오디세우스를 사랑하는 그녀는 그녀의 아버지와 오디세우스가 어떻게 하면 좋을지를 강구하는 동안 시체가 되어서 두 사람 앞에 운반되어 온다. 괴테는 원래 오디세우스가 떠나 버린 후 나우시카가 자살하는 것으로 끝을 맺을 구상이었지만 공무에 쫓겼기 때문에 제1막의 156행밖에 쓰지 못했다.

상에 대한 저 즐거움과 가상을 통한 구원으로 마법을 걸어서 우리 눈앞에서 찬란하게 변용시켜 버린다. 극화된 서사시의 작가는 서사 음유시인과 마찬가지로 자신이 떠올리는 형상들과 완전히 융합될 수 없다. 그는 항상 조용히 움직이지 않은 채 먼 눈길로 자신 **앞에** 있는 형상들을 바라본다. 이렇게 극화된 서사시에서 배우는 근본적으로 여전히 음유시인이다. 그의 모든 연기에는 자신이 내면에서 꿈꾸고 있다는 느낌이 감돌고 있기 때문에, 그는 절대로 완전한 배우가 되지 못한다.

이러한 아폴론적 연극의 이상에 대해 에우리피데스의 작품은 어떠한 연관을 갖는가? 그것은 고대의 엄숙한 음유시인에 대해서 후세의 음유시인이 갖는 관계와 같다. 후세의 음유시인은 플라톤의 『이온』에서 자신의 본질을 이렇게 묘사하고 있다. "슬픈 일을 말할 때면 내 눈은 눈물로 가득 찬다. 그러나 내가 끔찍하고 섬뜩한 일을 말할 때면 내 머리칼은 공포로 곤두서고 가슴은 두근거린다."[98] 여기서 우리는 가상 속에서의 서사적 망아(忘我)라는 것을 전혀 찾아볼 수 없다. 진정한 배우의 무감각한 냉담함도 찾아볼 수 없다. 진정한 배우는 자신의 최고의 연기 속에서는 전적으로 가상이며, 가상에 대한 즐거움 자체인 것이다. 에우리피데스는 가슴이 두근거리고 머리털이 곤두서는 배우이다. 소

---

98) 『이온』 535c.

크라테스적 사상가로서 그는 계획을 세우고, 열정적인 배우로서 실행에 옮긴다. 그는 기획 면에서도 실행 면에서도 순수한 예술가는 아니다. 따라서 에우리피데스의 연극은 차가운 동시에 열정적인 것이 되고 딱딱하게 굳어버리면서도 불타오를 수도 있는 것이다. 서사시가 갖는 아폴론적 효과를 낸다는 것은 그에게는 불가능했다. 반면에 다른 한편으로 그는 디오니소스적 요소를 가능한 한 배제했기 때문에 이제는 어떤 효과든 일으키기 위해서 새로운 자극 수단을 필요로 했다. 이러한 새로운 자극 수단은 아폴론적인 것과 디오니소스적인 것이라는 비할 바 없는 두 예술충동 속에는 존재할 수 없다. 이러한 자극 수단들이 아폴론적 관조 대신에 냉정한 역설적인 **사상**이며, 디오니소스적 황홀 대신에 불 같은 **격정**이다. 더구나 이것들은 극히 사실주의적으로 모방된 것이었을 뿐 예술의 에테르 속에 젖었던 사상과 격정이 아니다.

우리가 위와 같이, 연극을 아폴론적인 것 위에만 세우려는 에우리피데스의 계획이 성공하지 못했고 오히려 그의 비디오니소스적 경향이 자연주의적이고 비예술적인 경향으로 빠져 버렸다는 사실을 알게 된 이상, 우리는 이제 **미학적 소크라테스주의**의 본질을 조금 더 자세히 살펴보아도 될 것이다. 이것의 최고 법칙은 대략 다음과 같다. "아름답기 위해서는 모든 것이 지적으로 이해될 수 있어야만 한다." 이것은 소크라테스의 명제인 "아는 자만이 유덕하다"와[99] 병행한다. 이 기준을 손에 들고 에우리피데스는 모든 것 하나하나를 측정했으며 그 원리에 맞게 그것들을 수정했다. 언어를, 성격을, 극의 구조를, 합창곡을. 우리가 소포클레스의 비극과 비교하여 그렇게도 자주 에우리피데스의 문학적 결함이자 퇴보로 간주하곤 했던 것은 주로 저 철저한 비판과정의 산물이며 저 대담한 이지(理知)의 산물인 것이다. 에우리피데스의 **프롤로그**(Prolog)는[100] 합리주의적 방법이 갖는 생산성의 한 예가 된다. 에우리피데스의 연극 중에서 프롤로그만큼 우리의 무대기술에 맞지 않는 것도 없다. 작품의 서두에 한 사람이 무대에 나와 자신이 누구인지, 가장 먼저 어떤 일이 일어날 것인지, 지금까지 무슨 일이 일어났었는지, 심지어 작품의 진행 속에서 어떤 일이 일어날 것인지를 이야기한다는 것은 근대의 연극작가에게는 긴장 효과를 고의적으로 포기하는 용서할 수 없는 행동일 것이다. 사람들은 이제부터 무슨 일이 일어날지 모두 알고 있다. 누가 이것이 실제로 일어날까 하고 기대할 것인가? 여기에는 예언적 꿈이 나중에 일어날 사건에 대해서 갖는 긴장된 관계는 전혀 없다. 에우리피데스는 전혀 다르게 생각했다. 비극의 효과는 결코 서사적인 긴장, 지금 그리고 나중에 일어날 일의 매혹

---

99) 플라톤의 『프로타고라스』에 나오는 말.
100) 극을 시작하기 전에 배우 중의 하나 또는 신이 무대에 나와 벌어질 사건을 보고하는 것을 프롤로그라고 한다.

적인 불확실성에 근거하는 것이 아니다. 오히려 그것은 주인공의 정열과 변론술이 도도하고 거센 강물처럼 전개되는 저 위대한 수사학적, 서정적 장면에 근거하는 것이다. 줄거리가 아니라 열정을 위해서 모든 것은 준비되어야만 했다. 열정을 일으킬 수 없는 것은 배척해야 할 것으로 간주되었다. 그러나 관중이 마음껏 그러한 장면에 몰입하는 것을 방해하는 것은 관객이 모르고 있는 전후맥락, 그 전에 일어난 일의 줄거리의 공백이다.[101] 이런저런 인물이 무엇을 의미하는지, 성향과 의도들의 이런저런 갈등이 무엇 때문에 일어났는지를 청중이 계산해 내야만 하는 한, 주인공의 고통과 행위에 완전히 몰입하는 것은 불가능하며 주인공의 고통과 공포에 대한 숨죽인 공감도 불가능하다. 아이스킬로스나 소포클레스의 비극은 관객들에게 작품 이해에 필요한 실마리를 최초의 여러 장면에서 어떤 의미에서 우연히 제공하기 위해서 재치 있는 기교를 사용하고 있다. 이와 같은 점에서 '**필연적인 형식**'에 해당하는 것을 말하자면 위장해서 우연한 것으로 나타나게 하는 저 고상한 예술가적 재능이 입증되고 있다. 그러나 어쨌든 에우리피데스는 관객이 최초의 여러 장면에서 그 이전에 일어났던 일을 헤아려 내느라 불안한 상태에 놓이게 되고 따

---

101) 우리가 어떤 영화와 연극을 한 번 보고 줄거리를 다 파악하고 나서 다시 볼 경우, 우리는 사건의 전개에 대한 궁금증에서 벗어나 장면 하나하나와 배우들의 몸짓 하나하나를 여유 있게 살펴볼 수 있다.

라서 서막(Exposition)이 갖는 시적인 아름다움과 열정을 놓치게 될 것이라고 믿었다. 따라서 그는 서막 앞에다 서사(Prolog)를 두고서 그것을 사람들이 신뢰할 만한 등장인물로 하여금 낭독하게 했던 것이다. 때로는 하나의 신이 비극이 어떤 식으로 진행될지를 관객에게 보장하고 신화의 실재성에 대한 모든 의혹을 제거하는 역할을 맡아야만 했다. 이것은 데카르트가 경험세계의 실재성을 신의 진실성, 거짓말을 할 수 없는 신의 성격에 호소하는 것을 통해서만 증명할 수 있었던 것과 유사하다.[102] 즉 에우리피데스는 자신의 주인공의 미래를 관객에게 보장하기 위해서 극의 마지막에서 신의 진실성을 다시 한 번 필요로 한다. 바로 이것이 저 악명 높은 기계장치의 신(deus ex machina)의[103] 임무이다. 과거와 미래에 대한 서사시적 조망 사이에 극적-서정적 현재, 본래의 '연극'이 존재하는 것이다.

따라서 시인으로서의 에우리피데스는 무엇보다도 자신의 의

---

102) 잘 알려져 있다시피 데카르트는 외부세계의 실재성에 대해서 의심했다. 우리는 우리가 객관적인 현실세계로서 파악한 것이 우리의 주관적인 착각일 가능성을 배제할 수 없다. 데카르트는 신의 존재를 증명한 후 인간의 이성은 진실된 신이 부여한 것이기 때문에 우리가 우리의 이성을 올바로 사용하여 파악한 것은 객관적인 현실에 부합하는 것이라고 증명하고 있다.

103) 연극의 종결부에서 신이 허공에 매달린 기계 위에 나타나 비극 사건의 결말을 짓던 것을 가리킨다.

식적 인식의 반영이다. 그리고 바로 이 점이 그에게 그리스 예술
사에서 기념할 만한 지위를 부여하고 있다. 에우리피데스는 자
신의 비판적이고 생산적인 창작과 관련해서 아낙사고라스 저술
의 첫머리에 있는 다음 말을 살려보고 싶었음에 틀림없다. "시
초에 모든 것은 혼돈이었다. 그때 정신(Nous)이 와서 질서를 창
조했다." 그리고 아낙사고라스가 만취한 자들 중에서 최초의 깨
어 있는 자처럼 자신의 '누스'를 가지고 철학자들 사이에 등장
했던 것처럼 에우리피데스도 다른 비극작가들과 자신의 관계
를 유사하게 파악했을지도 모른다. 만물에 질서를 부여하는 유
일한 자요, 만물을 주재하는 자인 누스가 예술창작에서 배제되
어 있는 한, 모든 것은 아직 혼돈스런 근원적인 혼미상태에 있다
고 에우리피데스는 판단하지 않을 수 없었으며, '술에 취한' 시인
들을 최초의 '깨어 있는 자'로서[104] 단죄해야만 했다. 소포클레스
가 아이스킬로스에 대해서 한 말, 즉 그는 무의식적으로 해도 옳
은 일을 한다는 말은 분명히 에우리피데스적인 의미에서 한 말
은 아니다. 에우리피데스는 아이스킬로스가 무의식적으로 창작
하기 **때문에** 옳지 못한 것을 만들어 낸다고 말하고 싶어 했을 것
이다. 신성한 저 플라톤마저도 시인의 창조적인 능력이 의식적
인 통찰이 아닌 한 그것에 대해서 거의 대부분의 경우 단지 빈정

---

104) 아리스토텔레스가 그의 『형이상학』에서 아낙사고라스를 칭찬하는 표현
이다. 『형이상학』 984b.

거리는 투로 말하고 있을 뿐이며, 그것을 예언자나 해몽가의 재
능과 동일시하고 있다. 그는 시인이 의식을 잃고 지성을 전혀 갖
지 않을 때까지는 시를 쓸 수 없다고 말하고 있다. 에우리피데
스는 플라톤이 기도(企圖)했던 것처럼 '비이성적인' 시인에 대한
대립물을 세계에 제시하려고 했다. "모든 것은 아름답기 위해서
는 의식적이어야만 한다"라는 그의 미학적 근본명제는 내가 말
한 것처럼 "선하기 위해서는 모든 것은 의식적이어야 한다"라는
소크라테스의 명제에 상응하는 명제이다. 따라서 우리는 에우리
피데스를 미학적 소크라테스주의의 시인으로 간주할 수 있는 것
이다. 그러나 소크라테스는 고대 비극을 이해하지 못했고 따라
서 존중하지도 않았던 저 **두 번째 관객**이다. 그와 동맹을 맺고
에우리피데스는 새로운 예술창조의 선구자가 되려고 했다. 이로
인해서 고대 비극이 몰락했다면 미학적 소크라테스주의는 살인
적 원리인 셈이다. 그러나 〔미학적 소크라테스주의의〕 그러한 투쟁
이 고대 예술의 디오니소스적인 것을 향하고 있었다면, 우리는
소크라테스에서 디오니소스의 적, 새로운 오르페우스를[105] 보게

---

105) 그리스 신화에 나오는 최고의 시인이자 음악가. 아폴론에게서 하프〔竪
琴〕를 배워 명수가 되었는데, 그가 연주하면 목석(木石)이 춤을 추고 맹
수도 얌전해졌다고 한다. 그는 님프의 하나인 에우리디케를 아내로 맞
아 몹시 사랑했으나, 그녀는 한 청년에게 쫓겨 도망하던 중 독사에게
발목이 물려 죽었다. 오르페우스가 디오니소스를 전혀 숭배하지 않아
서 디오니소스의 분노를 샀다고 한다. 오르페우스는 아내의 죽음을 몹

된다. 오르페우스는 디오니소스에 반기를 들어 아테네 법정의 디오니소스 여자 시종들에 의해서 갈기갈기 찢기게 되는 운명에 처해지지만 저 강력한 신마저도 도망하도록 만들었다. 디오니소스는 그가 에도의 왕 리쿠르고스에게서[106] 도망쳤을 때와 마찬가지로 바다 깊은 곳으로, 즉 점차 온 세상에 퍼져 가는 비밀제의의 신비한 물결 속으로 몸을 숨긴 것이다.

시 슬퍼한 나머지 다른 여자들을 돌보지 않은 탓으로 여인들의 원한을 사서, 디오니소스 축제 때 여인들에 의해서 갈기갈기 찢겨 죽임을 당했다고 한다. 그는 영혼의 불멸을 주장하는 비교(秘敎)인 오르페우스교의 창시자로도 알려져 있다. 여기서 새로운 오르페우스는 소크라테스를 가리킨다.

그러나 다른 설들에 의하면 오르페우스는 디오니소스의 적이 아니라 파트너였으며 디오니소스는 오르페우스를 죽인 여자들을 징벌했다고도 한다. 앤드루 달비, 『디오니소스』(랜덤하우스중앙, 2003), 박윤정 옮김, 200쪽이하 참조.

106) 그리스 신화에 나오는 에도인의 왕으로 디오니소스를 신으로 인정하지 않고 추방하고 박해한 최초의 인간. 리쿠르고스는 디오니소스가 헤라의 질투를 피해 니사 산(山)의 님프들에 의해 길러질 때, 님프들을 쫓아가 채찍으로 때려 죽이려고 하였다. 깜짝 놀란 디오니소스는 바닷속으로 뛰어들어 화를 피했다. 노한 제우스는 리쿠르고스의 눈을 멀게 하여 죽였다고 한다. 다른 이야기로는 디오니소스가 바다에서 돌아와 리쿠르고스에게 포도주를 먹이자, 리쿠르고스는 만취하여 어머니를 범하려고 하였다. 도중에 실수를 깨닫고는 포도밭으로 가서 화근이 된 포도나무를 베어 버리려고 하다가 아들의 다리를 포도나무로 착각하여 도끼로 찍어 죽였다. 신을 모독한 형벌은 여기서 그치지 않고, 그가 다스리는 지역은 그가 죽을 때까지 굶주림을 면하지 못한다는 신탁이 내려졌다. 이 때문에 그는 자살하였다고도 하고, 사람들에게 붙잡혀 산으로 끌려가 야생마의 먹이가 되었다고도 한다.

13

경향 면에서 볼 때 소크라테스가 에우리피데스와 밀접한 관계를 가지고 있다는 사실을 당시의 고대인들도 간과하지 않았다.[107] 이러한 예리한 통찰은 소크라테스가 에우리피데스의 시작을 도와주곤 한다는 당시 아테네에서 떠돌던 풍문에서 가장 웅변적으로 표현되고 있다. '훌륭했던 옛날'을 찬양하는 사람들이 현재의 민중 선동가들을 열거할 경우 두 사람의 이름이 동시에 거론되었다. 육체와 정신 면에서 옛날의 마라톤적인 건장한 기풍이 점차 쇠약해지면서 미심쩍은 계몽에 갈수록 희생되어 간 것은 그 두 사람의 영향 때문이라는 것이었다. 이런 식의 말투로 반은 분개하고 반은 경멸하면서 아리스토파네스의 희극은 저 두 사람에 대해서 말하곤 했는데, 이는 근대인에게는 놀라운 일이었다. 근대인은 에우리피데스쯤이야 버려도 상관없는 일이지만, 아리스토파네스의 작품에서 소크라테스가 최초이자 최고의 **소피스트**로, 모든 소피스트적 노력의 거울이자 총화로 등장

---

107) 디오게네스 라에르티오스의 『소크라테스』 맨 처음에는 다음과 같은 구절이 있다. "소크라테스는 에우리피데스의 창작을 도왔다." 아울러 아리스토파네스가 소크라테스를 소피스트로 풍자한 작품인 『구름』에서도 에우리피데스와 소크라테스가 서로 밀접한 관계에 있는 것으로 묘사되고 있다.

한다는 사실에 의아하지 않을 수 없었다. 이 경우 아리스토파네스를 비열한 거짓말쟁이, 문단(文壇)의 알키비아데스로[108] 간주하면서 망신시키는 것이 유일한 위로가 되었다. 이 자리에서 나는 그러한 비난에 대해서 아리스토파네스의 심오한 본능을 옹호하지는 않을 것이다. 나는 단지 소크라테스와 에우리피데스의 밀접한 관계를 고대인의 느낌으로부터 증명하고 싶을 뿐이다. 이런 의미에서 특히 주의를 환기시키고 싶은 사실은 비극예술의 적대자로서 소크라테스는 비극을 보지 않았지만 에우리피데스

---

108) 기원전 5세기의 아테네인으로 소크라테스의 제자였다. 정치 군사적 재능과 준수한 외모로 유명했으나 후에는 사리사욕에 사로잡힌 선동정치가가 되었으며 매국노라는 오명을 갖게 되었다. 기원전 421년 스파르타와 체결한 화약(和約)으로 평화(平和)가 찾아와 펠로폰네소스 동맹에 분열의 징후가 나타나자, 알키비아데스는 스파르타의 고립화를 꾀하는 적극 공세를 주장하여 기원전 420년 장군으로 선출되었다. 서방으로의 세력 확장을 바라는 민중의 희망에 부응하여 시칠리아 원정을 결의하도록 하여 출전하였다. 그러나 신상(神像) 파괴의 용의자로 소환령이 내려지자 스파르타로 망명한 후 소아시아로 건너가 페르시아와 스파르타의 동맹을 주선하여, 모국인 아테네를 괴롭혔다. 그러나 스파르타 왕이 그와 왕비의 불륜관계를 알게 되어 사형 판결을 내렸기 때문에 페르시아로 망명하였다. 그리고 아테네의 과두파(寡頭派)에게 페르시아의 지원을 대가로 귀환교섭을 하였으나 뜻을 이루지 못하자 일변하여, 민주정치에 충실한 사모스를 중심으로 하는 아테네 해군과 손을 잡고 스파르타 군을 격파하여 연승했다. 기원전 408년 시민의 열렬한 환영을 받으며 귀국하였으나, 페르시아의 원조를 받은 스파르타 해군이 세력을 만회하자 다시 실각하였고, 기원전 404년 아테네 해군의 패배 직후 스파르타의 첩자에게 암살되었다.

의 새로운 작품이 상연될 때만은 관객석에 모습을 나타냈다는 것이다. 그러나 가장 유명한 사실은 델포이의 신탁에 두 사람의 이름이 나란히 있었다는 것이다. 델포이의 신탁은 소크라테스를 인간들 중에서 최고로 현명한 자로 지칭하고 있으며, 에우리피데스가 지혜의 경쟁에서 이등상을 받을 만하다는 평가를 내리고 있다.[109)]

이러한 순위에서 세 번째로 소포클레스가 거명되었다. 그는 아이스킬로스와는 달리 "나는 옳은 일을 하고 있다. 더구나 나는 무엇이 옳은지를 **알고 있기** 때문에 옳은 일을 하고 있다"라고 자랑했던 사람이다. 이 **알고 있음**의 명확성의 정도야말로 분명히 이 세 사람이 공히 당시의 '지자(智者)'로 불리게 된 이유이다.

소크라테스는 지식과 통찰에 대한 전대미문의 이러한 새로운 존중을 가장 예리한 말로 표현했다. 아테네 시를 두루 돌아다니면서 대정치가, 연설가, 시인, 예술가 들과 비판적으로 대화를 나누면서 도처에서 '알고 있다'는 착각에 마주치게 되면서, 소크라테스는 자신이 **아무것도 알지 못한다**고 자인할 수 있는 유일한 사람이라는 사실을 발견했다. 놀라움에 가득 차서 그는 저 유명인사들 모두가 자신의 직업에 대해서 올바르고 확실한 통찰

---

109) 이 신탁은 다음과 같은 것이었다고 한다. "소포클레스는 현명하다. 에우리피데스는 더욱 현명하다. 그러나 소크라테스는 만인 중에서 가장 현명하다."

을 갖지 못한 채 오직 본능만으로 자신의 직업을 수행하고 있다는 사실을 발견했다. '단지 본능만으로'라는 이러한 표현으로 우리는 소크라테스적인 경향의 핵심을 건드리고 있다. 소크라테스는 이러한 표현으로 기존의 예술과 기존의 윤리 모두를 단죄하고 있다. 그가 검토의 시선을 던지는 곳마다 통찰의 결여와 망상의 지배가 포착되었다. 그는 이러한 통찰의 결여로부터 현존하는 것들이 내적으로 전도되어 있고 타기되어야 할 것이라는 결론을 끌어낸다. 바로 이 한 가지 사실로부터 소크라테스는 현존상태를 바로잡아야만 한다고 믿었다. 소크라테스는 단독적인 한 개인으로서 경멸과 우월에 가득 찬 표정으로 아주 새로운 종류의 문화, 예술, 윤리의 선구자의 입장에서 하나의 세계 속으로, 즉 외경심에서 옷자락을 살짝 건드릴 수만 있어도 우리가 가장 커다란 행복으로 여기게 될 그 세계 안으로 걸어 들어갔던 것이다.

이것이야말로 소크라테스를 생각할 때마다 우리를 사로잡는 커다란 의혹이다. 이것은 고대 세계에서 이러한 가장 문제가 되는 현상의 의미와 목적이 무엇인지를 인식하도록 우리를 항상 거듭해서 자극한다. 호메로스, 핀다로스(그리스 최대의 합창 서정시인—옮긴이) 그리고 아이스킬로스로서, 피디아스(기원전 5세기경의 그리스 최고의 조각가—옮긴이)로서, 페리클레스로서, 피티아(델포이의 신탁을 전해 주던 여사제—옮긴이)와 디오니소스로서, 가장 깊은 심연이자 가장 높은 정상으로서 우리가 분명히 찬탄하고 경배할 만한 저 그리스 정신을 하나의 개인으로서 감히 부정할 수 있는 이 사람은 누구인가? 어떤 마법적인 힘으로 그는 이 마법의 술을 먼지 속에 감히 쏟아버릴 수 있는가? 인류 가운데 가장 고귀한 인간들의 영혼의 합창단이 부르짖는 다음과 같은 소리를 들어야 하는 반신(半神)은 누구인가? "슬프도다! 슬프도다! 그대는 이 아름다운 세계를 억센 주먹으로 파괴했도다. 세계는 무너지고 부서진다!"[110]

소크라테스의 본질을 이해할 수 있는 열쇠를 제공해 주는 것은 '소크라테스의 다이모니온'이라고 불리는 저 기이한 현상이다. 그의 거대한 지성이 흔들리기 시작하는 특수한 상황에서 그는 그러한 순간에 들려오는 신적인 목소리를 통해서 확고한 발판을 얻었던 것이다. 이 소리는 항상 무엇인가를 **하지 말라고 경고하는** 방식으로 들려온다. 이렇게 완전히 비정상적인 인간에게 본능적 지혜는 의식적 인식을 때때로 **제지하기** 위해서만 나타나는 것이다. 모든 생산적인 인간에게는 본능이야말로 창조적이고 긍정적인 힘이고 의식은 비판적이고 경고하는 역할을 하는 반면에, 소크라테스에게는 본능이 비판자가 되고 의식이 창조자가 된다. 정녕 결함으로 인해 생겨난 괴물이 아닌가! 그뿐 아니라 우리는 소크라테스에게는 모든 신비주의적 성향이 기괴할 정

---

110) 『파우스트』 제1부에 나오는 「정령들의 합창」에서 인용, 1607~11행.

도로 결여되어 있다는 사실을 발견한다. 따라서 소크라테스는 특별한 **비신비가**라고 해도 좋을 것이다. 신비가에게는 저 본능적 지혜가 지나치게 발달되어 있는 것처럼 소크라테스에게는 논리적 천성이 일종의 이상 발육을 통해서 과도하게 발달되어 있다. 그러나 다른 한편으로 소크라테스에게서 보이는 논리적 충동은 그 창 끝을 자신에게 겨냥하는 일이 전혀 없었다. 이렇게 아무것에도 얽매임이 없이 도도히 흐르는 분류처럼 소크라테스의 논리적 충동은 일종의 자연력을 보여주고 있다. 그것은 우리를 전율케 할 정도로 놀라게 만드는 거대한 본능적인 힘에서만 볼 수 있는 자연력이다. 플라톤의 저서에서 소크라테스의 삶의 방향이 갖는 저 신적인 소박함과 확고함을 조금이라도 느껴 본 사람은 논리적 소크라테스주의라는 거대한 수레바퀴가 소크라테스의 **뒤에서** 움직이고 있다는 것도 느끼게 된다. 또한 우리가 그림자가 아니라 실제의 사물을 보아야만 하듯이 소크라테스가 아니라 〔소크라테스를 움직이고 있는〕 이 바퀴를 보아야만 한다는 것도 느끼게 된다. 그러나 소크라테스 자신도 이러한 관계를 직감하고 있었다는 사실은 그가 도처에서 그리고 재판관들 앞에서 자신의 신적인 소명을 주장할 때 보였던 위엄에 가득 찬 엄숙한 태도 속에서 드러난다. 이 점에 관한 한 그의 주장을 반박하는 것은 불가능하다. 그렇다고 해서 본능을 해체하는 그의 영향을 그대로 시인할 수는 없는 노릇이다. 그가 그리스 국가의 법정 앞에 끌려갔을 때, 이렇게 해결될 수 없는 모순에 직면해서 유일하게 가능한 단죄는 추방뿐이었다. 만일 소크라테스를 철저히 수수께끼 같은 사람, 무어라 이름 붙일 수 없는 사람, 해명할 수 없는 사람으로서 국외로 추방했다면 후세의 어떤 사람도 아테네인들이 치욕스런 일을 했다고 비난하지 못했을 것이다. 그러나 그에게 최종적으로 언도된 것은 추방이 아니라 사형이었다. 죽음 앞에서 누구나 가질 수 있는 공포를 조금도 느끼지 않은 채, 소크라테스는 이러한 사태를 극히 맑은 정신으로 스스로 유도했던 것처럼 보인다.[111] 플라톤의 묘사에 따르면, 최후까지 술잔을 기울이고 있다가 먼동이 트는 새벽에 새로운 하루를 시작하기 위해서 연회장을 떠날 때처럼 소크라테스는 평온하게 죽음으로 걸어 들어간 것이다. 그가 떠난 연회장에는 함께 연회를 열었던 제자들이 에로스의 진정한 사도인 소크라테스에 관한 꿈을 꾸면서 의자 위나 땅바닥에 잠들어 있었다. **죽음에 임한 소크라테스**는 고귀한 그리스 청년들에게 이제까지 보지 못했던 새로운 이상이었다. 다른 누구보다도 특히 전형적인 그리스 청년인 플라톤이 몽상가적인 자신의 영혼을 열렬히 바치면서 이 이상적인 모습 앞에 무릎을 꿇었던 것이다.

---

111) 아테네 법정에서 피고는 자신의 형을 요구하는 관습이 있었다.

14

이제 우리는 소크라테스가 키클롭스(『오디세이아』에 나오는 눈이 하나뿐인 거인—옮긴이)의 눈처럼 큰 눈으로 비극을 바라보는 모습을 생각해 보자. 그 눈에는 한 번도 예술적 감동의 불꽃이 불타오른 적이 없었다. 그리고 그 눈이 왜 디오니소스적인 심연 속을 기쁜 마음으로 들여다볼 수 없었는지를 생각해 보자. 플라톤이 말한바 '숭고하고 높이 찬양받는'(플라톤의 『고르기아스』에 나오는 말—옮긴이) 비극예술에서 그 눈은 본래 무엇을 보아야만 했던가? 그것은 원인 없는 결과, 결과 없는 원인과 같이 비합리적인 것을 보았다. 더구나 비극예술은 모든 것이 너무나 다채롭고 다양하여 사려 깊은 기질에는 반감을 불러일으키고, 민감하고 쉽게 매혹되는 영혼에는 위험한 도화선이 된다. 우리는 그가 이해할 수 있었던 유일한 문학 장르가 무엇인지를 알고 있다. 그것은 **이솝우화**이다. 그는 이솝우화를 정직하고 선량한 겔레르트(Ch. F. Gellert, 18세기 중엽 독일의 우화작가—옮긴이)가 꿀벌과 암탉의 우화에서 시가를 찬미할 때 지었던 것과 같은 저 부드러운 미소를 지으며 받아들였다.

　"시가가 무슨 소용이 있는지는 나를 보면 알리라.
　그다지 지성을 갖지 못한 사람에게

비유를 통해서 진리를 말해 주는 것."

   그런데 비극예술이 '별로 지성적이지 못한 사람들', 즉 철학자가 아닌 사람들에게 호소한다는 점을 도외시하더라도, 비극예술은 소크라테스에게는 한 번도 '진리를 말하는 것'처럼 보이지 않았다. 이것이 비극을 멀리해야 할 두 가지 이유였다. 플라톤처럼 소크라테스도 비극은 단지 기분 좋은 것만 표현하고 유익한 것은 표현하지 않는 대중에 아부하는 예술로 간주했다. 따라서 그는 제자들에게 이러한 비철학적 유혹에 대해서 절제심과 함께 엄격하게 거리를 둘 것을 요구했다. 그 결과는 성공적이어서 당시 비극시인이었던 청년 플라톤은 소크라테스의 제자가 되기 위해서 가장 먼저 자신의 시작품들을 불태워버렸을 정도였다. 그러나 어찌할 수 없는 어떤 재능이 소크라테스적인 원리에 저항하는 경우에도, 이 원리의 힘은 여전히 강력해서 〔소크라테스의〕 저 거대한 성격의 힘과 연합하여 시가(詩歌, Poesie) 자체를 그때까지는 알려지지 않았던 새로운 자리로 내몰아 버릴 수 있었다.

   이러한 사실에 대한 한 예가 바로 방금 언급한 플라톤이다. 비극과 예술 일반을 단죄한다는 점에서는 자기 스승의 소박한 냉소주의에 절대로 뒤지지 않았던 그는 자신의 극히 깊은 예술가적 성향 때문에 하나의 예술형식을 만들어 내지 않을 수 없었다. 이 형식은 그가 추방한 기존의 예술형식들과 내적으로 닮아 있었다. 플라톤이 이전의 예술에 대해서 가했던 주된 비난은 그 것이 어떤 가상의 모방이라는 것, 따라서 경험적인 세계보다 더 열등한 낮은 영역에 속한다는 것이었지만, 이러한 비난은 무엇보다 이 새로운 예술작품에 가해져서는 안 되었다. 그래서 우리는 플라톤이 현실을 초월하여 저 사이비 현실의 근저에 놓여 있는 이데아를 표현하려고 노력하는 것을 보게 된다. 이와 함께 사상가 플라톤은 시인으로서의 그에게 고향이었던 곳, 즉 소포클레스와 과거의 예술 전체가 플라톤의 저 비난에 엄숙히 항의하는 근거지였던 곳에 우회로를 통해서 도달하게 된 것이다. 비극이 이전의 모든 예술 장르들을 자신 안에 흡수했다고 한다면, 약간 다른 의미에서지만 우리는 플라톤의 대화편에 대해서도 동일하게 말할 수 있을 것이다. 플라톤의 대화편은 기존의 모든 형식과 문체를 혼합함으로써 형성되었기 때문에 이야기, 서정시, 연극 사이에서, 산문과 운문 사이에서 부유(浮游)하고 있으며 통일된 언어형식이라는 이전의 엄격한 법칙을 깨뜨리고 있다. 이러한 방향에서 더 나간 사람들이 **견유학파**의 작가들이었다.[112] 그

---

112) 견유학파는 소크라테스의 제자인 안티스테네스를 시조로 하는 학파로, 소크라테스의 철학적 이론보다는 소박하고 극기하는 삶의 태도를 계승하려고 했다. 이 학파는 덕(德)만 있으면 족하다고 보면서 정신적·육체적인 단련을 중요시하였으며, 쾌락을 멀리하고 단순하고 간소한 생활을 추구하였다. 권력이나 세속적인 일에 속박되지 않는 자유를 지향하였고 세계시민주의를 주창했다. 키니코스(견유, 개 같은 선

들은 극히 다양한 문체로 운문과 산문 형식 사이를 오가면서, 그들이 실제의 삶에서 구현하곤 했던 '광란의 소크라테스'라는 문학적 형상을 만들어 내었다. 플라톤의 대화편은 난파(難破)당한 이전의 시가가 자신의 모든 자식들을 이끌고 올라타 목숨을 구

비)라고 부르게 된 것은 견유학파의 대표적인 인물인 디오게네스(B.C. 412?~ 323)의 '개와 같은 생활(kynicos bios)'에서 유래한 것 같다. 디오게네스가 가진 것은 남루한 옷과 지팡이뿐이었으며 원래는 표주박도 가지고 다녔으나 어떤 사람이 손으로 물을 떠먹는 것을 보고서 표주박도 버렸다고 한다. 디오게네스와 그 제자들은 성욕이 동하면 길거리에서도 자위를 했다고 한다. 나무통을 집으로 삼았으며 개와 같이 소박한 삶을 살았던 이 거지 철학자는 스스로를 '개와 같은 디오게네스'라고 불렀다.

'아무것도 필요로 하지 않는 것이 신의 특징이며, 필요한 것이 적을수록 신에 가까운 자유로운 인간'이라는 것이 견유학파의 생각이었다. 그들은 사회적인 습관은 물론, 이론적 학문이나 예술에 대해서도 부정적인 태도를 취한다. 이 키니코스라는 말을 어원으로 하는 영어 cynical은 '냉소적인' '조롱하는'이라는 의미를 갖는다. 이것은 세상의 모든 관습에 대해서 견유학파 사람들이 취했던 철저하게 조소적인 태도에서 비롯된다. 대낮에도 디오게네스는 등불을 켜 들고 "인간은 어디에 있는가"라고 외치면서 거리를 방황했다고 한다.

이 학파의 삶의 방식은 나중에 스토아 학파 등에도 영향을 주었다. 견유학파는 기원전 3세기경에 융성하였고 그 이후에는 쇠퇴하였으나 로마 제국이 도덕적으로 타락하였던 1세기경에 다시 융성하였다. 이들의 생활방식을 무교양하고 미친 것으로 보는 부정적인 평가도 있었다. '광란의 소크라테스'라는 말은 플라톤이 디오게네스를 가리켜서 한 말이라고 한다.

아울러 견유학파의 철학자인 가다라의 메니푸스(Menippus of Gadara)는 전통을 파괴하면서 산문과 시를 혼합한 작품을 썼다고 한다.

한 조그만 조각배와도 같았다. 좁은 선창(船艙) 속에 내몰려 소크라테스라는 한 명의 사공에게 걱정스럽게 복종하면서 그들은 이제 새로운 세계로 들어가게 되었다. 이 새로운 세계는 이러한 행렬의 환상적인 모습을 보는 데 결코 싫증을 내지 않았다. 사실 플라톤은 후세 전체를 위해서 새로운 예술형식의 모범을 제공했다. 즉 그는 **소설**(Roman)의 모범을 제공한 것이다. 소설은 무한히 높여진 이솝우화라고 할 수 있다. 이것에서 시가는 수백 년 동안 변증론적 철학이 신학에 대해서 가졌던 지위와 유사한 지위를 변증론적 철학에 대해서 갖고 있다. 즉 시녀로서의 지위를 갖는 것이다. 이것이 시가에 주어진 새로운 지위였다. 마신적인 소크라테스의 압력 아래 플라톤은 시가를 그러한 지위로 내몬 것이다.

여기에서는 **철학적 사상**이 무성하게 자라서 예술을 뒤덮어버리며 예술로 하여금 변증론이라는 줄기에 매달리도록 강요한다. **아폴론적** 경향은 논리적 도식주의 안에 들어앉아 버렸다. 우리는 에우리피데스에게서 이와 유사한 아폴론적 경향의 도식화를 볼 수 있었고, 또한 **디오니소스적 경향**이 자연주의적으로 묘사된 격정으로 변하는 것을 볼 수 있었다. 플라톤의 연극에서 변증론적인 주인공인 소크라테스는 그와 성질이 흡사한 에우리피데스의 주인공을 생각나게 한다. 에우리피데스의 주인공은 이유와 반대이유를 내세워 자신의 행동을 변호해야 하는데, 이 때문에 우리의 비극적 연민(Mitleiden)을 상실할 위험이 많다.[113] 왜냐하면 변증론의 본질 속에는 하나의 결론이 나올 때마다 환호를 올리면서 축하하고 차가운 명석성과 차가운 의식 속에서만 숨을 쉴 수 있는 저 **낙천주의적** 요소가 존재한다는 사실을 누구나 알 수 있기 때문이다.[114] 낙천주의적 요소는 일단 비극 속에 침투해 들어가면 비극의 디오니소스적 영역을 점차 잠식하면서 그것을 필연적으로 자멸로 몰아넣을 수밖에 없다. 이러한 자멸이란 시민극으로의 투신 자살인 것이다. "덕은 지식이다. 죄는 오직 무

---

113) 에우리피데스의 비극의 주인공은 소크라테스적인 대화술로 자신의 의견을 개진하곤 했다. 이 때문에 소크라테스가 에우리피데스의 극작을 도와주는 것이 아닌가라는 소문이 파다했다고 한다.

114) 니체 연구가인 발터 카우프만은 에우리피데스를 낙천주의자로 보는 니체의 이러한 견해가 지나친 것은 아닌가 하는 이견을 제시하고 있다. "아리스토텔레스는 에우리피데스를 '시인 중에서 가장 비극적인 자'라고 불렀다.(『시학』 1453a) 비록 니체가 아리스토텔레스보다는 시와 비극에 대하여 더 많은 감수성을 지니고 있기는 하지만 아리스토텔레스의 이러한 평가는 니체가 에우리피데스를 가장 낙천주의적인 자라고 평가한 것보다는 더 정당한 듯하다. 확실히 에우리피데스는 '덕망 있는 자가 행복하다'고는 믿지 않았다. 그 반대이다. 그리고 그의 비극 속에 변증론의 불꽃이 지독히 많이 나오는 것이 비록 비극적 느낌을 손상시켜 버리기는 하지만, 대개는 이성의 무용성(無用性), 즉 비극을 미연에 방지하는 데 있어서의 무능함을 시사해 주고 있다."『비극의 탄생』(청하, 1982), 김대경 옮김, 97쪽의 역주 37번에서 인용. 김대경은 이 역주의 출처를 밝히고 있지는 않지만 이 역주는 *Die Geburt der Tragödie*에 대한 Walter Kaufmann의 영역본 *The Birth of Tragedy and The Case of Wagner*(New York: Vintage Books, 1967), 91쪽에 나온다.

지에서 비롯된다. 유덕한 자는 행복한 자이다"(플라톤의 『프로타
고라스』에 나오는 말—옮긴이)라는 소크라테스의 명제들의 귀결만
을 떠올려 보자. 낙천주의의 이 세 가지 근본형식이 비극의 죽음
을 가져왔다. 이제 유덕한 주인공은 변증가여야 하고, 덕과 지
식, 신앙과 도덕 사이에는 필연적이고 명백한 연결이 존재해야
하기 때문이다. 이제 초월적인 정의라는 아이스킬로스의 해결
책은 상투적인 기계 장치의 신을 사용하는 '시적 정의(Poetische
Gerechtigkeit)'라는[115] 평면적이면서도 뻔뻔스러운 원리로 전락해
버렸기 때문이다.

이 새로운 소크라테스적 · 낙천주의적 무대세계에 대해서 이제
합창단과 비극의 음악적 · 디오니소스적 토대 전체는 어떤 모습
으로 나타났을까? 그것은 우연적인 것으로 그리고 비극의 기원
에 대한 없어도 좋을 추억으로 여겨졌다. 그러나 우리가 보았던
것처럼 합창단은 비극과 비극적인 것 일반의 **원인**으로 간주될
때에만 제대로 이해될 수 있는 것이다. 소포클레스에서 이미 합
창단에 대한 당혹감이 보이고 있다. 이것이 일찍이 소포클레스

---

115) 쇼펜하우어는 『의지와 표상으로서의 세계』 I권 제51장에서 "낙천주의
적 · 프로테스탄트적 · 합리주의적인 혹은 유태적인 세계관만이 시적
정의와 같은 것을 요구한다"라고 말하고 있다. 이 경우 시적 정의란 권
선징악을 의미한다고 볼 수 있다. 니체는 에우리피데스의 비극이 신에
의해서 악한 자는 벌을 받고 선한 자는 보상을 받는 식으로 끝나는 것
으로 보고 있는 것이다.

에서 비극의 디오니소스적인 기반이 무너지기 시작했다는 것을 시사하는 중요한 징표이다. 그는 더 이상 합창단에게 연극효과의 중요한 부분을 위임하려 들지 않았으며, 합창단의 영역을 합창단이 거의 배우들과 동등한 자리에 나타나게 하는 정도로 제한시켜 버렸다. 이는 마치 합창단이 합창석에서 무대 위로 올려진 것처럼 보였다. 비록 아리스토텔레스가 합창단에 대한 이러한 견해에 찬동했을지라도 이와 함께 비극의 본질은 완전히 파괴되었다. 합창단의 이러한 위치 이동은 소포클레스가 매번 자신의 연극을 상연하면서 추천하고 있고, 더 나아가 전승에 따르면 글을 통해서까지 추천하고 있지만, 이러한 위치 이동이야말로 합창단이 '**파괴**'되기 시작하는 첫걸음이다. 그 뒤를 이어 에우리피데스, 아가톤과[116] 신희극에서 합창단의 파멸은 급속도로 진행된다. 낙천주의적 변증론은 삼단논법의 채찍을 휘둘러 비극에서 **음악**을 추방한다. 즉 그것은 디오니소스적 상태의 유일한 표현이자 형상화이자 음악의 가시적 상징화이며 디오니소스적 도취를 표현하는 꿈의 세계로서 해석될 수 있는 비극의 본질을 파괴하는 것이다.

따라서 우리는 소크라테스 이전에 반디오니소스적 경향이 이미 작용하고 있었다고 가정하지 않을 수 없다. 이 경향은 소크라

---

116) 그리스의 비극작가.

테스 속에서 전례 없이 크게 표현되었을 뿐이다. 그렇다면 우리는 소크라테스와 같은 현상이 무엇을 의미하는가라는 물음을 두려워해서는 안 된다. 플라톤의 대화편을 보면 알 수 있는 것처럼 우리는 소크라테스라는 현상을 단지 해체하는 부정적인 힘으로 파악할 수는 없다. 그리고 소크라테스적 충동이 가장 직접적으로는 디오니소스적 비극의 해체를 초래했다는 것은 분명하지만, 소크라테스의 심오한 인생체험을 고려할 때 우리는 이렇게 묻지 않을 수 없다. 도대체 소크라테스와 예술 사이에는 **필연적으로** 단지 대립관계만이 성립하는가, 그리고 '예술적 소크라테스'의 탄생이라는 것은 그 자체가 모순된 것인가라고.

저 압제적 논리가(論理家) 소크라테스는 가끔 예술에 대해 생각하면서 자신에게 어떤 것이 결여되어 있다는 느낌, 공백감, 반쯤의 자책감, 어쩌면 어떤 의무를 게을리하고 있는 것은 아닌가라는 느낌을 갖곤 했다. 그가 옥중에서 친구들에게 말한 것처럼 그에게는 종종 똑같은 꿈이 찾아와서 '소크라테스여, 음악을 하라!'라고[117] 언제나 똑같은 말을 되풀이했다고 한다. 소크라테스는 최후의 날이 가까워질 때까지 자신의 철학적 사색이 최고의 뮤즈(미의 여신) 예술이라고 자신했으며, 신이 저 '비속하고 대중적인 음악'을 생각하고 있으리라고는 믿지 않았다. 마침내 감옥

---

117) 플라톤의 『파이돈』 참조. 여기서 음악이란 시와 음악을 비롯한 예술 전반과 학문을 포괄하는 말이라고 볼 수 있다.

에서 그는 양심의 짐에서 벗어나기 위해서 자신이 경멸했던 음악을 하는 것에 동의했다. 그가 아폴론에게 바치는 노래를 짓고 이솝우화 두서너 개를 운문으로 바꾼 것도 이런 심정에서였던 것이다. 그가 이렇게 습작을 하도록 한 것은 다이모니온의 경고하는 목소리와 유사한 것이었다. 그것은 그가 야만족의 왕처럼 고귀한 신상(神像)을 이해하지 못하고 이러한 몰이해를 통해서 신에게 죄를 지을 위험에 처해 있다는 사실에 관한 아폴론적 통찰이었다. 소크라테스가 꾼 꿈 속에서의 저 말은 논리적인 천성의 한계에 대한 의혹을 나타내는 유일한 징표이다. 아마도——따라서 그는 자문하지 않을 수 없었다——나에게 이해될 수 없는 것이라고 불합리한 것은 아니지 않을까? 어쩌면 논리가를 추방해 버린 지혜의 왕국이 있지 않을까? 예술은 학문에 없어서는 안 되는 상관물이자 보완물이 아닌가?

15

이 마지막 예감에 가득 찬 물음을 염두에 두면서 이제 우리는 다음 사실을 분명하게 말해 두어야 한다. 소크라테스의 영향은 이 순간에 이르기까지 아니 미래에 이르기까지 마치 석양에 점점 커져가는 그림자처럼 후세로 퍼져 나갔으며, **예술**의 새로운 창조를——그것도 형이상학적인 가장 넓고 가장 깊은 의미에서의 예술을 —— 항상 거듭해서 필연적으로 촉진했으며, 그 자신의 고유한 무한성으로 예술의 무한성까지 보장해 주었다.

이러한 사실이 인식될 수 있기 전에는, 즉 호메로스에서 소크라테스에 이르는 그리스인들에 대한 모든 예술의 가장 내적인 의존성이 납득할 만하게 설명되기 전까지는 우리들과 그리스인들과의 관계란 마치 아테네 시민과 소크라테스의 관계와 같은 것에 머무르지 않을 수 없다. 거의 모든 시대와 모든 문화 단계가 깊은 불만과 함께 한 번 정도는 그리스인들에게서 해방되려고 몸부림쳤다. 왜냐하면 그리스인들 앞에 서면 자신들이 이룬 모든 것, 외관상 완전히 독창적인 것, 그리고 진정으로 감탄해 왔던 모든 것이 갑자기 색채와 생명을 잃어버리는 것 같고 실패한 복제품, 아니 단순한 희화(戲畵)로 오그라들었기 때문이다. 바로 이 때문에, 건방지게도 자기 나라의 것이 아닌 모든 시대의 것을 '야만적'이라고 부르는 저 오만한 소민족에 대해서 언제나 분통이 새롭게 치밀어 오르는 것이다. 도대체 저들은 누구인가 라고 사람들은 자문한다. 그들은 단지 일시적인 역사적 영광, 우스울 정도로 편협한 제도, 풍습상의 미심쩍은 유능성 외에는 보여줄 것이 없고 심지어 추악한 악덕을[118] 특징으로 하면서도, 여러 민족들에게 천재가 대중에게서 마땅히 받아야 할 존엄과 특

---

118) 고대 그리스에서 공공연히 행해지던 동성애를 가리키는 것 같다.

별 대우를 요구하는 것이다. 유감스럽게도 사람들은 그러한 존재를 간단하게 처치할 수 있는 독배를 찾을 수 없었다. 왜냐하면 시기, 중상모략, 격분이 만들어 낸 어떠한 독도 저 자족적인 장려함을 파괴하기에는 불충분했기 때문이다. 따라서 사람들은 그리스인 앞에서 부끄러워하고 두려워한다. 이렇게 부끄러워하고 두려워하지 않으려면 사람들은 진리를 무엇보다도 존중하고 다음과 같은 진리마저 인정할 용기를 가져야만 한다. 즉 그리스인들은 마부로서 우리의 문화와 모든 문화의 고삐를 손에 쥐고 있지만, 이 마차와 말은 거의 항상 너무 보잘것 없는 소재로 되어 있어서 마부의 영광에 어울리지 않는다고. 따라서 그는 그런 마차를 골짜기로 떨어뜨리는 것쯤은 장난으로 생각하며, 그들 자신은 이 골짜기를 아킬레우스의 도약으로 뛰어넘는다(아킬레우스는 발이 빨랐던 것으로 유명했다—옮긴이).

그러한 마부의 자리가 소크라테스에게 어울리는 자리라는 것을 입증하기 위해서는 그에게서 그 이전에는 전혀 없었던 삶의 양식을, 즉 **이론적 인간**의 유형을 발견하는 것으로 충분하다. 이 이론적 인간의 의의와 목표를 통찰하는 것이 우리의 당면과제이다. 이론적 인간도 예술가와 마찬가지로 눈앞에 있는 것에 무한한 기쁨을 느낀다. 그리고 역시 예술가처럼 이러한 기쁨에 의해서 염세주의의 실천적 윤리로부터 그리고 암흑 속에서만 빛나는 린케우스[119]의 눈으로부터 보호되고 있는 것이다. 말하자면

189

예술가는 진리의 베일이 아무리 벗겨져도 그렇게 벗겨진 후에도 여전히 숨겨져 있는 것에 매혹당한 시선을 고정시킨다면, 이론적 인간은 내던져진 베일에서 기쁨과 만족을 느끼며 그의 최고의 기쁨은 자신의 힘으로 이루어지는 성공적인 베일 벗기기의 과정 자체에 존재하는 것이다. 만일 학문에 다른 어떤 것이 아니라 저 발가벗은 **하나의** 여신[진리]만이 중요했다면 학문은 존재하지 않았을 것이다. 왜냐하면 그것만이 중요하다고 할 경우에 학문의 사도들은 지구를 꿰뚫어 하나의 갱도를 파려고 하는 사람들의 기분과 유사한 기분을 느낄 것이 틀림없기 때문이다. 이 사람들 각자는 누구나 자신이 평생 동안 아무리 노력하더라도 거대한 깊이의 극히 작은 일부만을 파 들어갈 뿐이라는 사실을 알고 있다. 이 구멍조차 그가 보는 앞에서 바로 옆 사람에 의해서 다시 메워지고 만다. 그러면 제 삼자는 자기 자신의 힘으로 구멍을 뚫기 위한 새로운 장소를 찾는 것이 나아 보일 것이다. 이제 어떤 사람이 이렇게 곧바로 뚫고 나가도 지구 반대편에 도달할 수 없다는 사실을 다른 사람들이 납득할 수 있을 정도로 증명했다고 할 경우, 땅을 파 들어가면서 보석을 발견한다든지 지하자원을 발견한다든지 하는 데에서 오는 만족이 없다면 누가 지

---

119) 그리스 신화에 나오는 아르고 선(船)에 동승했던 50명의 용사 중의 하나. 땅 속의 광맥을 꿰뚫어 보고 10마일 밖의 사물들도 구별할 수 있을 정도로 날카로운 눈을 가졌었다고 한다.

금까지 뚫어온 구멍을 계속 뚫어나가려고 하겠는가. 이 때문에 가장 정직한 이론적인 인간인 레싱은 자신에게 중요한 것은 진리 그 자체가 아니라 진리를 찾는 행위 자체라고 감히 말했던 것이다.[120] 학자들에게는 놀랍고 분한 일이겠지만 이 말과 함께 학문의 비밀이 드러난 것이다. 오만한 것은 아니었지만 과도하게 정직했던 레싱의 이러한 고립된 인식 옆에 소크라테스라는 인물을 통해서 처음으로 세상에 나타나게 된 의미심장한 **망상**이 존재한다. 이러한 망상은 사유가 인과율의 실마리를 따라서 존재의 가장 깊은 심연에까지 도달하고 존재를 인식할 수 있을 뿐 아니라 **수정할** 수도 있다는 저 확고한 믿음이다. 이러한 숭고한 형이상학적 망상은 본능으로서 학문에 주어지며, 학문을 거듭해서 그것의 한계에까지, 즉 학문이 **예술**로 전환할 수밖에 없는 한계로까지 이끌어간다. **학문은 이러한 메커니즘에서 원래 예술을 지향하는 것이다.**

이제 우리가 이러한 사상의 횃불로 소크라테스를 비추어 보면, 그는 우리에게 학문이라는 저 본능의 손에 이끌려 살 수 있

---

120) 레싱은 그의 신학 논쟁문인 『재답변(再答辯, *Eine Duplik I*)』에서 "만일 신이 오른손에는 모든 진리를 지니고 왼손에는 유일한 진리를 향한 부단한 충동을 지니고서 선택하라고 하신다면, 나는 왼손 앞에 엎드려 '주여, 주시옵소서, 진정한 진리는 오직 당신만의 것입니다!'라고 말할 것이다"라고 쓰고 있다.

었을 뿐 아니라 죽을 수도 있었던 최초의 사람으로 나타난다. 따라서 **죽음에 임한 소크라테스**의 모습은 지식과 논거에 의해서 죽음의 공포에서 벗어난 인간의 모습으로서 학문의 입구에 걸려 누구에게나 학문의 사명을 상기하게 만드는 문장(紋章)인 것이다. 이 경우 학문의 사명이란 존재를 이해 가능하고 정당한 것으로 나타나게 만드는 것이다. 이를 위해 논거가 충분하지 못할 경우에는 궁극적으로 **신화**도 사용되어야만 한다. 내가 방금 말한 바와 같이, 신화는 학문의 필연적인 귀결이며, 아니 오히려 학문의 목적인 것이다.

학문의 사제, 소크라테스가 죽은 후 철학의 여러 학파들이 밀려왔다 밀려가는 물결처럼 차례로 교체되어 갔다. 지식욕은 전혀 예상할 수 없었을 정도로 보편적인 것이 되어서, 학문은 교양 세계의 광대한 영역에서 높은 능력을 갖춘 모든 사람들에게 본연의 과제로 간주되어 드높은 대양으로 이끌려갔으며 그 후 이 대양에서 다시는 완전히 추방되는 일이 없었다. 그리고 지식욕이 이렇게 보편적인 것이 됨으로써, 사상이라는 공동의 그물망이 온 지구 위에 펼쳐지게 되었고 더 나아가 태양계 전체의 작용 법칙까지도 통찰할 수 있게 되었다. 이 모든 것을 현대의 경이로울 정도로 높은 지식의 피라미드와 더불어 머릿속에 떠올려 보는 사람은 누구나 소크라테스에서 이른바 세계사의 한 전환점과 소용돌이를 보지 않을 수 없다. 우리가 이렇게 말할 수 있는 근거는 다음과 같다. 이러한 세계적 경향을 위해서는 헤아릴 수 없을 정도로 막대한 양의 힘이 소모되지만, 이 힘이 인식을 위해서가 **아니라** 개인과 민족의 실천적 목표, 즉 이기적인 목표를 위해서 사용될 경우를 생각해 보자. 그러면 곳곳에서 파괴적인 전투가 벌어지고 민족 이동이 끊임없이 일어나면서 삶에 대한 본능적 욕구는 약화되고 말 것이다. 그리하여 자살은 상습적인 것이 되고 피지 섬의 주민들처럼 자식은 양친을 목 졸라 죽이고 친구는 친구를 목 졸라 죽임으로써 자신들의 마지막 의무를 다했다고 느끼게 될 것임에 틀림없다.[121] 이것은 동정심에서 민족을 살육한다고 하는 몸서리쳐지는 윤리를 낳을 수 있는 일종의 실천적 염세주의이다. 이러한 염세주의는 예술이 어떠한 형식으로든, 특히 종교와 학문이라는 형식으로 저 무서운 독기의 치료제와 예방제로서 나타나지 않는 곳에서는 어디서나 볼 수 있었으며 지금도 볼 수 있는 것이다.

이러한 실천적 염세주의에 반(反)해서 소크라테스는 이론적 낙천주의자의 원형이다. 앞서 말한 것처럼 그는 사물의 본성을 철저하게 규명할 수 있다고 믿으면서 지식과 인식에 만병통치약과 같은 효력이 있음을 인정하고 오류야말로 악 그 자체로서 파악한다. 저 근거들을 천착하고 가상과 오류에서 참된 인식을 분

---

121) 피지 섬은 남태평양에 있는 영국의 식민지로서, 옛날에는 식인 풍습이 성행했다고 한다.

리해 내는 것이 소크라테스적 인간에게는 가장 고귀한 소명, 유일하고 진정한 인간의 소명이라고 여겨졌다. 개념·판단·추리의 메커니즘은 이렇게 해서 소크라테스 이래 다른 어떤 능력보다 높이 평가되어 최고의 활동이자 자연의 가장 경탄할 만한 선물로 간주되었다. 동정심, 희생심, 영웅심과 같은 가장 고귀한 윤리적 행위들까지도 그리고 아폴론적 그리스인이 소프로슈네(Sophrosyne, 사려)라고 불렀던 저 쉽사리 얻기 어려운 잔잔한 바다와 같은 영혼의 저 고요함마저도 소크라테스와 그의 사상적 후계자들에 의해서 지금까지도 저 지적 변증론으로부터 연역되었으며 따라서 가르칠 수 있는 것으로 간주되었다. 소크라테스적 인식의 즐거움을 단 한 번이라도 몸소 맛보고, 이 인식이 갈수록 판도를 확대하면서 현상계 전체를 포괄하려고 하는 것을 느끼는 자는 이때부터는 생으로 몰고 가는 어떠한 자극도 저 인식의 세계 정복을 완성하고 물샐틈 없이 인식의 그물을 치려고 하는 욕망보다 더 강렬하게 느끼지 못한다. 이러한 자극에 휩싸인 사람은 플라톤이 묘사한 소크라테스를 전혀 새로운 형식의 '그리스적 명랑성'과 삶의 축복에 대한 교사로 볼 것이다. 이 새로운 형식의 명랑성과 삶의 축복은 행동으로 발산되려고 하며, 궁극적으로 천재를 산출하는 것을 목적으로 하면서 고귀한 청년들에게 산파술적이고[122] 교육적인 감화를 주는 방식으로 발산된다.

그런데 학문은 그 강력한 망상에 의해 자극받으면서 쉬지 않

고 서둘러 달리면서 자신의 한계에 도달한다. 이러한 한계에서
논리학의 본질에 숨겨져 있는 낙천주의는 좌절된다. 왜냐하면
학문의 원주 위에는 무한히 많은 점들이 있으며 이 원주를 완전
히 측정할 수 있는 방법이 전혀 보이지 않는데, 고귀하고 재능
있는 인간은 생애의 중반에 도달하기도 전에 불가피하게 원주의
그러한 한계점에 부딪혀서, 그곳에서 해명할 수 없는 것을 응시
하게 되기 때문이다. 그가 여기서 논리학이 그 한계점에 부딪혀
자기 주위를 빙빙 돌면서 마침내 자신의 꼬리를 무는 것을 보면
서 몸서리칠 때, 새로운 형식의 인식, 즉 **비극적 인식**이 터져 나
온다. 그리고 이러한 비극적 인식을 참고 견뎌 내기 위해서만이
라도 예술이 보호제와 치료제로서 필요하게 된다.

이제 우리가 강화된 눈, 그리스인들을 접하여 활기를 띠게 된
눈으로 우리 주위에 넘쳐 흐르는 그리스 세계의 최고의 영역들
을 바라본다면, 소크라테스에게서 모범적으로 나타나고 있는 욕
망, 즉 만족할 줄 모르는 낙천주의적 인식욕이 비극적 체념과 예

---

122) 소크라테스의 교육 방법을 산파술이라고 한다. 소크라테스는 우리가
어떤 사태의 진리를 이미 잠재적으로 알고 있기 때문에 스승의 역할은
제자와의 문답을 통해서 제자가 스스로 이러한 진리를 깨닫게 하는 데
있다고 보았다. 즉 스승의 역할은 제자에게 진리를 주입하는 것이 아니
라 제자가 스스로 깨닫게 하는 데 있다는 것이다. 이러한 교육 방법은
산파가 산모를 대신해서 아기를 낳아 주는 것이 아니라 산모가 아기를
낳은 것을 도와주는 것과 유사하기 때문에 산파술이라고 불렸다.

술에 대한 욕구로 전환되는 것을 보게 된다. 물론 이 인식욕은 낮은 단계에서는 예술에 적대적이며 특히 디오니소스적 비극예술을 깊이 혐오할 수밖에 없다. 이러한 사실에 대해서는 소크라테스주의에 의해서 아이스킬로스의 비극이 몰락하는 과정의 실례를 들어 서술한 바 있다.

이제 여기서 우리는 설레는 가슴으로 현대와 미래의 문을 두드려 보자. 저 '전환'은 끊임없이 새롭게 천재가 형성되는 것을 가능하게 하고, 특히 **음악을 하는 소크라테스**가 형성되는 것을 가능하게 할 것인가? 종교의 이름으로든 학문의 이름으로든 존재 위에 펼쳐진 예술의 그물은 갈수록 더 강하고 정교하게 짜일 것인가? 아니면 그것은 '현대'라 불리는 불안하고 야만적인 분주함과 소용돌이 아래서 갈기갈기 찢겨질 운명인가? 근심하면서 그러나 희망을 버리지는 않고 우리는 잠깐 옆에 서서 저 엄청난 싸움과 변동의 증인이 될 것을 허락받은 방관자가 되어 보자. 아아! 이러한 싸움을 바라보는 자는 이 싸움에 가담해야만 한다는 것, 이것이 이 싸움의 마력인 것이다!

16

이상의 상술된 역사적 예에서 우리가 밝히려고 한 것은 비극이 음악정신으로부터만 탄생될 수 있는 것처럼 음악정신이 소멸

될 때 비극도 몰락한다는 것이다. 이러한 주장이 갖는 기이한 성격을 완화하고 다른 한편으로 이러한 인식의 근원을 제시하기 위해서 우리는 이제 자유로운 눈으로 우리 시대의 유사한 현상들을 관찰해야만 한다. 이를 위해서 우리는 내가 방금 말한 것처럼 현 세계의 최고의 영역들에서 벌어지고 있는 싸움, 즉 만족할 줄 모르는 낙천주의적 인식과 비극적 예술에 대한 욕구 사이에서 벌어지고 있는 싸움의 한가운데로 들어가야만 한다. 이 경우 나는 어느 시대든지 예술 특히 비극예술에 대해서 대항하는 모든 적대적 충동들을 무시하고 싶다. 이러한 충동들은 현대에도 의기양양하게 확산되고 있어서, 무대예술 중에서 예컨대 익살극과 발레만이 누구에게나 좋은 향기를 풍긴다고는 할 수 없는 꽃을 피우면서 번성하고 있다. 나는 다만 비극적 세계관의 **가장 존귀한 적대세력**에 대해서만 말하고자 할 뿐이다. 이 경우 내가 가장 존귀한 적대세력으로 의미하고 있는 것은 그 조상 소크라테스를 필두로 하면서 낙천주의를 자신의 가장 깊은 본질로 갖는 학문을 의미한다. 내게는 **비극의 재탄생**—독일 정신을 위해서 이외에 다른 복된 희망이 존재할 것인가!—을 보증하는 것처럼 보이는 세력들도 곧 거명될 것이다.

저 싸움의 한복판에 뛰어들기 전에 이제까지 획득한 인식의 갑옷을 입기로 하자. 여러 예술을 모든 예술작품의 필연적인 생명의 원천으로 간주되는 유일한 원리로부터 이끌어내려고 노력하는 모든 사람들과는 정반대로, 나는 그리스인들의 **두** 예술신 디오니소스와 아폴론에 시선을 두고 이 두 신에게서 가장 깊은 본질과 최고의 목표에 있어서 서로 다른 두 예술세계의 대표자들을 본다. 아폴론은 개별화의 원리를 찬란하게 변용하는 정령(精靈)으로서 내 앞에 서 있다. 가상에 의한 구제가 진정으로 달성되기 위해서는 아폴론에 의지할 수밖에 없다. 이에 반해 디오니소스의 신비적인 환호성에 의해서 개별화의 속박은 분쇄되고 존재의 어머니들에게[123] 이르는 길, 사물의 가장 깊은 핵심에 이르는 길이 열리게 된다. 아폴론적 예술로서의 조형예술과 디오니소스적 예술로서의 음악 사이에는 거대한 대립이 존재하는 바, 위대한 사상가들 중에서 오직 한 사람만이 이러한 대립을 분명하게 보았다. 그는 그리스 신화의 상징적 표현의 안내를 받지 않고도 음악에 모든 다른 예술과는 다르면서도 그것들보다 뛰어난 성격과 근원이 있음을 인정했던 것이다. 왜냐하면 음악은 모든 다른 예술처럼 현상에 대한 모사가 아니라 의지 자체의 직접적인 모사이며, 따라서 **세계의 모든 물질적인 것에 대해서 형이상학적인 것**, 모든 현상들에 대해서 물자체를 표현하기 때문

---

123) 『파우스트』에 나오는 말. 파우스트는 트로이의 헬레네를 저승으로부터 불러내기를 원하는데, 이를 위해서는 사물들을 소생시키는 힘의 원천인 '어머니들'을 찾아가야 한다는 말을 듣게 된다.(『파우스트』 제2부 6212~93행)

이다(쇼펜하우어, 『의지와 표상으로서의 세계』 I권 310쪽). 이것은 모든 미학 가운데에서도 가장 중요한 인식이며, 미학을 보다 진지한 의미에서 해석한다면 이러한 인식에서 비로소 미학은 시작된다고 할 수 있다. 리하르트 바그너는 이 가장 중요한 인식에 자신의 도장을 찍어서 그것이 영원한 진리임을 강조하면서 그의 「베토벤론(論)」에서 이렇게 확언하고 있다. 음악은 결코 아름다움의 범주에 따라서가 아니라 모든 조형예술과는 전혀 다른 미학원리에 따라서 측정되어야만 한다고. 비록 그릇된 미학이 오도되고 타락한 예술의 손 안에서 놀아나면서 조형세계에서만 타당한 아름다움의 개념에 의거하여, 음악에게 조형예술의 작품이 주는 것과 유사한 효과를, 즉 **아름다운 형상들에 대한 쾌감**의 유발을 요구할지라도 말이다. 나는 저 거대한 대립을 인식하게 된 후, 그리스 비극의 본질에 접근하고 이와 함께 그리스 정신의 가장 심원한 계시에 육박해 보려는 절실한 욕구를 느꼈다. 왜냐하면 이제야 비로소 나는 우리의 통속미학의 상투적인 이론을 넘어서 비극의 근본문제를 내 영혼 앞에 생생하게 제시할 수 있는 마법의 능력을 가졌다고 믿었기 때문이다. 이러한 능력을 통해서 나에게는 그리스적인 것을 꿰뚫어보는 이상할 정도로 독특한 시선이 주어졌다. 그에 따라 내 눈에는, 그렇게도 뽐내고 있는 우리의 고전 그리스학이 오늘날까지도 주로 그림자놀이와 피상적인 것만을 즐길 줄 아는 것으로 나타난다.

우리는 다음과 같은 질문으로 저 근본문제를 다루어보고자 한다. 그 자체로서 분리되어 있는 아폴론적인 것과 디오니소스적인 것이라는 저 예술적 힘들이 서로 나란히 활동하게 되면 어떠한 미적 효과가 나타날 것인가? 좀더 간단하게 묻는다면 음악은 형상과 개념에 대해서 어떤 관계를 갖는가? 이러한 물음에 대해서는 쇼펜하우어가 가장 상세하게 자신의 견해를 표명하고 있다. 바그너는 바로 이와 관련하여 쇼펜하우어의 서술이 비길 데 없이 명확하고 투명하다고 찬양하고 있다. 나는 여기에서 그 전문(全文)을 소개할 것이다. "이 모든 것에 의거하여 우리는 현상하는 세계(혹은 자연)와 음악을 동일한 사물의 서로 다른 표현으로 볼 수 있다. 따라서 이 동일한 사물 자체가 서로 대응하는 이 둘을 매개하는 유일한 것이며, 저 대응관계를 통찰하기 위해서는 이 매개체를 인식하는 것이 필요하다. 이러한 대응관계에 따라서 음악이 세계의 표현으로서 간주될 경우 그것은 최고로 보편적인 언어이다. 음악은 심지어 개념의 보편성에 대해서, 개개의 사물에 대해서 개념의 보편성이 갖는 관계와 유사한 관계를 가질 정도이다. 그러나 음악의 보편성은 저 공허한 추상의 보편성은 아니고 전적으로 다른 종류의 것이며 철저하게 명료한 규정성과 결합되어 있다. 이 점에서 음악은 기하학적인 도형이나 숫자와 유사하다. 이것들은 모든 가능한 경험대상들의 보편적 형식이며 모든 것에 선험적으로(a priori) 적용될 수 있지만 추상적이지 않고 직관될 수 있으며 철저하게 규정되어 있다. 의지의 모든 가능한 노력, 흥분, 표현, 즉 이성이 감정이라는 폭넓은 부정적인 개념 안에 포함시켜 버리는 인간 내면의 저 모든 상태들은 무한히 많은 멜로디로 표현될 수 있는 것이다. 그러나 그것들은 항상 소재를 사용하지 않고 순수한 형식의 보편성 속에서 표현될 수 있으며, 현상에 따르지 않고 물자체에 따라서 표현될 수 있으며, 현상의 가장 내적인 영혼이 형체 없이 표현될 수 있는 것이다. 음악이 모든 사물들의 참된 본질에 대해서 갖는 이러한 내적인 관계로부터 다음과 같은 현상도 설명될 수 있다. 그것은 어떤 장면, 줄거리, 사건, 환경에서 그것들에 적합한 음악이 흐르면 음악은 우리에게 그것들의 가장 비밀스런 의미를 해명해 주는 것처럼 보이며 그것들에 대한 가장 올바르면서도 가장 명료한 주석으로 나타나는 현상이다. 이는 어떤 교향곡이 주는 인상에 완전히 몰입한 사람이 음악을 들으면서 마치 삶과 세계의 가능한 모든 사태들이 자신의 곁을 스쳐 지나가는 것을 보고 있는 것처럼 느끼는 것과 동일한 것이다. 그럼에도 불구하고 그가 정신이 들고 나면 그는 자기 눈앞에 떠다니던 사물들과 저 음악 사이에 어떠한 유사성도 발견해 낼 수 없다. 이는 이미 언급했던 것처럼 음악은 다른 예술들과는 달리 현상, 좀더 정확히 말하면 의지가 객관화된 것의 모사가 아니라 의지 자체의 직접적 모사이고, 세계의 모든 물질적인 것에 대해서 형이상학적인 것을 표현하며 모든 현상에 대해서 물자체를 표현하기 때문이다. 따라서 우리는 세계를 구체화된 음악, 구체화된 의지라고 부를 수 있을 것이다. 이러한 사실로부터 음악이 왜 모든 형상, 즉 현실생활과 세계의 모든 정경을 보다 높은 의미를 가지고 나타나게 하는지를 설명할 수 있다. 물론 선율이 주어진 현상의 내적 정신과 일치하면 할수록 현상들의 의미는 그만큼 더 높아진다. 사람들이 하나의 시를 노래로서 혹은 구체적 묘사를 무언극으로서 혹은 이 양자를 오페라로서 음악에 종속시킬 수 있는 것도 이 때문이다. 음악이라는 보편언어에 종속되어 있는 인간생활의 개개의 모습들이 철저한 필연성과 함께 음악에 결합되어 있거나 그것에 대응하는 것은 아니다. 인간생활의 개개의 모습들이 음악에 대해서 갖는 관계는, 하나의 임의적 실례가 하나의 보편적인 개념에 대해서 갖는 관계와 동일하다. 그것들은 음악이 단순한 보편적인 형식 속에서 표현하는 것을 구체적인 특정한 현실 속에서 표현한다. 왜냐하면 선율은 보편개념과 마찬가지로 어느 정도는 현실이 추상된 것이기 때문이다. 현실, 즉 개개의 사물들의 세계는 직관될 수 있는 것, 특수하고 개별적인 것, 개별적인 경우들을 보편적인 개념뿐 아니라 보편적인 선율에도 제공해 준다. 그러나 개념과 선율의 보편성은 어떤 점에서는 서로 대립된다. 개념은 무엇보다도 직관으로부터 추상된 형식일 뿐이며 말하자면 사물들에서 벗겨 낸 껍질만을 가지고 있기 때문에 전적으로 추상체에 불과하다. 이에 반해 음악은 모든 형태화에 선행하는 가장 내밀한 핵심, 사물의 심장을 제공한다. 이러한 관계는 스콜라 철학의 언어로 잘 표현될 수 있다. 즉 개념들은 사물이후의 보편(universalia post rem)이지만, 음악은 사물 이전의 보편(universalia ante rem)이며, 현실은 사물 속의 보편(universalia in rem)이다.[124] 그러나 일반적으로 어떤 작곡과 어떤 구체적인 묘사 사이에 하나의 관계가 성립될 수 있다는 것은 이미 말한 바와 같이 양자는 세계의 동일한 내적 본질의 상이한 표현에 지나지 않는다는 데에 근거한다. 어떤 개별적인 경우에 그러한 관계가 실제로 존재한다면, 즉 음악가가 주어진 사건의 핵심을 이루고 있는 의지의 활동을 음악이라는 보편적인 언어로 표현할 줄안다면 그 노래의 선율, 오페라의 음악은 풍부한 표현력을 갖게될 것이다. 그러나 작곡가가 작곡과 구체적인 묘사 사이에 대응관계를 발견할 경우, 이러한 대응관계는 그의 이성이 의식하지

---

124) 쇼펜하우어는 여기서 스콜라 철학의 보편 논쟁을 원용하여 음악과 개개의 사물, 그리고 개념 사이의 관계에 대해서 규정하고 있다. '개념이 사물 이후의 보편이라는 것'은 개념은 '개개의 사물들에 공통된 성질을 추상한 것이며 이에 따라 사물 이후에 오는 것'이라는 의미이다. 이에 대해서 '음악이 사물 이전의 보편이라는 것'은 음악이 '개개의 사물들이 그것으로부터 파생되는 보편적인 근원을 표현하는 것'이라는 의미이다. '현실이 사물 속의 보편'이라는 것은 '현실 속의 개개의 사물에는 보편적인 근원이 그것의 핵심을 형성하면서 나타나 있다'는 것을 의미한다.

못한 채 세계의 본질에 대한 직접적인 인식으로부터 출현해야
하며 명확한 의도와 함께 개념에 의해서 매개된 모방이어서는 안
된다. 그렇지 않을 때 음악은 내적인 본질, 의지를 말하는 것이
아니라 그것의 현상만을 불충분하게 모방하게 된다. 이런 일은
원래 모방하는 모든 음악이 하고 있는 것이다"(『의지와 표상으로서
의 세계』 I권 309쪽).

이와 같이 우리는 쇼펜하우어의 이론에 따라서 음악을 의지의
언어로서 직접적으로 이해하게 되고, 우리의 상상력은 우리가
볼 수는 없지만 생기 있게 움직이면서 우리에게 말을 걸어오는
저 영의 세계에 형태를 부여하고 유사한 실례 안에서 구체화하
고 싶은 자극을 느끼게 된다. 다른 한편으로 형상과 개념은 진실
로 그것에 일치하는 음악이 작용하게 되면 고양된 의미를 갖게
된다. 따라서 디오니소스적 예술은 아폴론적 예술에 보통 두 가
지 작용을 한다. 첫째로 음악은 디오니소스적인 보편성을 **비유
의 형식으로 관조하게 하며**, 둘째로 음악은 비유적인 형상이 **최
고의 의미를 가지고** 나타나게 한다. 깊이 생각해 보면 그 자체로
이해될 수 있는 이러한 사실들로부터 음악의 능력은 **신화**, 즉 가
장 유의미한 실례, 다름 아닌 **비극적** 신화를 낳는 데 있다는 사
실이 밝혀진다. 음악은 디오니소스적 인식에 대해서 비유의 형식
으로 이야기하는 신화를 낳는 것이다. 나는 서정시인이라는 현
상을 고찰할 때, 음악은 서정시인 속에서 아폴론적 형상을 빌려

서 자신의 본질을 알리려고 고투한다고 말했다. 이는 음악이 최고로 고양될 때는 필연적으로 최고의 형상화에 도달하려고 해야만 한다는 사실을 의미한다. 이렇게 생각하면 음악이 자신의 본래의 디오니소스적 지혜에 대한 상징적 표현을 발견할 줄 안다는 것도 가능한 것으로 생각해야만 한다. 이러한 표현을 비극에서 그리고 일반적으로 **비극적인 것**이라는 개념에서 찾지 않는다면 어디에서 찾아야 할 것인가?

비극적인 것은 보통 가상이라든가 아름다움이라든가 하는 유일한 범주에 따라서 이해되는 예술의 본질로부터는 결코 진정한 방식으로 도출될 수 없다. 개체의 파멸에서 우리가 느끼는 기쁨은 음악의 정신으로부터 비로소 이해된다. 왜냐하면 그러한 파멸의 하나하나의 예들에서 우리에게 분명하게 드러나는 것은 디오니소스적 예술이라는 영원한 현상뿐이기 때문이다. 디오니소스적 예술이야말로 말하자면 개별화의 원리 배후에 있는 저 전능의 의지를 표현하는 예술, 모든 현상의 피안에 존재하며 어떠한 파멸에도 굴하지 않는 영원한 생명을 표현하는 예술이다. 비극적인 것에 대해 우리가 형이상학적 기쁨을 느끼는 것은 본능적으로 무의식적인 디오니소스적 지혜가 형상의 언어로 번역되어 있기 때문이다. 의지의 최고의 현상인 비극의 주인공이 파멸되는 것을 보면서 우리는 쾌감을 느낀다. 왜냐하면 주인공은 단지 현상일 뿐이며 주인공이 파멸한다고 해서 의지의 영원한 생명이 손상되지는 않기 때문이다. "우리는 영원한 생명을 믿는다." 비극은 이렇게 외친다. 그리고 음악은 이러한 생명의 직접적인 이념이다. 조형예술은 이것과는 전혀 다른 목표를 가지고 있다. 여기서 아폴론은 **현상의 영원성**을 밝게 찬미함으로써 개체의 고뇌를 극복한다. 여기서는 삶에 내재하는 고뇌에 대해서 아름다움이 승리를 거둔다. 고통은 어떤 의미에서 자연의 얼굴에서 말끔히 씻어진다. 동일한 자연이 디오니소스적 예술과 그것의 비극적 상징법에서는 자신의 왜곡되지 않은 참된 소리로 우리에게 이렇게 외친다. "그대들은 나처럼 존재하라! 현상의 끊임없는 변천 속에서 영원히 창조하고, 인간으로 하여금 생존하도록 영원히 강제하며, 현상의 이러한 변천에 영원히 만족하는 근원적인 어머니인 나를!"

17

디오니소스적 예술도 우리에게 삶의 영원한 즐거움을 확신시키려고 한다. 우리는 단지 이러한 즐거움을 현상 속에서가 아니라 현상의 배후에서 구해야 한다. 우리는 생성하는 모든 것이 고통스런 몰락을 각오해야만 한다는 사실을 인식해야만 한다. 우리는 개별적 실존의 끔찍함을 들여다보도록 강제되지만 그렇다고 해서 겁을 먹고 마비되어서는 안 된다. 형이상학적 위로가 일시적으로 우리를 무상한 세상살이로부터 구출해 주기 때문이다.
우리는 실제로 짧은 순간 동안 근원적 존재 자체가 되어서 그것
의 제어하기 어려운 생존욕과 생존의 희열을 느낀다. 삶 속으로
서로 부딪히면서 몰려드는 무수한 생존형식들의 과잉과 세계의
지의 넘쳐나는 생산성에 접하게 될 때 우리에게는 이제 현상들의
투쟁, 고통, 파멸은 필연적인 것처럼 여겨진다. 우리는 이러한
고통들의 난폭한 가시에 찔리게 된다. 그러나 바로 이 순간 우리
는 말하자면 존재에 대한 헤아릴 수 없는 근원적 희열과 하나가
되고, 이 희열의 불멸성과 영원성을 디오니소스적인 황홀 속에
서 예감하게 된다. 두려움과 동정에도 불구하고 우리는 행복하
게 사는 자들이다. 그것은 우리가 개체로서가 아니라 근원적인
일자로서 존재하기 때문이며, 이러한 근원적 일자가 느끼는 생식
의 기쁨과 우리가 융합되어 있기 때문이다.

그리스 비극의 발생사가 분명히 말해 주고 있는 것처럼, 그리
스인의 비극적인 예술작품은 사실상 음악정신에서 탄생했다. 이
러한 고찰과 함께 우리는 처음으로 합창단의 근원적이고 놀라운
의미를 제대로 파악했다고 할 수 있다. 그러나 동시에 우리가 인
정해야 하는 것은 앞에서 제시된 비극적 신화의 의미가 그리스
철학자들은 말할 것도 없고 그리스 시인들에 의해서도 개념적으
로 명확히 파악된 적이 한 번도 없었다는 사실이다. 그리스 비
극의 주인공들이 하는 말은 그들의 행동보다도 어떤 의미에서는

더 피상적이다. 신화는 말 속에서 제대로 표현되지 못한다. 무대 장면들의 구성과 구체적인 형상들이 시인 자신이 말과 개념으로 표현할 수 있는 것보다 더 깊은 지혜를 드러낸다. 동일한 사실을 셰익스피어에서도 볼 수 있는데, 예를 들자면 이와 유사한 의미에서 햄릿의 대사는 햄릿의 행위보다도 피상적이다. 따라서 내가 7장에서 피력한 햄릿관은 극 중의 말에서가 아니라 극 전체에 대한 깊은 관조와 개관으로부터 얻을 수 있다. 물론 우리는 그리스 비극을 말의 연극으로서만 접할 수 있다. 이 때문에 우리는 내가 앞에서 암시한 것처럼 신화와 언어의 불일치로 인해 그리스 비극을 실제보다도 천박하고 무의미한 것으로 생각하기 쉽다. 그리고 이에 따라서, 고대인의 증언에 의거해서 볼 때 비극이 실제로 가졌음에 틀림없는 효과보다도 피상적인 효과를 가졌던 것처럼 생각하기 쉽다. 이는 우리가 다음과 같은 사실을 너무 쉽게 망각하기 때문이다! 당시 신화의 최고의 정신화와 이상성에 도달하는 것은 언어 시인에게는 불가능했지만 창조적 음악가로서의 시인에게는 언제나 성공 가능했다는 사실 말이다. 우리는 물론 참된 비극의 고유한 것임에 틀림없는 저 비할 바 없는 형이상학적 위안을 어느 정도라도 느끼기 위해서는 이 음악적인 효과의 압도적인 위력을 학문적으로 재구성해야만 한다. 그러나 우리가 그리스인일 경우에만 음악의 이러한 압도적인 효과도 제대로 느낄 수 있을 것이다. 그 반면에 우리는 그리스인의 음악이 흐르는 것을 들으면서 ── 우리에게 잘 알려지고 친근하며 그래서 무한히 보다 풍부한 것 같은 음악에 비해서 ── 오직 자신의 힘을 아직 모르고 수줍게 노래하기 시작한 음악적 천재의 소년시대의 소리를 듣는다고 믿는다. 그리스인들은 이집트 사제(司祭)들이 말하는 바와 같이 영원한 어린아이들이며 비극적 예술에서도 또한 영원한 어린아이들에 불과하다. 그들은 어떠한 숭고한 장난감이 자신들의 손에 의해서 만들어졌고 파괴되는지를 알지 못한다.

형상과 신화를 통해서 자신을 드러내려고 하는 음악정신의 저 고투는 서정시에서 발단되어 아티카 비극에 이르기까지 점차 고조되어 가지만, 풍성한 만개(滿開)를 어렵게 쟁취한 후 갑자기 중단되어 버리면서 그리스 예술의 표면에서 그 자취를 감추게 된다. 그러나 이러한 고투 속에서 탄생한 디오니소스적 세계관은 그 후에도 비밀제의 속에서 계속 살아남아 가장 놀라운 변신과 변질을 겪으면서도 진지한 정신들을 계속해서 매료한다. 이러한 디오니소스적 세계관이 신비스런 심연으로부터 언젠가 다시 예술로서 떠오르지 않을까?

여기서 우리를 사로잡는 물음은 비극을 파괴한 힘이 비극과 비극적 세계관의 예술적 부활을 영원히 방해할 정도로 강한 힘을 과연 지니고 있는가이다. 고대 비극이 지식과 학문의 낙천주의로의 변증법적 충동에 의해서 궤도를 벗어나게 되었다면, 이러한 사실로부터 그 후에 예상되는 것은 **이론적 세계관**과 **비극적 세계관** 사이의 영원한 투쟁일 것이다. 그리고 학문의 정신이 그것의 한계에 도달하고 이 한계가 입증됨으로써 보편적 타당성에 대한 그것의 요구가 포기된 후에야 비로소, 우리는 비극의 재탄생을 희망해도 좋을 것이다. 그러한 〔새로운〕 문화형식에 대해서는 앞에서 논했던 의미에서의 **음악을 하는 소크라테스**가 적합한 상징이 될 것이다. 학문정신과 비극정신의 이러한 대조에서 내가 학문의 정신으로 이해하고 있는 것은 소크라테스라는 인물에게서 세상에 처음으로 나타난 저 신념, 즉 자연의 이론적 규명 가능성과 지식의 보편적인 치료능력에 대한 저 신념이다.

쉴 새 없이 앞으로 돌진하는 이 학문정신이 초래한 가장 가까운 결과들을 상기해 보는 사람은 그것을 통해서 **신화**가 파멸되었으며, 이러한 파멸을 통해서 시가가 그것의 자연적인 이상적 지반에서 추방되어 고향을 잃었다는 사실을 곧 떠올리게 될 것이다. 신화를 다시 낳을 수 있는 힘을 음악이 가졌다는 우리의 주장이 정당하다면, 우리는 학문의 정신을 그것이 음악의 신화 창조적인 힘에 적대적으로 대항하는 장소에서도 찾아야만 할 것이다. 이 장소는 **아티카의 새로운 주신찬가에**[125] 존재한다. 이것

---

125) 아리스토파네스의 『새』 같은 작품에서 공격받고 있는 기네시아스(B.C. 450~390) 등을 가리킨다. 역사가 플루타르크는 그를 아테네 음악을 황폐하게 만든 자로 보고 있다.

의 음악은 내적 본질, 즉 의지 자체를 더 이상 표현하지 않고 단지 현상을 불충분하게, 개념들을 통해서 매개된 모방의 형식으로 재현한 것에 불과하다. 진정으로 음악적 천성을 지닌 사람들은 소크라테스의 예술 살해적인 경향에 대해서 느꼈던 것과 동일한 혐오감과 함께 이 내적으로 타락한 음악에 등을 돌렸다. 아리스토파네스는 소크라테스라는 인간과 에우리피데스의 비극, 그리고 새로운 주신찬가의 음악을 똑같이 미워하고 이 세 현상 모두에서 퇴락한 문화의 징표들을 탐지해 냈는데, 정확하게 파악하는 그의 본능은 확실히 정곡을 찔렀다. 음악은 이 새로운 주신찬가로 인해서 모독적인 방식으로, 예를 들면 전투나 해상의 폭풍 같은 현상들의 모사가 되었고, 이와 함께 음악은 자신의 신화창조적인 힘을 완전히 빼앗기게 되었다. 왜냐하면 음악이 삶과 자연의 사건과 음악의 어떤 리듬 형식 및 특징적인 음향 사이에서 표면적인 유사성을 찾으라고 우리에게 강요하는 방식으로만 우리의 흥취를 북돋우고, 우리의 지성이 이러한 유사성을 발견함으로써 만족하게 된다면, 우리는 신화적인 것을 수용하는 것이 불가능한 어떤 기분에 빠지게 되기 때문이다. 신화는 무한 속을 응시하는 보편성과 진실성의 유일한 실례로서 직관적으로 느껴질 것을 요구한다. 참으로 디오니소스적 음악은 세계 의지의 보편적 거울로서 우리에게 나타난다. 저 구체적인 사건은 디오니소스적 음악이라는 이 거울에 반사되어 우리의 느낌에는 곧 영원한 진리의 형상으로 크게 확대된다. 이에 반해 그러한 구체적인 사건은 새로운 주신찬가라는 회화적인 음악에 의해서 곧 모든 신화적 성격을 박탈당하고 만다. 이제 음악은 현상의 초라한 모사가 되고, 이 때문에 현상 자체보다도 훨씬 빈약한 것이 되어 버린다. 이러한 빈약함으로 인해 음악은 우리의 감각에서 보면 현상 그 자체를 더욱 끌어내리게 되므로 이제 예컨대 음악적으로 모방된 전투는 진군의 소음과 신호 소리 등에 그칠 뿐이며, 우리의 상상력은 이러한 피상적인 것에 얽매이게 되고 마는 것이다. 따라서 회화적 음악이라는 것은 어느 모로 보나, 신화창조의 힘을 가진 참된 음악의 대립물이다. 그러한 음악을 통해서 현상은 그 실제의 모습보다도 빈약하게 된다. 이에 반해 디오니소스적 음악을 통해서는 개개의 현상은 세계상(世界像)으로까지 풍부해지고 확장된다. 비디오니소스적 정신은 새로운 주신찬가가 발전되는 과정에서 음악을 자신으로부터 소외시키고 현상의 노예로 끌어내렸다. 그리고 이때야말로 비디오니소스적 정신이 당당한 승리를 거두게 된 순간이었다. 보다 높은 의미에서 전적으로 비음악적인 인물이라고 해야 하는 에우리피데스는 바로 이런 이유로 새로운 주신찬가 음악의 열정적인 애호가이며, 이 음악에서 효과를 내기 위해서 사용되는 모든 도구와 수법을 강도처럼 대담하게 사용하고 있다.

우리가 소포클레스의 비극에서 **성격 묘사**와 심리적 섬세함이 현저하게 우세해지는 것에 시선을 돌릴 경우, 우리는 이 비디오니소스적이고 반(反)신화적인 정신력이 또 다른 방향에서 활동하고 있음을 알 수 있다. 성격은 그전처럼 영원한 전형으로 확대되어서는 안 된다. 그 반대로 성격은 인위적인 부차적 특징들과 인위적인 명암에 의해서, 그리고 모든 선의 가장 섬세한 명확성에 의해서 개체적인 것으로서 작용해야만 한다. 그 결과 관객은 신화를 전혀 느끼지 못하게 되며 강한 사실성과 예술가의 모방능력을 느끼게 될 뿐이다. 여기에서 인식되는 것도 보편성을 압도한 현상의 승리이며 개개의, 말하자면 해부학적인 표본에 대한 희열이다. 우리는 이미 이론적 세계의 공기를 마시고 있으며, 이러한 세계에서는 학문적 인식이 세계법칙의 예술적 반영보다도 높이 평가된다. 성격적인 것의 세밀한 선까지도 묘사하려고 하는 이러한 움직임은 그 후 급속도로 진행된다. 소포클레스가 아직 전체적인 성격들을 묘사하고 이들 성격의 섬세한 전개를 위해서 신화를 사용하고 있는 반면에, 에우리피데스에 이르면 벌써 격렬한 정열 속에서나 나타날 수 있는 개개의 커다란 성격적 특징들만이 묘사되고 있다. 그리고 아티카의 새로운 희극에서는 경솔한 노인들이나 기만당한 뚜쟁이라든가, 교활한 노예들과 같이 단 **하나의** 표정밖에 없는 가면들만이 지칠 줄 모르고 반복될 뿐이다. 이제 신화를 형성하는 음악정신은 어디로 사라졌는가? 이제 음악에 남아 있는 것은 선정적 음악이거나 특정한 인상을 불러일으키는 음악(Erinnerungsmusik)이다.[126] 즉 둔감하고 피로한 신경의 자극제이거나 회화적 음악이거나 둘 중의 하나이다. 전자에게는 바탕이 되는 텍스트는 별로 중요하지 않다. 이미 에우리피데스에서 주인공이나 합창단이 노래하기 시작하면 모든 것이 통제에서 벗어나게 된다. 하물며 그의 추종자들의 희극에서는 어떻게 되었을 것인가?

그러나 비디오니소스적 정신이 가장 분명하게 드러나는 곳은 새로운 연극의 **결말부**이다. 과거의 비극에서는 형이상학적 위로를 마지막 부분에서 느낄 수 있었으며 이러한 위로 없이는 비극을 보았을 때의 기쁨을 설명할 수 없었다. 이러한 위로란 다른 세계로부터 들려오는 화해의 소리인바, 이러한 소리가 가장 순수하게 울려 퍼지는 곳은 아마도 『콜로누스의 오이디푸스』일 것이다.[127] 이제 음악의 영혼이 비극에서 사라져 버리자 엄밀한 의미에서 비극은 죽어 버렸다. 그러면 사람들은 어디에서 저 형이상학적 위로를 길어낼 수 있을 것인가? 이 때문에 사람들은 비극적 불협화음의 해결을 현세적으로 꾀하려고 했다. 즉 주인공은

---

126) 특정한 인상을 불러일으키는 음악 내지 회화적 음악의 예로서 우리는 〈아기코끼리의 걸음마〉와 같은 음악을 들 수 있을 것이다.
127) 『콜로누스의 오이디푸스』에서는 오이디푸스 왕의 영혼이 정화되어 가는 과정이 그려지고 있다. 눈이 먼 채로 방랑길을 떠난 오이디푸스는 아테네의 교외 콜로노스에 이르러 여러 정략적인 유혹을 물리치고 편안히 죽어간다.

운명에 의해서 시달릴 대로 시달린 후, 화려하게 결혼하거나 신의 은총을 받는 방식으로 응분의 보상을 받았다. 주인공은 혹사당하고 만신창이가 된 다음에, 경우에 따라서는 때때로 자유가 선사된 노예 검투사가 되었다. 기계장치의 신이 형이상학적 위로를 대신하게 되었다. 내가 말하고 싶은 것은 물밀듯 밀려오는 비디오니소스적 정신에 의해 비극적 세계관이 도처에서 그리고 완전히 파괴되었다는 것이 아니다. 우리는 다만 비극적 세계관이 예술로부터 쫓겨나, 말하자면 비밀의식이란 변질된 형태로 지하세계로 도주해야만 했다는 사실을 알고 있을 뿐이다. 그러나 그리스적 정신의 표면에서는 광대한 범위에 걸쳐서 비디오니소스적 정신의 독기 어린 숨결이 맹위를 떨쳤다. 이러한 비디오니소스적 정신은 이미 앞에서[128] 노쇠한 비생산적 생존욕으로서 언급되었던 '그리스적 명랑성'이라는 저 형식으로 나타난다. 이러한 노쇠한 명랑성은 고대 그리스의 훌륭한 '소박성'과는 정반대의 것이다. 이 소박성은 앞에서[129] 내가 설명한 것처럼 어두운 심연으로부터 자라나온 아폴론적 문화의 꽃으로서, 즉 그리스적 의지가 아름다움의 거울을 가지고 고뇌와 고뇌의 지혜에 대해서 거둔 승리로서 파악될 수 있다. 본래의 '그리스적 명랑성'과는 다른 형식의 명랑성인 알렉산드리아적 명랑성의[130] 가장 고귀한 형식은 **이론적 인간**의

---

128) 이 책의 11장 참조.
129) 이 책의 3장 참조.

명랑성이다. 그것은 내가 방금 디오니소스적 정신으로부터 이 끌어낸 것과 동일한 특징들을 보여주고 있다. 즉 이론적 인간의 명랑성은 디오니소스적 지혜와 예술을 공격하고 신화를 해체하려고 하며 형이상학적 위로 대신에 현세적인 협화음을, 아니 고유한 기계장치의 신을 내세운다. 이 신은 기계와 도가니의 신, 즉 고도의 이기주의에 봉사하기 위해서 인식되거나 이용되는 자연의 정령들의 힘이다. 또한 이론적 인간의 명랑성은 지식에 의한 세계 개선과 학문에 의해서 인도되는 삶을 믿으며, 실제로도 개개의 인간을 해결 가능한 과제들이라는 극히 협소한 영역 속에

---

130) 알렉산드리아 문화는 알렉산더 대왕 출현 이후 2, 3세기(B.C. 3세기에서 B.C. 1세기) 동안, 헬레니즘 세계를 지배했던 문화적 경향을 가리킨다. 알렉산더 대왕을 기념하기 위해서 이집트에 건설된 알렉산드리아는 당시 세계 제1의 도시로서 정치 · 경제 · 문화의 중심지였다. 인도, 아라비아, 아프리카의 산물과 이집트의 국내 산물을 지중해 각지에 보내는 무역항으로서 번영을 누렸으며, 유리공업을 비롯한 공업도 활발하였다. 또한 교통수단과 도로망의 개선으로 관광이 생겨났고 사람들은 훌륭한 기념물과 경치를 찾아다녔다.

문인들을 활발하게 초청했던 이집트 왕가의 보호정책으로 학문과 예술이 발전했고, 특히 자연학의 연구가 활발하였다. 무세이온(학문연구소)과 그 부속도서관, 천문대, 해부학 연구소, 동물원 등이 건립되었으며, 당시 알렉산드리아 도서관은 80만 권의 장서를 보유하고 있었다. 기하학의 유클리드, 지리 · 역사 · 자연학의 에라토스테네스, 천문학의 프톨레마이오스, 문헌학의 칼리마코스 등의 대학자를 배출하였다. 그러나 이 당시 학문은 전문화되고 개별화되어 독창성을 결여한 집대성적인 것이 되었다. 니체는 자신이 살고 있는 19세기의 독일 문화가 알렉산드리아적 문화와 극히 유사하다고 생각하고 있다.

가두어 놓을 수 있다. 이 영역 속에 갇힌 채로 인간은 인생을 향해서 명랑하게 이렇게 말한다. "인생이여, 나는 그대를 원한다. 그대는 인식될 만한 가치가 있다"라고.

18

다음과 같은 것은 하나의 영원한 현상이다. 탐욕스런 의지는 항상 사물 위에 펼쳐진 환상의 힘을 빌려 의지의 피조물들을 삶에다 굳게 얽어매고 그것들로 하여금 계속해서 살아가도록 강제하는 수단을 발견하게 된다. 〔환영의 종류에는 여러 가지가 있다.〕소크라테스적 인식의 기쁨에 매혹된 사람, 즉 인식을 통해서 생존의 영원한 상처를 치유할 수 있다는 망상에 매혹되는 사람도 있을 것이다. 또한 어떤 사람은 눈앞에 어른거리는 유혹적인 예술미의 베일에 혹한다. 그리고 어떤 사람은 현상의 소용돌이 배후에서 파괴될 수 없는 영원한 생명이 계속 흐르고 있다는 형이상학적 위로에 혹한다. 이외에도 의지가 매 순간 마련해 주는 보다 저속하고 강력한 환상들에[131] 대해서는 말하지 않겠다. 방금 말한 환상의 세 단계는 보다 고귀한 천성을 지닌 사람들에게만 해당된다. 그들은 일반적으로 생존의 부담과 중압을 유별나

---

131) 예를 들어 마약이나 술 등을 생각할 수 있다.

게도 불쾌하게 느끼고 있기 때문에 이러한 불쾌감을 잊기 위해서 특별한 자극제를 필요로 하는 사람들이다. 우리가 문화라고 부르는 것은 이러한 자극제들로 구성되어 있다. 이것들의 혼합 비율에 따라서 우리는 **소크라테스적인** 문화 혹은 **예술적인** 문화 혹은 **비극적인** 문화를 갖게 된다. 또는 역사적인 실례들을 드는 것이 허용된다면 알렉산드리아적 문화 혹은 그리스적 문화 혹은 불교적 문화가 존재한다.

우리의 근대 세계 전체는 알렉산드리아적 문화의 그물 속에 사로잡혀 있어서 최고의 인식능력을 갖추고 학문을 위해서 일하는 **이론적인 인간**을 이상으로 여긴다. 이 이론적 인간의 원형과 시조가 소크라테스이다. 우리의 모든 교육수단은 근본적으로 모두 이 이상을 목표로 하고 있다. 이론적 인간 이외의 모든 인간 유형은 그 자체가 목표가 되지는 않고 단지 존재가 허락된 것에 지나지 않으며, 이론적 인간이라는 이상의 곁에 겨우 자리라도 잡기 위해서 악전고투해야만 한다. 근대 세계에서는 오랜 시간에 걸쳐서 교양인은 학식 있는 자와 동일시되었다. 이는 실로 경악할 만한 일이다. 우리의 시 예술 자체가 학적인 흉내로부터 발전되어 나와야 했다. 우리들의 시 형식이 모국어가 아니라 본래는 학적인 언어를 가지고 예술적인 실험을 하는 것으로부터 생겨났다는 사실을 우리는 지금도 운율의 주요 효과에서 알 수 있다. 그 자체로서는 이해하기 쉬운 근대적인 문화인인 **파우스트**는 진정한 그리스인에게는 얼마나 불가해한 자로 보일 것인가. 파우스트는 동서고금의 학문을 다 섭렵하면서도 만족하지 못한 채 지나친 지식욕 때문에 마술과 악마에게 자신을 판 것이다. 근대인이 저 소크라테스적 지식욕의 한계를 예감하기 시작하고 황량하고 드넓은 지식의 바다에서 해안을 그리워한다는 사실을 알기 위해서라면, 파우스트를 소크라테스 옆에 앉혀 놓고 비교하기만 하면 된다. 괴테가 한때 에커만에게 나폴레옹에 대해서 "이보게, 정말 행동의 생산성이라는[132] 것도 있다네"라고 말했을 때, 그는 우아하고 소박하게, 이론적이지 않은 인간이란 근대인에게는 믿기지 않고 경이로운 존재이기 때문에 이렇게 낯선 존재형식을 이해 가능하고 허용될 수 있는 존재로 보기 위해서는 괴테 자신 정도의 지혜가 필요하다는 사실을 상기시킨 것이었다.

이제 사람들은 소크라테스적 문화의 태 내에 숨겨져 있던 것을 감추어서는 안 된다! 아무것에도 제약받지 않는다고 망상하는 낙천주의! 이 낙천주의의 열매가 성숙한 때에도 그대들은 놀라서는 안 된다. 최하층의 민중에 이르기까지 이런 문화에 절어 버린 사회가 높아지는 욕망의 물결에 점차 전율할 때에도, 만인

---

132) 괴테가 여기서 말하는 '생산성'은 '생명력과 영속적인 힘'을 지니고 몇 세기에 걸쳐서 커다란 영향을 미치는 것을 의미하며, 인간의 의지와 이성으로 지배할 수 없는 마력적인 것을 가리킨다. 괴테는 학문과 예술 외에 행동도 이러한 생산성을 가질 수 있다고 말하고 있는 것이다.

이 누리는 지상의 행복에 대한 믿음이 그리고 보편적인 지식문
화의 가능성에 대한 믿음이 점차적으로 알렉산드리아적 지상의
행복을 위협적일 정도로 요구하는 것으로, 에우리피데스의 기계
장치의 신을 불러내는 것으로 변할 때에도 그대들은 놀라서는
안 된다! 사람들은 알렉산드리아적 문화가 지속적으로 존재하기
위해서는 노예계급이 필요하다는 사실을 알아야 한다.[133] 그러나

---

133) 고대 그리스 사회가 원숙한 문화와 민주정치를 실현할 수 있었던 기
반이 되었던 것이 시민들의 경제적인 번영과 이에 수반되는 여가였다
는 사실은 잘 알려져 있다. 이러한 여가를 마련해 준 것이 노예계급이
었다. 노예들의 육체노동 덕분에 시민계급은 노동에서 벗어나 학문과
정치에 종사할 수 있었다. 기원전 430년에는 25만 명의 인구 중에 성년
의 남자 시민은 4만 5000명, 노예는 12만 5000명이었으며, 가난한 시
민은 한두 명, 부유한 시민은 50여 명의 노예를 거느리고 있었다. 노예
계급은 주로 피정복자와 영세농민 그리고 해외에서 구입한 노예로 구
성되었다. 주인이 노예의 생사를 결정할 수 있었지만 학대받는 노예
는 성소로 피신할 권리가 있었다. 아테네 법은 상대적으로 관대해서 수
시로 노예해방도 이루어졌다. 그러나 노예는 철저하게 노동을 착취당
하였으므로 기회만 있으면 반란을 일으키고 도망을 쳤다. 스파르타에
서는 국유노예(國有奴隸)의 반란이 자주 일어났고, 아테네에서도 펠로
폰네소스전쟁 중 노예 2만여 명이 도망했다. 가장 고된 노동은 라우레
이온의 은 광산 일이었는데, 아테네는 은을 캐내는 일에 전력을 기울
였다. 콜레트 에스틴·엘렌 라포르트, 『그리스 로마 신화』 47쪽.
국가와 사회의 의미를 탁월한 개인과 문화의 창조에서 찾았던 니체는
탁월한 문화의 생성을 위해서는 육체노동을 전담할 노예계급이 필요
하다고 보았다. 니체에게는 인간의 천부적인 존엄이나 노동의 존엄은
노예계급의 허영심이 만들어 낸 허구적인 관념에 불과하다. 고대의 노
예계급이나, 니체가 현대의 노예계급으로 보았던 노동자 계급이 종사
하는 육체노동은 대부분이 기계적인 반복 활동으로서 창조적인 작업과

는 거리가 멀다. 이 점에서 니체는 육체노동의 존엄을 말하는 것은 하나의 기만이라고 보았으며, 인간 역시 탁월한 인간과 저열한 인간이 존재하기 때문에 모든 인간들의 천부적인 존엄에 대해서 말하는 것 역시 기만이라고 보았다.

니체는 이렇게 고급 문화를 위해서는 노예계급이 필요하다고 보았기 때문에 노동자들에게 선거권과 피선거권을 비롯하여 동일한 권리를 보장하려는 민주주의나 사회주의를 극히 위험한 것으로 보았다. 그는 이러한 민주주의 사상이나 사회주의 사상에 노동자들이 선동되어 문화를 파괴하는 야만적인 폭동을 일으킬 수 있다고 두려워했다. 1871년 5월 신문에서 파리에서 폭동을 일으킨 노동자들이 루브르 박물관을 강탈하고 파괴했다는 소식을 듣고 니체는 거의 정신적인 공황상태에 빠지게 된다. 이 소식은 오보였고 실제로는 튈르리 궁전에 한 건의 방화가 있었을 뿐이었지만 니체는 이 소식을 야만적인 대중봉기가 시작되었음을 알리는 전조로 보았다. 니체는 1871년 5월 27일의 한 편지에서 이 사건과 관련해서 이렇게 쓰고 있다.

"며칠 전의 소식이 끔찍해서 정신을 차릴 수가 없었습니다. 이러한 반문화적인 사건을 보면서 든 생각인데 우리 지식인은 과연 어떤 존재일까요? 얼마나 그들은 단세포적인지요! 그들은 평생 동안 모든 힘을 다 해서 문화의 오직 한 부분만을 잘 이해하고 잘 설명하려고 힘씁니다. 어느 불행한 날 하루 동안에 한 시기의 중요한 문화적 기록물들이 모두 재로 변하는 이때에 이러한 작업이 과연 어떤 의미를 가질 수 있을까요? 내 생애 최악의 날들이었습니다." F. Nietzsche, *Sämtliche Briefe, Kritische Studienausgabe in 8 Bänden*(München, 1986), 195쪽. 뤼디거 자프란스키, 『니체 – 그의 생애와 사상의 전기』 109쪽에서 재인용.

니체는 노동자들의 권리주장을 노동자들이 겪고 있는 삶의 비참함에서 찾기보다는 민주주의나 사회주의 사상과 같은 기만적인 이데올로기에 의해서 선동된 대중의 요구와 높아지는 대중의 의식에서 찾았다. 바로 이런 점이 루카치를 비롯한 마르크스주의자들에 의해서 니체가 보수반동적인 사상가로 평가받은 이유이다. 앞의 책, 110쪽 참조.

한다. 이 때문에 '인간의 존엄'이라든가 '노동의 신성함'과 같은 아름다운 유혹적인 문구와 위로의 문구의 효과가 소진되었을 때 이 문화는 점차 무서운 파멸을 향해 치달리게 된다. 자신의 처지를 부당한 것으로 보는 것을 배우게 되고 자신을 위해서뿐 아니라 자손만대를 위해서 복수하려고 하는 야만적인 노예계급보다도 더 무서운 것은 없다. 그러한 위협적인 폭풍에 대항해서 어느 누가 우리의 창백하고 지쳐 버린 종교에 구원을 요청하려고 할 것인가? 현대의 종교 자체는 근본적으로 학자적 종교로 타락해 버렸으며, 따라서 모든 종교의 필수적인 전제인 신화는 이미 도처에서 반신불수가 되어 버렸다. 종교영역까지도 우리가 방금 우리 사회의 파멸의 싹으로 지칭했던 저 낙천주의적 정신이 지배하게 된 것이다.

이론적 문화의 태 내에 깃들어 있던 재앙이 점차로 근대인을 불안하게 하기 시작했으며, 근대인은 이제까지의 경험 속에서 위험에서 벗어나기 위한 수단을 찾고 있다. 그렇다고 해서 근대인이 이러한 수단을 진심으로 믿고 있는 것도 아니다. 결국 근대인은 자신의 말로를 예감하기 시작한 것이다. 이러는 동안 보편적 재능을 가진 위대한 인물들은 믿을 수 없을 정도로 깊은 사색을 통해서 인식 일반의 한계와 피제약성을 드러내고, 이와 함께 보편 타당성과 보편적 합목적성에 대한 학문의 요구를 결정적으로 부정하기 위해서 학문이라는 무기 자체를 사용할 줄 알고 있었다. 이러한 증명을 통해서 인과율에 입각하여 사물들의 가장 내적인 본질을 규명해 낼 수 있다는 저 생각이 처음으로 망상으로서 인식되었다. **칸트와 쇼펜하우어**의 비범한 용기와 지혜는 가장 힘든 승리를 쟁취했다. 이러한 승리란 우리 문화의 기반인 저 낙천주의, 논리의 본질 속에 깃들어 있는 저 낙천주의에 대한 승리였다. 이 낙천주의는 칸트가 나타나기 전까지는 아무런 의심도 없이 영원한 진리(aeternae veritas)에 의거하여 모든 세계의 수수께끼를 인식하고 규명할 수 있는 것으로 믿고, 공간·시간·인과율을 최고의 보편 타당성을 지닌 무조건적인 법칙으로 간주했다. 이에 대해서 칸트는 공간·시간·인과율이 원래 마야의 작품인 단순한 현상들을 최고의 유일한 실재로 승격시켜서 그것으로 사물의 가장 내적인 진실된 본질을 대치시키고, 이를 통해서 이 본질에 대한 진정한 인식을 불가능하게 만드는 데 기여할 뿐이라는 사실을 드러내었다. 즉 쇼펜하우어의 말에 따르면 공간·시간·인과율은 꿈꾸는 자를 더 깊이 잠들게 하는 데 기여할 뿐이라는 것이다(『의지와 표상으로서의 세계』 I권 498쪽). 이러한 인식과 함께 내가 감히 비극적 문화라고 부르는 하나의 문화가 시작되는 것이다. 이러한 문화의 가장 중요한 특징은 학문 대신에 지혜가 최고의 목적으로 인정된다는 것이다. 이러한 지혜는 여러 학문들의 유혹적인 오도(誤導)에 의해서 기만당하지 않고 확고한 시선으로 세계의 전체상을 응시하며, 이러한 전체상 속에서 영원한 고통을 보면서 그것을 동정적인 사랑의 감각에 의해서 자신의 고통으로 파악하려고 하는 지혜이다. 우리는 자라나고 있는 다음 세대가 이처럼 대담한 시선으로 괴물을 향해서 영웅적으로 돌진하는 것을 상상해 보자. 그리고 완전히 그리고 충실히 '결연하게 살기 위해서'[134] 모든 낙천주의의 나약한 교설들에서 과감히 등을 돌리는 거룡 정벌자들의 당당한 용감성과 대담한 발걸음을 생각해 보자. 엄숙함과 공포를 견뎌낼 수 있도록 자신을 교육하면서, 이 문화의 비극적인 인간이 하나의 새로운 예술, 즉 형이상학적 위로의 예술인 비극을 자신에게 어울리는 헬레네로서 열망하면서 파우스트처럼 이렇게 외쳐야 한다는 것은 필연적인 일이 아닌가?

"내가 이처럼 강한 그리움의 힘으로
오직 하나뿐인 여인을 소생시켜서는 안 되는가?"[135]

그러나 소크라테스적인 문화는 두 가지 측면에서, 즉 하나는 점차 예감하기 시작한 자신의 고유한 귀결에 대해서 두려움을 느꼈고, 다른 하나는 소크라테스적 문화 자체가 자신의 토대의 영원한 타당성에 대해서 이미 이전처럼 소박한 믿음과 확

---

134) 괴테가 1802년에 쓴 시 「공동참회(*Generalbeichte*)」에서 인용.
135) 『파우스트』 제2부 제2막 「고대 발푸르기스의 밤」에서 인용한 구절.

신을 갖지 못하게 되었기 때문에 흔들리게 되었으며 그 무오류성(無誤謬性)의 왕홀(王笏)을 떨리는 손으로 간신히 쥘 수 있었을 뿐이다. 그래서 소크라테스적 문화의 사유의 춤이 새로운 대상을 끌어안기 위해서 항상 새로운 것을 동경하면서 돌진하다가는 마치 메피스토펠레스가 고혹적인 라미아들에게[136] 한 것처럼 갑자기 다시 그것을 밀쳐 내버리는 것은 실로 슬픈 연극이 아닐 수 없다. 이론적 인간은 자신의 귀결에 공포를 느끼고 불만스러워하면서도 더 이상 생존의 가공할 차디찬 강에 감히 자신을 맡기려고 하지 않고 강가에서 불안하게 우왕좌왕하고 있는 것이다. 이것이야말로 근대 문화의 근원적 고뇌로서 사람들의 입에 오르고 있는 '파탄'의 징조이다. 이론적 인간은 이제는 더 이상 무엇

---

136) 『파우스트』 제2부 제2막 「고대 발푸르기스의 밤」에 등장하는 마녀. 인간의 피에 굶주린 마녀로 특히 젊은 남자를 유혹하기 위해서 요염한 교태를 부린다. 『파우스트』 제2부 7769행 이하.

라미아는 원래 그리스 신화에서 어린아이를 잡아먹는 요괴로 나온다. 동방의 국가 벨로스 왕의 딸이었는데 제우스의 사랑을 받아 여러 명의 아기를 낳았으나, 헤라의 질투로 모든 아기들이 죽게 되었다. 비탄에 잠긴 라미아는 요괴가 되어, 눈에 띄는 어린아이들을 잡아먹거나 그 피를 빨아먹었다고 하며 죽이지는 않고 삼켰다가 다시 토해 냈다고도 한다. 이로 인해 라미아는 마녀나 괴물을 뜻하는 일반명사처럼 쓰이게 되었다. 상반신은 아름다운 여인이지만 하반신은 뱀의 모습으로 묘사되기도 한다. 헤라는 라미아에게 영원히 잠을 잘 수 없는 형벌을 내렸으며, 제우스는 눈의 위치를 마음대로 옮길 수 있는 능력을 주었다는 이야기도 전한다.

이든 사물을 완전한 모습으로 붙잡으려고 하지 않는다. 사물에 깃든 잔인함에서 눈을 돌리지 않고 사물의 전모를 붙잡으려는 의지는 더 이상 존재하지 않는다. 낙천주의적 세계관에 의해서 그는 이 정도로 나약해진 것이다. 게다가 그는 학문의 원리 위에 세워진 문화가 **비논리적이** 되기 시작하면, 즉 자신의 귀결 앞에서 뒤로 도피하기 시작하면 그것은 몰락할 수밖에 없다는 것을 느끼고 있다. 현재의 예술은 이러한 보편적인 위기를 여실히 보여주고 있다. 모든 위대한 생산적 시대와 천재들을 모방하면서 그들에 의존해도 아무런 쓸모가 없다. 근대인을 위로하기 위해서 그의 주위에 '세계 문학' 전체를 끌어모으고, 아담이 동물들에게 이름을 붙인 것처럼 모든 시대의 예술형식과 예술가 각각에 이름을 붙일 수 있도록 그를 그 가운데에 앉혀 보았자 소용없는 짓이다. 근대인은 말하자면 영원히 굶주린 자이고 환희도 힘도 없는 '비평가'이며, 결국은 도서관 사서이고 교정자이며, 책 먼지와 활자의 오식으로 눈이 멀게 될 알렉산드리아적 인간인 것이다.[137)]

---

137) 니체는 여기서 당시의 실증주의적인 학문풍조와 지식 습득 위주의 근대적인 교양에 대해서 비판하고 있다고 할 수 있다. 니체는 『차라투스트라는 이렇게 말했다』에서 다음과 같이 말하고 있다.

"학자들을 조심하라. 그들은 당신들을 미워하고 있다. 그들은 비생산적이기 때문이다. 그들의 눈은 차갑고 아주 메말라 있다. 그들 앞에 나서면 어떠한 새라도 털이 뽑혀서 알몸을 드러내게 되고 만다.

그들은 거짓말을 하지 않는다며 뽐내고 있다. 그러나 거짓말을 꾸며 댈

능력이 없는 것이 진리를 사랑하는 것을 의미하는 것은 아니다. 조심, 조심하라!"

니체에게는 모든 학문과 그것들이 발굴하는 진리가 사실은 힘에의 의지가 자신을 유지 내지 고양하기 위해서 사용하는 수단에 지나지 않는다. 순수학문 역시 그러한 순수학문을 추구하는 자에게는 하나의 수단에 불과하다. 그것은 힘에의 의지가 퇴락하여 현실과 적극적으로 대결하는 것을 회피하는 자가 자신의 유지를 위해서 행하는 지적인 유희일 뿐이다. 순수학문이란 무력함의 징후이다. 지식을 위한 지식은 예술을 위한 예술을 주창하는 순수예술과 마찬가지로 현실로부터 도피하려는 시도에 불과하다. 그는 순수지식의 추구를 통하여 현실의 고통과 어려움을 잊고자 할 뿐이다.

니체는 근대의 역사학도 학문성이라는 미명하에 사실을 확정하고 기술하는 것만을 목표로 하고 있다고 비판한다. 근대의 역사학은 사실을 평가하고 해석하는 것을 비학문적인 것으로 비난한다. 니체는 이러한 태도에서도 삶에 대한 두려움과 삶으로부터의 도피를 본다. 니체는 사실들만을 드러내야 한다고 주장하는 역사학에 대해서 이렇게 비판하고 있다.

"현상에 머물면서 '사실들만이 있을 뿐'이라고 주장하는 실증주의에 반대해서: 나는 그렇게 생각하지 않는다. 사실들은 존재하지 않는다. '해석들'만이 존재한다. 우리는 사실 '자체'를 확인할 수 없다: 그런 어떤 것을 원하는 것, 그것은 아마도 일종의 넌센스일 것이라고 말하고자 한다."

니체는 세계에 대한 유일하게 타당한 객관적인 파악은 존재하지 않으며 세계에 대한 다양한 해석만이 존재한다고 생각한다. 삶은 이러한 해석을 통해서 자신을 고양하고 강화하기도 하며 삶을 약화시키고 병들게도 만든다. 니체가 보기에는 사실만을 탐구한다고 자처하는 근대의 역사학도 사실은 세계를 해석하고 있는 것이지만 그것은 인간의 생명력을 마비시키는 방향으로 해석하고 있을 뿐이다.

니체는 세계해석의 진위가 세계 자체와의 대비에 의해서가 아니라 그 세계해석이 얼마나 우리의 힘을 증진시키고 보존하고 종족을 보전하고 향상시키느냐에 달려 있다고 본다. 이에 반해서 근대의 역사학은 방향과 목표를 상실한 채 탐구를 위한 탐구가 되어 버렸고 삶에서 유리된 지적인 유희로 전락했다고 니체는 보고 있다. 니체가 보기에 이것은 힘에의 의지가 퇴화한 징후이지 근대의 역사학이 진정으로 이성적이고 객관적이라는 것을 의미하지 않는다. 니체는 『도덕의 계보학』에서 이렇게 말하고 있다.

"근대의 역사 기술이 목표하는 최고의 것은 거울이 되는 것이다. 그것은 모든 목적론을 거부한다. 그것은 더 이상 '증명하려고' 하지 않는다. 그것은 심판관의 역할을 맡기를 싫어하며 더 나아가 바로 그것이야말로 자신의 장점이라고 생각한다. 그것은 단지 확정하고 '기술할' 뿐이다. …… 이 모든 것은 극히 금욕주의적인 것으로 보이지만 차라리 허무주의적이라고 보아야 할 것이다. 이 점을 직시하자! 거기에는 슬프고 냉엄하며 결연한 시선이 있다. …… 눈만 있으며 생명은 침묵하고 있는 것이다."

니체는 이런 맥락에서 근대적인 교양에 대해서도 신랄하게 비판하고 있다. 근대적 교양은 성숙한 삶을 도야하는 데 도움이 되는 것이 아니라 이론적인 지식들을 쌓고 모으는 것으로 전락했다는 것이다. 근대적인 교양은 사람들을 '살아 있는 백과사전'으로 만들고, 인격의 성숙이나 도덕적 기품의 배양, 그리고 자아실현에 기여하는 것이 아니라 사람들을 교양속물이 되게 할 뿐이다. 사람들은 자신 안에 무수한 지식들을 수용하지만 그것들에 하나의 질서와 형태를 부여하는 능력은 결여하고 있다. 현대인들은 복잡다단한 현실과의 적극적인 대결을 통하여 힘에의 의지를 적극적으로 구현하려고 하지 않고, 지식과 교양을 쌓는다는 것을 명분으로 하여 자신의 내면으로 도피한다. 또 잡다한 지식으로 가득 찬 혼돈된 내면세계를 풍요로운 세계로 착각하면서 거기에 숨어 있으려고 한다.

"배고프지도 않은데 욕구에 반해서 지나치게 받아들인 지식은 이제 더 이상 외부를 변형시킬 수 있는 힘이 없으며, 현대인이 이상한 자부심과 함께 현대인 특유의 '내면성'이라고 부르고 있는 혼돈된 내면세계 속에 숨어 있는 채로 있다. 내용은 있는데 그것의 형식이 결여되어 있다고 말할 수도 있으리라. 그러나 모든 생물에서 이러한 대립은 있을 수 없다. …… 우리의 현대적 교양은 살아 있는 것이 아니다. 다시 말하면

19

이러한 근대의 소크라테스적 문화를 **오페라의 문화**라고[138] 부
를 경우 우리는 그것의 가장 내면적인 본질을 가장 예리하게 포

그것은 전혀 실제적 교양이 아니고 단지 일종의 교양을 위한 지식에 불
과하다. 그것은 교양의 느낌에 머물러 있을 뿐, 그로부터는 어떠한 결
단도 나오지 않는다."

니체는 교양도 학문과 마찬가지로 삶에 봉사해야만 한다고 생각한다.
학문을 위한 학문이나 단순히 교양을 쌓기 위한 교양은 자신을 현명한
자로 착각하면서 자신의 삶을 변화시키기 위한 어떠한 결단도 불필요
하다고 자만하는 인간만을 형성할 뿐이다. 그런데 지식에 대한 이러한
맹목적인 추구는 니체 자신에게도 강하게 존재했던 성향이었다. 니체
는 자신의 이러한 성향에 대해서 항상 경계해 마지않았다. 슐포르타 김
나지움을 졸업하기 직전에 쓴 『나의 생애』라는 자서전에서 니체는 이
렇게 쓰고 있다.

"부친의 죽음은 한편으로는 장래의 생활에 대한 아버지의 원조와 지도
를 나에게서 빼앗고, 다른 한편으로는 명상적 성격을 나의 영혼 속에
심어 주었다. 이후의 나의 생활은 남의 눈에 의해 감시당하지 않았기
때문에, 나는 호기심에 차서 다양한 교양소재를 찾아 모으려는 병적인
욕망을 갖게 되었다.

슐포르타에서도, 나는 수학을 제외하면 여러 가지에 흥미를 느꼈다. 그
렇지만 얼마 안 되어 나는 지식의 여러 가지 영역을 무계획하게 탐색하
는 데에 혐오감을 갖게 되었다. …… 지금 대학에 가려는 이때, 나는 나
의 장래 학문 생활을 위해서 지켜야 할 철칙으로서 다음 두 가지 원칙
을 나 자신에게 부과할 생각이다. 그 첫째는, 얄팍한 박식에의 성향을
끊어버리고, 둘째는 하나하나를 근저에 이르기까지 파악하려는 성향을
육성하려는 것이다."

138) 이 경우 오페라는 바그너 이전의 전통적인 오페라를 가리킨다.

착하는 것이 된다. 왜냐하면 소크라테스 문화가 특유의 소박성
으로 자신들의 의지와 인식을 공공연히 표명한 것은 이 오페라
의 영역에서였기 때문이다. 오페라의 발생과 그 전개과정을 아
폴론적인 것과 디오니소스적인 것이라는 영원한 진리와 비교해
볼 경우 우리는 〔그것들이 서로 너무나 달라서〕 놀라게 된다. 나는
우선 무대조와[139] 음송조의[140] 발생에 주의를 환기시키고 싶다.
철저하게 외면적이며 불경건한 이 오페라 음악이 팔레스트리나
라는[141] 형언할 수 없을 정도로 숭고하고 신성한 음악이 탄생한

---

139) Stilo rappresentativo. 16세기 말 피렌체의 인문주의자들 사회에서 근
  대 오페라를 만든 작곡가들에 의해 시작된 극적인 표현양식을 가리
  킨다. 가사의 리듬과 억양, 구둣법 등을 가능한 한 음악적으로 재현하
  여 '반은 노래하고 반은 이야기하는' 스타일로서 가사가 의미하는 정서
  를 극적으로 표현하려는 의도에서 비롯되었다. 그 특징은 첫째로, 언어
  에 음악이 의식적으로 종속되는 것이며, 둘째로 성악과 기악의 최초의
  계획적인 결합이었다. 오늘날에는 별로 쓰이지 않는 오페라 용어이다.
  이것은 영송조의 16세기 초의 형식이다.
140) Rezitativ. 이것은 오늘날 흔히 쓰이는 음악용어이다. 오페라에서 말하
  는 것처럼 노래하는 사설 부분이며 아리아(詠唱)를 가리킨다. 항상 건
  반악기(보통 쳄발로)의 반주가 따른다.
141) 팔레스트리나(Giovanni Pierluigi da Palestrina, 1525~1594)는 16세
  기 이탈리아 교회음악 작곡가이다. 로마 근교의 팔레스트리나에서 태어
  나 교회에서 악장을 하면서 100곡 이상의 미사곡을 비롯하여 많은 작곡
  을 했다. 그의 음악은 원숙한 대위법 기법, 명징(明澄)한 표현을 특징으
  로 하며 가톨릭 교회음악의 한 이상을 만들어 냈다. 그 후 가톨릭 음악
  의 지표가 되었을 뿐만 아니라 대위법 기법의 모범으로서도 오늘날까지
  높이 평가되고 있다. 그가 죽은 해인 1594년이 오페라가 탄생한 해이다.

직후에, 마치 모든 참된 음악의 재생인 것처럼 열광적인 인기를 끌면서 환영과 보호를 받았다는 것은 믿기 어려운 일이 아닌가? 그리고 어느 누구도 유흥을 탐하는 피렌체 사회의[142] 사치스런 생활방식과 연극가수들의 허영심만이 오페라에 대한 흥미를 그렇게 급격하게 확산시킨 원인이라고 말할 수는 없을 것이다. 동일한 시대에 동일한 민족 속에서 중세의 기독교 전체가 이루어 놓은 팔레스트리나적 화음의 대전당(大殿堂) 옆에서 저런 반(半)음악적 화법에 대한 열정이 눈을 뜨게 되었다는 사실을 나는 음송조의 본질 속에 함께 작용하고 있는 **예술 외적인 경향** 때문이라고밖에 설명할 수 없다.

오페라 가수는 노래 속의 말을 똑똑히 듣고 싶어 하는 청중의 욕구에 영합하기 위해서 노래를 부른다기보다는 오히려 말을 더 많이 하며 이러한 반가창(半歌唱) 속에서 단어의 열정적인 표현을 첨예하게 하는 것이다. 이렇게 열정을 첨예하게 표현함으로써 그는 단어의 이해를 용이하게 하고 나머지 반인 음악을 압도한다. 이제 그가 빠지기 쉬운 위험은 그가 섣불리 음악에 중점을 두게 될 때 발생한다. 이렇게 되면 곧 대사의 파토스와 단어의 명료성이 상실되고 말 것이다. 그러나 다른 한편 가수는 음악적

---

142) 오페라는 16세기 말 피렌체의 귀족 Giovanni Bardi가 그리스 연극의 부흥에 관심을 갖고, 시인과 음악가들을 자기 사저에 모아 새로운 음악을 연구한 것에서 기원한다.

으로 자신을 폭발시키고 싶은 충동, 자신의 목소리를 훌륭하게 표현하고 싶은 충동을 느끼게 된다. 여기에서 그를 도와주러 오는 자가 '시인'이다. 시인은 서정적인 감탄, 단어와 문장의 반복 등의 기회를 그에게 충분히 제공할 줄 아는 것이다. 이런 대목에서 가수들은 이제 단어에 구애되지 않고 음악적인 영역 속에서 마음껏 쉴 수 있다. 대사 부분은 감정에 가득 차서 관중에게 호소하지만 반쯤밖에 노래로 불리지 않는 반면에, 감탄 부분은 완전히 노래로 불린다. 이러한 두 부분의 상호교체가 무대조의 본질인데, 어떤 때는 청중의 개념과 표상에 작용하다가는 어느새 청중의 음악적 소질에 작용한다는 식의 이러한 조급한 교체의 노력은 몹시 부자연스러우며 디오니소스적인 예술충동과 아폴론적 예술충동에 내적으로 똑같이 모순된다. 따라서 음송조의 기원은 모든 예술적 본능의 외부에 있다고 추론하지 않을 수 없다. 음송조는 이상의 서술에 따를 경우 서사시적 낭독과 서정시적 낭독의 혼합이라고 정의 내려야 하지만 그렇다고 해서 내적으로 안정된 혼합체는 결코 아니다. 이러한 안정된 혼합은 그렇게 서로 완전히 이질적인 것들 사이에서는 이루어질 수 없다. 음송조에서 보이는 [서사시적 낭독과 서정시적 낭독의] 혼합은 자연의 영역이나 체험의 영역 어느 곳에서도 전혀 선례가 없는 극히 외면적이고 모자이크적인 조합이다. **그러나 이는 음송조 창시자들의 견해는 아니었다.** 오히려 그들 자신과 그들의 시대는 저 무대조를 통하여 고대 음악의 비밀이 풀리게 되었으며, 이로 인하여 비로소 오르페우스와 암피온의[143] 더 나아가 그리스 비극의 〔관중에게 미치는〕 거대한 효과를 설명할 수 있다고 믿었다. 새로운 양식은 가장 효과가 큰 그리스 음악의 부활로 간주되었다. 호메로스의 세계를 **원시세계**(Urwelt)로 간주하는 일반적이고 전적으로 민중적인 견해로 인해서 사람들은 이제 다시 인류가 낙원에 살던 시원상태로 돌아간 것 같은 몽상에 젖을 수 있었다. 인류의 이 시원상태에서는 음악도 전원극 속에서 시인들이 감동적으로 표현하고 있는 저 탁월한 순수성, 힘, 무구함을 지니고 있음에 틀림이 없다고 사람들은 몽상했던 것이다. 여기서 우리는 정녕 현대의 고유한 예술 장르인 오페라의 가장 내적인 생성과정을 보게 된다. 즉 어떤 하나의 강력한 욕구가 여기서 하나의 예술을 무리하게 만들어 낸다. 그러나 이 욕구는 미학적인 종류의 것이 아니고 목가에 대한 동경이며, 예술적이고 선량한 인간이 태고에는 존재했음에 틀림없다는 믿음이다. 음송조는 저 원시인의 언어를 다시 발견한 것으로 여겨졌고, 오페라는 이 목가적이거나 영웅적으로 선량한 인간이 사는 땅이 다시 발견된 것으로 여

---

143) 암피온은 그리스 신화에 나오는 하프의 명수이다. 쌍둥이 형제 제토스와 함께 테베를 건설했는데, 그 성벽을 쌓을 때 제토스가 날라온 돌은 암피온이 연주하는 음악의 힘으로 저절로 조립되어 성벽이 되었다고 한다. 암피온은 일곱 줄로 된 하프를 본떠 테베에 7개의 문을 만들었다.

겨졌다. 이러한 인간은 어떠한 행동을 하더라도 자연스런 예술 충동에 따르며, 자신이 하는 말 모두를 반드시 약간은 노래 부르고 조금이라도 감정이 동하면 곧 힘찬 목소리로 노래한다. 낙원의 예술가라는 이렇게 새로 창조된 형상을 가지고 당시의 휴머니스트들이[144] 인간을 본질적으로 부패하고 타락한 것으로 보는 중세 교회의 인간관에 대해서 투쟁했다는 사실이 우리에게 지금 중요한 것은 아니다. 따라서 오페라는 선량한 인간이라는 관념을 주장하는 대항적인 교의로서 이해되어야 하며, 이 교의가 그 당시의 진지한 사람들이 모든 상황의 무서운 불확실성으로 인해서 가장 강하게 매료되었던 염세주의에 대한 위로의 수단이 되었다는 사실도 지금 우리에게 중요한 것이 아니다. 이러한 새로운 예술형식의 고유한 매력과 그것의 발생원인은 완전히 비미학적인 욕구의 충족에 있었으며, 인간 그 자체를 낙천주의적으로 미화하고 원시적 인간을 천성적으로 선량하고 예술적인 인간으로 파악하는 데 있었다는 것을 아는 것으로 충분한 것이다. 현재의 사회주의 운동을 고려할 때 오페라의 이러한 원리는 더 이상 무시할 수 없는 어떤 위협적이며 가공할 **요구**로 변했다. '선량한 원시인'이 자신의 권리를 찾으려고 한다. 이 얼마나 낙원 같은 전망인가!

---

144) 오페라는 피렌체의 휴머니스트들 사회에서 나타났다고 한다.

오페라가 우리의 알렉산드리아적 문화와 동일한 원리 위에 세워져 있다는 나의 견해를 뒷받침하기 위해서 나는 또 하나의 확실한 증거를 제시하고자 한다. 오페라는 예술가가 아니라 이론적 인간, 즉 비판적인 문외한들의 산물이다. 이는 모든 예술들의 역사에서 가장 기괴한 사실들 중의 하나이다. 무엇보다도 가사를 이해할 수 있어야만 한다고 요구한 것은 지극히 비음악적인 청중들이었다. 이들은 주인이 하인을 지배하듯이 가사가 대위법을 지배하는 성악 기법이 발견될 경우에만 음악의 재생이 기대될 수 있다고 생각했다. 이는 영혼이 육체보다도 훨씬 더 고귀한 것처럼, 말이라는 것이 반주되는 화음의 체계보다도 훨씬 더 고귀하기 때문이라는 것이다. 오페라의 발생기에는 음악과 형상 그리고 말의 결합은 이런 견해에서 나타나는 것처럼 속물적이고 비음악적으로 거칠게 다루어졌다. 이러한 미학에 근거하여, 피렌체의 상류 속물 사회에서 기생하고 있던 시인과 가수들의 손에 의해서 오페라가 처음으로 실험되었다. 예술에 무능력한 인간이 자신이 비예술적 인간 그 자체라는 바로 그 사실로 인해서 하나의 예술형식을 만들어 내었다. 그는 음악의 디오니소스적 깊이를 감지하지 못하기 때문에 음악의 향유는 그에게는 무대조에서 보이는 지성적인 말과 소리의 열정적 수사학으로, 그리고 성악의 기법에 대한 쾌감으로 변질되었다. 그는 환영을 볼 능력이 없기 때문에 도구취급자와 무대장치가를 고용하지 않을 수 없다. 그는 예술가의 진정한 본질을 파악하지 못하기 때문에 자기의 취미에 따라 '예술적 원시 인간', 즉 정열에 휩싸여 노래하고 시를 읊는 인간을 눈앞에 불러낸다. 그는 노래와 시를 만들어 내기 위해서는 정열만 가지고 있으면 충분한 시대로 자신이 되돌아온 것처럼 몽상한다. 마치 열정이 예술적인 것을 만들어 낼 수 있다는 것처럼. 오페라의 전제는 예술의 생성과정에 대한 잘못된 믿음이며, 보다 정확하게 말하면 원래 감수성을 지니는 모든 인간은 예술가라는 저 목가적인 믿음이다. 이러한 믿음이 갖는 의미를 염두에 둘 때, 오페라는 예술에서 속물근성의 표현이다. 이러한 속물근성은 이론적 인간의 명랑한 낙천주의와 함께 자신의 법칙을 강요한다.

우리가 오페라가 발생하는 데 작용했던 방금 서술한 두 가지 관념을[145] 하나의 개념으로 통합하고자 한다면, 우리에게는 **오페라의 목가적 경향**에 대해서 말하는 것 외에는 다른 방도가 남아 있지 않을 것이다. 여기서 우리는 실러의 표현방식과 설명을 사용하는 것이 좋을 것이다. 자연이 상실된 것으로, 이상이 도달되

---

145) 두 관념이란 첫째로 오페라의 발생이 비미학적인 욕구의 충족에 있었다는 것, 즉 원시시대에 선량하고 목가적인 자연 그대로의 예술가가 있었는데 그것이 근대에 와서 다시 가능하게 되었다는 낙천주의적 인간해석으로부터 오페라가 발생했다는 것과 둘째로 오페라가 비예술적인 인간인 이론적인 인간, 즉 아마추어에 의해서 발생했다는 것이다.

지 못한 것으로 표현될 경우 그것들은 모두 슬픔의 대상이라고 실러는 말하고 있다. 이에 반해 양자가 현실적인 것으로서 생각될 경우 그것들은 모두 기쁨의 대상이다. 첫 번째의 경우는 좁은 의미에서 비가를, 두 번째의 경우는 가장 넓은 의미에서의 목가를 제공한다. 여기에서 우리는 곧 오페라가 발생하는 데 작용했던 저 두 가지 관념들의 공통적인 특징에 주목해야만 한다. 공통적인 특징이란 저 두 가지 관념들에서 이상은 도달되지 않은 것이 아니며 자연은 상실된 것이 아닌 것으로 느껴지고 있다는 것이다. 이러한 느낌에 따르면 인간이 자연의 품 속에 안겨 있었고 이러한 자연 그대로의 상태에서 낙원의 선함과 예술적 천성을 통해서 인간의 이상을 실현했던 원시시대가 있었던 것이 된다. 우리 모두는 이렇게 완전한 원시인의 후예인 셈이다. 아니 지금도 역시 우리는 이 원시인과 동일한 형상을 가지고 있다. 우리가 우리 자신을 다시 이러한 원시인으로서 인식하기 위해서는 넘쳐 흐르는 박식함과 지나치게 풍부한 문화를 자발적으로 포기하기만 하면 된다. 즉 우리는 우리의 것을 약간만 버리면 되는 것이다. 르네상스 시대의 교양인은 그리스 비극을 오페라식으로 모방함으로써 자연과 이상의 이러한 조화로, 즉 목가적 현실로 되돌아갈 수 있었다. 그는 단테가 베르길리우스를[146] 이용했

---

146) 단테는 『신곡』에서 처음에는 로마의 시인 베르길리우스에 의해서 안내를 받는다. 그 후 천국의 길잡이는 베아트리체가 맡는다.

듯이 비극을 이용해 낙원의 입구에까지 인도될 수 있었다. 그러나 여기서부터는 독자적으로 전진하여 최고의 그리스 예술을 모방하는 것으로부터 '만물의 부흥'으로, 인간의 원시적인 예술세계의 모방으로 이행해 갔다. 이론적인 문화의 품 안에서 이처럼 대담한 노력을 하다니 얼마나 확신에 찬 선량함인가! '인간 그 자체'가 영원히 유덕한 오페라의 주인공이며 영원히 피리를 불거나 노래하는 목자라는 믿음, 그리고 인간이 언젠가 한 번은 잠시 자신을 상실하게 될지라도 마침내는 항상 자신이 영원한 목자임을 다시 발견할 것임에 틀림없다는 위로가 되는 믿음에 의해서밖에는 르네상스 시대의 교양인의 저 확신에 찬 선량함을 설명할 길이 없다. 그것은 소크라테스적 세계관의 깊이로부터 달콤하고 유혹적인 향기처럼 솟아오르는 낙천주의의 열매일 뿐이다.

따라서 오페라의 얼굴에는 영원한 상실을 슬퍼하는 저 비가적인 고통은 떠오르지 않는다. 오히려 영원한 재발견을 즐기는 명랑성이 서려 있으며, 사람들이 최소한 그 어떠한 순간에도 현실적인 것으로서 상상할 수 있는 목가적 현실에 대한 태평스런 기쁨이 서려 있다. 이 경우 사람들은 아마도 이 상상의 현실이 환상적이고 분별없는 장난거리에 지나지 않는다는 사실을 한 번쯤 예감하게 될지도 모른다. 이 장난거리를 진정한 자연의 무서운 엄숙성에 비추어 측정하고 인류 초기의 진정한 원시적 정경과 비교할 수 있는 사람이라면 누구나 이 장난거리에 대해서 구역질을 느끼면서 이렇게 외칠 것이다. 환영아, 물러가라! 그럼에도 불구하고 사람들이 유령을 내쫓을 때처럼 오페라 같은 어린애 장난 같은 것을 단순히 크게 호통을 쳐서 내쫓을 수 있다고 생각한다면 그것은 착각일 것이다. 오페라를 절멸시키려고 한다면 저 알렉산드리아적 명랑성과 일전을 벌여야만 한다. 알렉산드리아적 명랑성은 오페라에서 자신의 본의(本意)를 소박하게 표명하고 있다. 아니 오페라야말로 그것의 본래적인 예술형식이다. 이와 같은 예술형식으로부터 예술 그 자체를 위해서 무엇을 기대할 수 있을 것인가? 미학적 영역으로부터 유래하지 않고 오히려 반(半)도덕적 분야로부터 몰래 예술적 영역으로 넘어와 자신의 잡종적 태생을 여기저기에 숨길 수 있었던 예술형식에서 예술 그 자체를 위해서 무엇을 기대할 수 있을 것인가? 오페라라는 이 기생충적 존재가 진정한 예술의 수액을 먹고 자라는 것이 아니라면 그것은 어떠한 수액을 먹고 자라는 것인가? 예술에 주어진 진정으로 엄숙한 최고의 과제는 가공할 어둠 속을 응시한 눈을 구제하고 가상이라는 치료약으로 주체를 의지활동의 경련으로부터 구출하는 것이다. 그러나 오페라의 목가적 유혹 아래서는 그리고 알렉산드리아적인 대중영합적인 예술 아래에서는 예술의 이 진정한 과제가 공허한 기분전환의 오락적 경향으로 타락해 버린다는 것은 예상할 수 있는 일이 아닐까? 내가 무대조의 본질로 서술했던 그러한 양식 혼합[147] 속에서 디오

239

니소스적인 것과 아폴론적인 것이라는 영원한 진리는 무엇이 될 것인가? 음악은 하인으로 가사는 주인으로 간주되고, 음악은 육체에 가사는 정신에 비유되고 있는 곳에서? 음악이 향하는 최고의 목표가 과거 아티카의 새로운 주신찬가에서처럼 기껏해야 해설적인 음성그림인 곳에서? 음악이 디오니소스적인 세계의 거울이라는 진정한 존엄성을 완전히 박탈당하고 현상의 노예로서 현상의 형식을 흉내내고 선과 비례의 유희 속에서 외면적인 흥미를 일으키려고 하는 일 이외에는 아무것도 할 일이 없는 곳에서? 엄밀하게 고찰해 보면 오페라가 음악에 미친 이 불행한 영향은 현대 음악의 발전 전체와 일치한다. 오페라의 발생과 오페라에 의해 대표되는 문화의 본질에 숨어 있는 낙천주의는 무서울 정도로 빠르게 음악으로부터 그것의 디오니소스적 세계관을 박탈하고 그것에게 형식을 가지고 유희하고 오락적인 성격을 새겨 넣는 데 성공했다. 이러한 변화에 비교될 수 있는 것은 아이스킬로스적 인간이 알렉산드리아적인 명랑한 인간으로 변형되었다는 것뿐일 것이다.

그러나 우리가 여기서 실례로 제시한 것처럼 디오니소스적 정신의 소멸을, 가장 눈에 띄면서도 이제까지는 설명되지 않았던 그리스 인간의 변화와 퇴화에 연관시키는 것이 정당하다고 한다

---

147) 대사 부분과 음악 부분의 번거로운 교체를 가리킨다.

면, 우리의 현재 세계 속에서 **정반대의 과정, 즉 디오니소스적 정
신이 점차 깨어나고 있다는 사실**을 보증하는 가장 확실한 조짐
이 보일 때 우리의 마음속에 얼마나 희망이 샘솟겠는가! 헤라클
레스가 옴팔레에[148] 의해서 아무리 혹사당하더라도 그의 신적
인 힘이 영원히 소진된다는 것은 불가능하다. 독일 정신의 디오
니소스적 기반으로부터 하나의 힘이 솟아올랐다. 이 힘은 소크
라테스적 문화의 근본조건과는 아무런 공통점을 갖고 있지 않
으며 소크라테스 문화에 의해서 설명할 수도 변호할 수도 없다.
오히려 그것은 소크라테스 문화에 의해서 두렵고 설명할 수 없
는 것으로, 압도적이고 적대적인 것으로서 받아들여진다. 그 힘
이란 독일 음악이다. 그리고 그것은 특히 바흐로부터 베토벤,

---

148) 옴팔레는 그리스 신화에 나오는 리디아의 여왕이다. 헤라클레스는 헤
  라의 저주를 받아 이따금 정신착란을 일으켰는데, 그로 인해 오이칼리
  아의 왕자 이피토스를 죽인 뒤에 죄를 씻기 위해 헤르메스의 노예로 팔
  려갔다. 옴팔레는 노예가 된 헤라클레스를 사서 여장(女裝)을 시키고
  곁에 두었다. 헤라클레스는 옴팔레를 섬기면서 원숭이를 닮은 쌍둥이
  도적 케르코페스를 혼내 주고 리디아에 재앙을 일으키는 뱀을 죽이는
  등, 여러 가지 공을 세웠다. 나중에 헤라클레스의 신분을 알게 된 옴팔
  레는 그와 결혼하여 두 아들을 낳았다. 옴팔레와 헤라클레스에 관한 이
  야기는 많은 예술작품의 소재로 다루어졌다. 옴팔레는 사자 가죽을 걸
  치고 헤라클레스의 몽둥이를 들고 있으며, 헤라클레스는 여장을 하고
  실타래에서 실을 뽑는 모습으로 묘사된다. 프랑스 화가 프랑수아 르무
  안의 〈헤라클레스와 옴팔레〉 등이 전한다. 여기서 헤라클레스는 디오
  니소스적 정신, 즉 음악을 가리킨다.

베토벤으로부터 바그너에게로 태양처럼 강력하게 운행하는 **독일 음악**이다. 인식을 갈망하는 우리 시대의 소크라테스주의가 아무리 유리한 입장에 있더라도 이 한없이 깊은 곳으로부터 솟아오르는 다이몬(魔神)을 어떻게 대처할 수 있을 것인가? 오페라의 멜로디라는 톱니와 아라베스크를 가지고서도, 푸가와 대위법적 변증법이라는 주판을 가지고서도, 세 배나 강한 빛으로 저 다이몬을 굴복시키고 입을 열게 할 수 있는 공식은 발견되지 않을 것이다. 요즘 우리의 미학자들이 자신들한테밖에 통하지 않는 **아름다움**이라는 잠자리채로, 그들 앞에서 이해할 수 없는 생명을 갖고 움직이고 있는 음악의 정령(Genius)을 때려잡으려고 뛰어다니는 꼴은 얼마나 가관인가! 그들의 그러한 모습은 영원한 아름다움과 숭고함과는 거리가 멀다. 음악 애호가들이 지치지 않고, 아름다움이여! 아름다움이여! 외치고 있을 때 한 번 그들에게 가까이 다가가서 자세히 살펴보라. 그 경우 그들이 아름다움의 품 안에서 곱게 자라난 자연의 총아처럼 보이는지, 아니면 그들이 오히려 자신의 조잡함을 숨기기 위해서 어떤 기만적인 형식을 찾고 자신의 빈곤하고 냉랭한 감수성을 감추기 위해서 미학적 변명을 찾고 있는 것은 아닌지를. 이런 사람의 예로서 나에게는 오토 얀(Otto Jahn)이[149] 떠오른다. 그러나 독일 음

---

149) Otto Jahn(1813~1869)은 독일의 고전문헌학자이자 음악학자, 언어학자이다. 음악에 조예가 깊어 새로 설립된 바흐협회에 참여하여 당시 바

악 앞에서는 그러한 사기꾼이자 위선자도 조심할지 모른다. 왜
냐하면 우리의 문화 전체에서 음악이야말로 유일하게 순수하

그녀를 둘러싼 싸움에서 철저한 반(反)바그너주의자로 활약했으나, 오
늘날에는 모차르트의 전기작가로 더 알려져 있다. 그의 『모차르트의 전
기』(4권, 1856~59)는 문헌학적 비판의 엄밀한 방법에 바탕을 둔 최초의
전기 연구서로서 큰 의의를 가지고 있으며, 19세기 후반 그뤼산더의 『헨
델』, 슈피터의 『바흐』, 폴의 『하이든』 등의 전기에 큰 영향을 주었다.

니체는 본(Bonn) 대학에 재학하던 당시 얀의 강의를 들었다고 한다.
니체의 은사였고 박사학위도 없는 니체를 바젤 대학에 교수로 추천했
던 리츨 교수와 얀 사이에는 당시에 시끄러운 논쟁이 있었고, 그 후 니
체는 리츨 교수를 따라 라이프치히 대학으로 옮겼다. 수년 후에 『비극
의 탄생』이 간행되었을 때, 나중에 독일 고전문헌학계의 중진이 되는
빌라모비츠 묄렌도르프(Wilamowitz-Möllendorff, 1848~1931)가 이
책에 대해서 맹렬한 공격을 퍼부은 유명한 사건이 일어났다. 이 공격적
인 비판에 의해서 니체는 사실상 학계의 지탄을 받게 되는데, 빌라모
비츠가 그 당시 얀에게 배우고 있던 신진학도였다는 사실은 주목할 만
하다. 그는 니체에 대한 비판에서 얀에 대한 이 부분을 문제 삼으면서
니체의 불경과 교만을 날카롭게 공격했다.

그러나 니체의 『비극의 탄생』은 니체의 스승 리츨에 의해서도 '현란하
고 무절제한 책'으로 혹평을 받게 된다. 니체는 이 책에서 단순히 그리
스 비극이 탄생하게 된 역사적 배경을 문헌학적으로 탐구하는 것을 넘
어서 인간과 세계 그리고 음악의 본질을 철학적으로 규명하려고 했다.
니체는 고전문헌학을 넘어서 철학을 하려고 했던 것이다. 니체는 철학
과 분리된 순수한 고전문헌학을 소크라테스주의나 알렉산드리아 문화
로 규정하면서 근본적으로 부정하고 있다. 이에 반해 리츨은 순수문헌
학을 고집하면서 문헌학이 철학과 뒤섞이는 것을 경계했다. 그러나 이
러한 경향은 리츨만의 경향이 아니라 당시의 고전문헌학을 지배하던
경향이어서 니체는 독일 고전문헌학계 전체에 의해서 고전문헌학을 포
기한 사람으로 배척당하게 되고 학생들마저도 그의 강의를 수강하는
것을 기피하게 된다.

고 맑으며 정화시키는 불의 정신(Feuergeist)이기 때문이다. 에페소스의 위대한 헤라클레이토스의 가르침처럼 만물이 이중의 원을 그리며, 이 불의 정신으로부터 흘러나와서 다시 그곳으로 흘러들어가는 것이다. 우리가 지금 문화, 교양, 문명이라고 부르는 모든 것은 언젠가 한 번은 속일 수 없는 재판관인 디오니소스 앞에 서야만 할 것이다.

이제 다음과 같은 사실을 상기해 보자. 동일한 원천에서 흘러나온 **독일 철학**의 정신이 칸트와 쇼펜하우어를 통해 학문적 소크라테스주의의 한계를 증명함으로써 그것의 자기만족적인 생존욕을 파괴할 수 있었고, 이러한 증명을 통해서 윤리적인 문제들과 예술에 대한 무한히 깊고 진지한 고찰이 시작되었다는 사실 말이다. 우리는 이러한 고찰이야말로 개념적으로 파악된 **디오니소스적 지혜**라고 부를 수 있을 것이다. 독일 음악과 독일 철학의 이러한 통일의 신비는 우리에게 하나의 새로운 존재방식을 가리키고 있다. 이러한 존재방식의 내용에 대해서는 단지 고대 그리스의 유사한 예들로부터만 예감할 수 있다. 왜냐하면 두 개의 상이한 존재형식들의 경계선에 서 있는 우리들에게는 저 모든 이행과 투쟁이 고전적이고 교훈적인 형태로 새겨져 있는 그리스라는 모범이 헤아릴 수 없는 가치를 갖고 있기 때문이다. 다만 우리는 지금 알렉산드리아 시대로부터 비극시대로 거슬러 올라가는 것처럼 **역순**(逆順)으로 그리스 존재의 위대하고 중요한 시기들을 유비적으로 두루 체험하고 있는 것일 뿐이다. 이때 우리들은 비극적인 시대의 탄생이 독일 정신에게는 단지 자기 자신으로의 귀환, 축복해 마지않을 자신의 재발견을 의미해야만 하는 느낌을 갖게 된다. 이러한 복귀는 구제할 수 없을 정도로 야만적인 형식 속에서 연명해 온 독일 정신을 외부로부터 침입해오는 엄청난 힘들이 자기의 형식의 노예로 만들어 버린 지 오랜 후에 이루어지는 것이다. 이제 마침내 독일 정신은 자신의 본질의 근원으로 되돌아가서 로마 문명의 인도를 받지 않고 모든 민족들 앞에서 대담하고 자유롭게 당당히 활보해도 되는 것이다. 이를 위해서는 독일 정신이 확고한 의지로 하나의 민족에게서 배울 줄 알기만 하면 된다. 그 민족이란 그리스 민족을 말하며, 이 민족에게서 배울 수 있다는 것은 그 자체만으로도 이미 하나의 드높은 명예이며 너무나 드문 일인 것이다. 우리는 지금 **비극의 재탄생**을 체험하고 있지만, 이것이 어디에서 오는지를 알지 못하며 그것이 어디로 가는지도 이해할 수 없다는 위험에 처해 있다. 이러한 때야말로 그리스 민족이라는 최고의 스승을 필요로 하는 때가 아니겠는가?

20

이제까지의 역사에서 어떤 시대에 그리고 어떤 인물들에 의해서 독일 정신이 그리스 민족으로부터 배우려고 가장 열심히 노력했는지가 언젠가는 공정한 재판관의 눈 아래서 신중하게 판단될 것이다. 우리가 이러한 유일무이의 영예는 괴테, 실러, 빙켈만의[150] 더할 나위 없이 고귀한 교양상의 투쟁에 돌아가야만 한다는 사실을 확신을 갖고 인정할 경우에, 저 시대와 저 투쟁이 직접적으로 영향을 미쳤던 시대 이후부터는 〔그들과〕 동일한 길을 밟으면서 교양과 그리스인에게로 이르려고 하는 노력이 불가해하게도 점차 약해져 갔다는 사실도 반드시 부언해 두지 않으면 안 된다. 독일 정신에 전적으로 절망하지 않기 위해서 이러한 사실로부터 다음과 같은 결론을 끌어내어도 되지 않을까? 그것은 어떤 중요한 점에서 저 투사들도 그리스 본질의 핵심 속으로 뚫고 들어갈 수 없었으며, 독일 문화와 그리스 문화 사이에 지속적인 사랑의 유대를 맺는 것에 성공하지 못했을지도 모른다는 것이다. 그 결과 후대의 보다 진지한 사람들은 저 결함을 무의식적으로 인식했기 때문에, 그들은 자신들이 선배들의 뒤를 따라

---

150) 빙켈만(Johann Joachim Winckelmann, 1717. 12. 9~1768. 6. 8)은 독일의 미술사가이자 미학자이다. 매우 가난하여 고학으로 할레 대학, 예나 대학 등에 다녔으며, 귀족의 도서실 사서(司書)로 일하면서 고대 그리스 문화를 연구하였다. 『회화 및 조각에서 그리스 미술품의 모방에 관한 고찰』(1755)을 출판하여, 그 당시 일고 있던 고전주의(古典主義) 사상의 선구자로 인정받게 되었다. 그는 그리스 정신의 특성을 '조용한 위대성과 고귀한 소박성'이라고 규정했다.

서 동일한 교양의 길을 밟을 경우에 선배들보다 더 멀리 나아가게 될 것인지 그리고 도대체 목표에 도달할 수 있을 것인지에 대해서 의심에 사로잡혔고 의기소침하게 되었다. 그 때문에 우리는 저 시대 이래로, 교양에 있어서 그리스인들이 갖는 가치에 대한 판단이 가장 우려할 만한 방식으로 퇴락하게 되는 것을 보게 되는 것이다. 정신과 비정신의 온갖 다양한 분야에서 그리스 문화보다 자신을 우월한 것으로 보면서 그리스 문화를 가엾게 여기는 표현들이 들려온다. 그런가 하면 다른 한편으로는 아무런 쓸모없는 미사여구들이 '그리스적 조화'니, '그리스적 미'니, '그리스적 명랑성'이니 하며 시시덕거리고 있다. 그리고 고등교육기관의 교사회 자체는[151] 독일의 교양을 구원하기 위해서 그리스라는 하상(河床)으로부터 끊임없이 길어내는 것을 존엄한 사명으로 하고 있지만, 그 단체로부터 가장 잘 배울 수 있는 것이라고는 그리스 사람들과 적당한 시기에 안일하게 타협하는 것이었다. 마침내는 그리스적 이상에 대해서 회의를 품은 나머지 포기해 버린다든가 모든 고대 연구의 진정한 목적을 완전히 전도하는 일도 드물지 않다. 일반적으로 그러한 교사사회에서 고대 문서의 신뢰할 만한 교정자나 언어를 현미경을 통해서 조사하는 것처럼 세심하게 연구하는 박물학적인 연구가가 되는 데에 몰두한 나머

---

151) 당시의 고전문학계를 가리킨다고 볼 수 있다.

지 심신이 완전히 지쳐 버리지 않은 사람이라면, 그는 아마도 그리스 고대를 다른 나라의 고대와 마찬가지로 '역사학적으로' 이해하려고 노력하기는 할 것이다. 그러나 이러한 노력도 틀림없이 요즘 우리의 교양 있는 역사서술의 방법에 따르면서 〔그리스인들에 대해서 자신들이〕 우월하다고 생각하는 태도와 함께 행해질 것이다. 그 결과 고등교육기관 본래의 교육능력은 현재 그 어느 시대보다도 저하되고 허약해져 있는 상태이다. 교양에 관한 모든 점에서 고등교육의 교사들에 대해서 승리를 거둔 것은 매일 종이의 노예가 되고 있는 저 '저널리스트'였다. 교사들에게 남아 있는 유일한 길은 이미 자주 보였던 일이지만 변신을 통해서 이제는 저널리스트적으로 말하고 저널리즘 특유의 '경쾌한 우아함'을 갖추고 명랑하고 교양 있는 나비가 되어 날아다니는 것뿐이다. 이러한 현대에서 그와 같은 교양인들은 이제까지 이해되지 않았던 그리스적 정신의 가장 깊은 근저로부터만 유비적으로 파악될 수 있는 저 현상, 즉 디오니소스적 정신의 부활과 비극의 재탄생을 도대체 얼마나 비참하게 혼란스러워하면서 바라보아야만 할 것인가? 이른바 교양이라는 것과 본래의 예술이 우리가 현재 눈앞에 보는 것보다 더 서로 낯설어하고 혐오감을 느끼면서 대립했던 예술 시기는 없었다. 그렇게 허약한 교양이 진정한 예술을 왜 그렇게 증오하는지를 우리는 알고 있다. 그것은 예술에 의해서 교양 자신이 몰락할까 봐 두렵기 때문이다. 그러나 문화의 한 종류 전체, 즉 저 소크라테스적·알렉산드리아적 문화는 그것이 현재의 교양에서 보는 것처럼 화사하고 연약한 종말에 도달해 버린 후 그 생명을 마쳤다고 말할 수 있는 것이 아닐까? 실러와 괴테와 같은 영웅들도 그리스의 마(魔)의 산에 통하는 마법의 문을 부수는 데 성공할 수 없었다. 그들의 용감한 투쟁에 의해서도 괴테의 이피게니아가[152] 야만의 땅 타우리스에서 바다 저편 고향으로 동경의 시선을 보내는 것 이상으로는 더 나아가지 못했다. 그렇다면 괴테의 아류들에게 남아 있는 희망이란, 그들의 눈앞에 이제까지의 문화가 행했던 모든 노력에 의해서 전혀 건드려지지 않은 다른 측면으로부터 부활한 비극 음악이 신비스럽게 울리는 가운데 갑자기 저 마법의 문이 저절로 열리는 것이다.

어느 누구도 그리스적 고대의 재생이 임박해 있다는 우리의 이 믿음을 흔들지 말기 바란다. 왜냐하면 우리는 이 믿음에서만 음악이라는 불의 마력에 의해서 독일 정신을 혁신하고 정화한다는 희망을 발견하기 때문이다. 황폐하고 지쳐 버린 현대 문화에서 미래에 위로가 되는 기대를 불러일으킬 수 있는 것으로 그러한 믿음 외에 무엇을 들 수 있겠는가? 헛된 일이지만 우리는 땅 속에 굳세게 뻗어 있는 나무뿌리 하나만이라도 붙잡고, 풍요하

---

152) 괴테의 희곡 『타우리스 섬의 이피게니아』(1787)를 가리킨다.

고 건전한 토양을 한 조각만이라도 찾으려고 애를 쓴다. 그러나 도처에 먼지, 모래, 마비, 초췌함뿐이다. 이렇게 아무런 위로도 발견하지 못하고 고독한 자는 뒤러가 우리에게 그려준 〈죽음과 악마를 거느린 기사〉보다 자신의 신세에 대해서 더 적합한 상징을 선택할 수 없을 것이다. 그 기사는 갑옷을 입고 청동처럼 준엄한 시선과 함께 공포의 길을 아무런 동요도 아무런 희망도 없이 단지 홀로 말과 개를 거느리고 전진할 줄밖에 모른다. 이러한 뒤러의 기사가 바로 우리의 쇼펜하우어였다. 그에게는 아무런 희망도 없었다. 그럼에도 불구하고 그는 그저 진리를 원했던 것이다. 그와 견줄 만한 자는 없다.

그러나 내가 방금 그렇게 어둡게만 묘사했던 우리의 황량하고 지쳐 버린 문화가 디오니소스적인 마력에 접할 때 그것은 어떻게 변하는가! 〔디오니소스라는〕 일진광풍이 불어 모든 노쇠, 부패, 파손, 위축을 휩싸고 소용돌이치면서 붉은 먼지 구름 속에 휘감아 독수리처럼 저 멀리 허공 속으로 채어가 버린다. 어찌할 줄 모르고 당황해하면서 우리의 눈은 사라진 것을 찾는다. 왜냐하면 이때 우리 눈에 들어오는 것은 우리가 마치 나락의 밑바닥에서 금빛 찬란한 곳으로 솟아오르거나 한 것처럼 완전하고 초록빛이고 넘칠 것처럼 생기 있고 무한히 동경했던 것이기 때문이다. 이처럼 넘치는 생명, 고뇌, 쾌락의 한가운데에, 숭고한 황홀경에 잠긴 채 앉아 있는 것이 비극인 것이다. 비극은 저 아득히 멀리서 들려오는 애수의 노래에 귀를 기울인다. 이 노래는 광기, 의지, 비통이라는 존재의 어머니들에 대해서 이야기한다. 그들의 이름은 광기, 의지, 비통함이다. 그렇다. 내 친구들이여, 나와 함께 디오니소스적 삶과 비극의 재탄생을 믿자. 소크라테스적 인간의 시대는 끝났다. 담쟁이 넝쿨을 가지고 그대들의 머리를 장식하라. 바쿠스의 지팡이를[153] 손에 들어라. 호랑이와 표범이 그대들의 무릎 아래에 와서 상냥하게 누워도 놀라지 말라. 이제 과감히 비극적 인간이 되어라. 그러면 그대들은 구원될 것이다. 그대들은 인도로부터 그리스로 향하는 디오니소스의 축제 행렬에 가담하라![154] 격렬한 전투를 준비하라. 그러나 그대들 신의 기적을 믿으라!

21

이러한 격려와 고무의 어조를 멈추고 관조자에 어울리는 기분으로 되돌아가기로 하자. 반복해서 말하지만 그렇게 기적같이

---

153) 디오니소스(바쿠스)나 그의 시종인 마이나데스가 손에 들고 다니는 지팡이로 대개 송악과 포도 덩굴로 감겨 있고 꼭대기에는 솔방울이 달려 있다.
154) 인도의 연약한 염세주의에서 그리스의 디오니소스적 강한 염세주의로 전환할 것을 요구하는 표현이다.

갑작스럽게 비극이 깨어났다는 사실이 어떤 민족의 가장 내적인 생의 토대에 대해서 무엇을 의미하는지는 오로지 그리스인들로 부터만 배울 수 있다. 비극적 비밀제의의 이 민족이야말로 페르시아 전쟁을 수행했던 민족이다. 페르시아 전쟁을 수행한 이 민족은 또한 비극을 필수적인 건강 회복의 음료로서 필요로 했다. 이 민족이 몇 세대에 걸쳐서 디오니소스적 다이몬의 극심한 경련에 의해서 가장 깊은 내부까지 뒤흔들려진 후에도 이 민족에게서 가장 단순한 정치적 감정, 가장 자연스런 애향심, 근원적이고 남성적인 투쟁심이 아직도 그처럼 한결같이 강력하게 발휘될 것이라고 누가 추측했을 것인가? 그러나 디오니소스적 흥분상태가 심각하게 번질 때마다 언제나 다음과 같은 사실이 관찰된다. 즉 [디오니소스적 흥분상태가 번지면서] 개인의 사슬에서 풀려나 디오니소스적 해방이 일어나게 되면 정치에 대한 무관심 아니 정치에 대한 적개심으로까지 발전하는, 정치적 본능의 침해가 무엇보다도 먼저 감지된다는 것이다. 다른 한편으로 국가를 형성하는 아폴론이 개별화 원리의 수호신이며 국가와 향토애는 개인적인 인격을 인정하지 않고서는 존재할 수 없다는 것도 확실하다. 어떤 민족이든 디오니소스적 황홀상태에서 출발하면 귀착점은 하나밖에 없다. 이 귀착점은 인도의 불교이다. 불교는 무에의 동경을 견뎌내기 위해서 시간과 공간과 개체를 초월한 저 희귀한 황홀경을 필요로 한다. 이러한 황홀경은 다시금 중간상태의[155] 형언할 수 없는 불쾌감을 어떤 관념에 의해서 극복하는 방법을 가르쳐 주는 하나의 철학을 요구한다. 이와는 반대로 정치적 충동의 무조건적 긍정으로부터 출발한 민족은 필연적으로 극단적인 세속화의 길로 빠져든다. 이 길의 가장 대규모적이고 가장 가공할 표현이 바로 로마 제국이다.

인도와 로마 사이에 세워져 유혹적인 선택을 강요받던 그리스인들은 고전적으로 순수하게 제3의 형식을 고안해 내는 데 성공했다. 이 형식은 그리스인들 자신에 의해서는 오랫동안 사용되지 않았지만 바로 그 때문에 불멸의 것이 되었다. 신들의 총아가 요절한다는 것은 모든 사물에도 일반적으로 타당하다. 그러나 신들의 총아가 신들과 함께 사후에 영생하는 것 또한 확실한 사실이다. 어떻든 더할 나위 없이 고귀한 것에 대해서는 가죽처럼 질기고 오래가는 특성을 요구해서는 안 된다. 질긴 지속성은 예를 들면 로마의 국민적 충동에 고유한 것이지만, 그것은 완전성이 갖는 필연적인 특성은 아니다. 그리스인들은 그들의 위대한 시기 동안에 디오니소스적 충동과 정치적 충동이 유난히 강력했음에도 불구하고 황홀한 명상에 탐닉하거나 세속적인 권력과 세속적인 명예에 대한 불타는 갈망에 사로잡혀서 자신을 소진하지 않고, 활기를 불어넣어 주면서도 동시에 관조적인 기분으로 이

---

155) 무와 황홀경 사이의 중간상태를 말한다.

끄는 기가 막힌 포도주가 갖는 것과 같은 저 훌륭한 혼합을 성취하였다. 도대체 어떠한 약제를 사용했기에 그리스인들은 그렇게 할 수 있었을까? 이 경우 우리는 민족생활 전체를 자극하고 정화하고 내면을 발산시키는 **비극**의 거대한 힘을 상기하지 않을 수 없다. 우리는 비극이 모든 예방적인 치료제의 정수로서, 즉 가장 강력하고 그 자체로서는 극히 커다란 화(禍)를 잉태하고 있는 두 가지 민족성을 매개하는 자로서 그리스인들에게 나타난 것과 마찬가지로 우리의 면전에 나타날 때 비로소 비극이 갖는 최고의 가치를 감지하게 될 것이다.

비극은 음악의 최고의 황홀경을 자신 속에 흡수하여 그리스인들의 경우에서뿐 아니라 우리의 경우에도 음악을 완성시킨다. 그러나 비극은 이때 비극적 신화와 비극적 주인공을 음악 곁에 세운다. 이 비극적 주인공은 강력한 거인처럼 디오니소스적 세계 전체를 그 등 뒤에 짊어지고 우리를 디오니소스적 세계라는 무거운 짐으로부터 해방시킨다. 다른 한편으로 비극은 그와 동일한 비극적 신화를 통하여 비극적 주인공이라는 인물의 형태로 개별적인 생존에 대한 탐욕스런 충동으로부터 우리를 구원하며, 경고하는 손으로 다른 삶과 보다 높은 기쁨을 상기시킨다. 투쟁하는 주인공은 자신의 승리에 의해서가 아니라 몰락에 의해서 이러한 기쁨을 예감하고 준비한다. 비극은 음악의 보편적인 효력과 디오니소스적인 감수성을 지닌 청중 사이에 고귀한 비유인 신화를 놓고, 청중들에게 음악이 신화라는 조형적인 세계에 생기를 불어넣는 최고의 표현수단에 불과한 것 같은 착각을 불러일으킨다. 이러한 고귀한 착각의 도움으로 비극은 이제 팔다리를 놀려서 주신찬가에 맞추어 춤을 추게 되고, 아무런 두려움 없이 광란도취의 자유로운 느낌에 자신을 내맡길 수 있게 된다. 비극이 만일 이러한 착각의 도움을 빌리지 않는다면, 음악 그 자체만으로는 감히 이 광란도취의 자유로운 느낌에 젖을 수 없을 것이다. 신화는 우리를 음악으로부터 보호해 주면서도 다른 한편으로는 음악에 최고의 자유를 준다. 음악은 이렇게 최고의 자유를 부여받은 것에 대한 답례로 비극적 신화에게 사람들의 심금을 울리면서 강한 설득력을 갖는 형이상학적 의미를 제공한다. 음악만이 이러한 도움을 줄 수 있는 것이며, 음악의 도움 없이 말과 형상은 이러한 형이상학적 의미를 획득할 수 없는 것이다. 그리고 특히 몰락과 부정을 통해서 도달하는 최고의 환희에 대한 저 확실한 예감이 음악을 통해서 관객을 엄습하게 된다. 그결과 관객은 사물의 가장 깊은 심연이 마치 자신에게 분명하게 말을 걸어오고 자신은 그 말을 듣고 있는 것처럼 생각하게 된다.

이상의 서술에 의해서 아마도 나는 이러한 어려운 관념을 소수의 독자만이 이해할 수 있는 잠정적인 방식으로 표현했을 뿐이다. 따라서 여기서 나는 독자 여러분에게 이러한 관념을 이해하도록 다시 한 번 시도할 것을 부탁하지 않을 수 없으며, 나와 독자에게 공통된 경험의 한 실례에 의거해서 그러한 보편적인 명제를 인식하기 위한 준비를 하도록 간청하지 않을 수 없다. 이러한 예를 고찰함에 있어 나는 음악을 더욱 가깝게 느끼기 위해서 무대에 전개되는 사건의 형상, 등장인물의 말과 정열의 도움을 받는 사람들을 상대로 하고 싶지는 않다. 왜냐하면 이런 사람들은 모두 음악을 모국어로 갖지 않으며, 형상과 말과 정열의 도움을 받는다고 해도 음악 이해의 입구 이상으로 들어갈 수 없으며 더군다나 음악의 가장 내밀한 성소(聖所)는 손을 대는 것조차 허용되지 않기 때문이다. 이런 사람들 중의 많은 사람들이 게르비누스처럼[156] 음악 이해의 길에서 입구에조차 들어가지 못하는 형편이다. 내가 상대로 하는 사람들은 음악과 직접적인 혈연관계를 갖고 있고 말하자면 음악 속에서 어머니의 품을 발견하며, 음악과의 무의식적인 관계를 통해서만 사물들과 관계를 맺는 사람들이다. 이러한 진정한 음악가들에게 나는 묻고 싶다. 〈트리스탄과 이졸데〉의[157] 제3막을 형상과 말의 도움을 빌리지 않고 오직

---

156) 게르비누스(Georg Gottfried Gervinus, 1805. 5. 20~1871. 3. 18)는 독일의 문학사가로서 유명한 셰익스피어 연구가이기도 했다. 니체는 게르비누스를 상당히 범속한 합리주의와 자유주의적인 정치관 때문에 싫어했다.

157) 3막 11장으로 구성되어 있는 바그너의 가극 작품으로 1859년에 완성되었다. 트리스탄과 이졸데는 서로 사랑하는 사이로 이졸데의 남편 국왕 마르케를 속이면서 서로 만난다. 트리스탄의 옛 벗인 메에로드는 국왕 마르케의 명예를 위해서 트리스탄에게 칼을 휘두르지만 트리스탄은 저

거대한 교향곡의 악장으로서만 지각하며 영혼의 모든 날개를 경련(痙攣)하며 펼치면서도 숨을 거두지 않는 사람이 있다고 상상할 수 있는가라고. 여기서처럼 세계의지의 심장에 자기의 귀를 대고서, 이 심장으로부터 광포한 생존욕이 때로는 격렬한 흐름이 되고 때로는 잔잔히 흐르는 시냇물이 되면서 세계의 모든 혈관 속으로 흘러들어가는 것을 느끼는 사람, 이 사람은 순식간에 산산이 부서지지 않을까? 그는 인간이라는 개체의 깨지기 쉬운 유리 껍데기를 둘러쓰고서 '세계의 밤의 광활한 공간'에서 들려오는 수많은 환호성과 한탄의 메아리를 견뎌내야 한다. 그는 형이상학이라는 목자(牧子)들의 윤무를 보면서 자신의 근원적 고향으로 도피해서는 안 된다. 그러나 〈트리스탄과 이졸데〉라는 작

항하지 않는다. 치명상을 입은 트리스탄은 바다가 멀리 보이는 카레올 성으로 도망쳐서 은거한다. 양치기가 위문을 와서 "바다는 황량하다"고 슬픈 노래를 부르면서 퇴장한다. 죽은 듯이 누워 있던 트리스탄은 그 노래를 들으면서 "옛 노래여 ……"라고 이졸데를 그리는 긴 노래를 부른다. 트리스탄은 연인 이졸데와 헤어져 있는 비통함을 견디지 못하고 "세계의 밤은 드넓은 공간이로다" "그리워라! 그리워라!"라고 절규한다. 그때 이졸데를 태운 배가 왔음을 알려 주는 호른의 노랫소리가 들려온다. 마침내 이졸데의 배가 보이자 쿠르베날은 해변가로 급히 서둘러 가면서, 다가오는 배를 보고 환호성을 올린다. 이졸데가 "트리스탄"이라고 울부짖으면서 달려오고, 트리스탄도 "이졸데"라고 소리치면서 그녀의 품을 향해서 비틀비틀 다가간다. 그는 연인을 힘껏 포옹하고는 숨을 거둔다. 이졸데는 트리스탄의 얼굴을 들여다보면서 "그의 미소는 어찌나 온유하고 조용한지"라고 노래 부른다. 이졸데 역시 트리스탄의 품에서 행복하게 죽는다.

품을 전체로서 개체의 존재를 부정하지 않고서 감상할 수 있다면, 그리고 그러한 음악의 창조를 창조자를 파괴하지 않고서 이룰 수 있다면, 우리는 이러한 모순의 해결을 어디서 얻을 수 있는가?

여기에서 우리의 최고의 음악적 흥분과 저 음악 사이에 비극적 신화와 비극적 영웅이 끼어들게 된다. 이들은 근본적으로, 음악만이 직접적으로 말해 줄 수 있는 가장 보편적인 사실들에 대한 비유일 뿐이다. 그러나 이제 우리가 순수한 디오니소스적 존재로서 느낄 경우에 신화는 우리의 주의를 끌지 못한 채 아무런 영향력 없이 우리 옆에 서 있을 뿐이며, 우리가 '사물 이전의 보편'의 메아리에 귀를 기울이는 것을 한순간도 방해할 수 없을 것이다. 그러나 여기에 **아폴론적** 힘이 환희에 찬 착각이라는 향유(香油)를 들고 나타나 거의 산산이 해체된 개체를 재건하고자 한다. 갑자기 우리는, 꼼짝도 않고 서서 자신에게 "옛 노래, 왜 이것이 나를 깨울까?"라고 중얼거리는 트리스탄만을 보고 있다고 믿게 된다. 그리고 이전에는[158] 우리에게 존재의 중심에서 울려나오는 허무한 탄식처럼 들리던 소리들이 이제는 얼마나 "바다가 황량하고 공허한가"만을[159] 우리에게 알려주려고 할 뿐이다. 그리고 우리가 그 전에는 모든 감정이 발작적으로 팽창하

---

158) 1막과 2막을 가리킨다.
159) 〈트리스탄과 이졸데〉에서 인용된 구절.

면서 자신이 숨도 못 쉬고 소멸되어 간다고 생각했고 우리를 현세의 삶에 묶어두는 것도 그리 많지 않았다고 한다면, 이제 우리는 치명적인 상처를 입었지만 죽지는 않는 영웅이 절망에 찬 목소리로 "그리워라! 그리워라! 죽음에 임해서도 그리워라! 그리워서 죽을 수 없네"라고 소리치는 것을 보게 된다. 그리고 전에는 너무도 크고 너무도 많은 격렬한 고통이 지나간 후에 들려오는 호른의 소리가 마치 최고의 고통처럼 우리의 가슴을 갈기갈기 찢어 놓았는데, 이제는 우리와 이 〔호른 소리의〕 '개가(凱歌) 자체' 사이에 이졸데가 타고 오는 배를 바라보면서 환호하는 쿠르베날이 끼어든다. 〔영웅에 대한〕 동정심이 아무리 강력하게 우리의 폐부를 파고들더라도 그것은 어떤 의미에서는 우리를 세계의 근원적 고통에서 구해 준다. 이는 신화의 비유적 형상이 우리를 최고의 세계이념에 대한 직접적 관조로부터 구해 주고, 우리를 무의식적 의지의 막힘없는 분출로부터 구원해 주는 것과 같다. 저 장려한 아폴론적 착각에 의해서 우리에게는 소리의 나라가 조형의 나라처럼 우리에게 걸어오는 것으로 여겨지고, 그중에서도 트리스탄과 이졸데의 운명만이 마치 가장 섬세하고 표현력 있는 소재로 형성되고 조형적으로 새겨진 것처럼 느껴지는 것이다.

이렇게 아폴론적인 것은 우리를 디오니소스적인 보편성으로부터 떼어 놓고 여러 개체들에 매료시킨다. 아폴론적인 것을 통해서 우리는 불가피하게 이 개체들에 동정심을 갖게 된다. 그리고 아폴론적인 것은 이러한 개체들을 통해서 위대하고 숭고한 형식을 맛보고자 하는 우리의 미의식을 만족시킨다. 그것은 삶의 형상들을 이끌면서 우리 옆을 지나가고 이것들 속에 포함되어 있는 삶의 핵심을 사상적으로 파악하도록 우리를 자극한다. 아폴론적인 것은 형상, 개념, 윤리적 교훈, 동정심의 자극을 통해서 인간을 광란도취적인 자기파괴로부터 끌어올린다. 그리고 그것은 인간을 착각에 빠뜨려서 디오니소스적 사태의 보편성을 보지 못하게 하며, 인간으로 하여금 자신이 개개의 세계형상, 예를 들면 트리스탄과 이졸데를 보고 있는데 이것을 **음악을 통해서** 단지 더 잘 그리고 더 깊이 보고 있다는 망상을 갖게 한다. 이렇게 아폴론적인 것이 우리들에게, 디오니소스적인 것이 사실상 아폴론적인 것을 섬기면서 그 효과를 증대시킬 수 있고 게다가 음악이 본질적으로 어떤 아폴론적인 내용을 위한 표현수단이라는 착각을 불러일으킬 수 있다면 아폴론의 마법의 의술은 무엇인들 못하겠는가?

완성된 연극과 그것의 음악 사이에서 작용하는 예정조화에 의하여 연극은 언어연극이 보통은 도달하기 어려운 최고의 가시성(可視性 , Sichtbarkeit)에 도달하게 된다. 무대 위의 생생한 모든 인물들은 자율적으로 움직이는 한 줄기 선율이 되어서 우리 앞에서 하나의 선명한 곡선으로 단순화된다. 이렇게 하여 만들어진 여러 선들은 서로 얽혀서, 사건의 진행과 미묘하게 공명하면서 교체되는 화음으로 우리들에게 들려온다. 이러한 화음의 교체를 통해서 사물들의 관계가 우리에게 추상적인 방식으로가 아니라 감각적으로 지각 가능한 방식으로 직접적으로 받아들여지게 된다. 우리는 또한 이러한 관계 속에서 등장인물의 본질과 한 줄기 선율의 본질이 순수하게 드러난다는[160] 사실을 화음의 교체를[161] 통해서 인식하게 된다. 그리고 음악이 우리가 보통 때보다 더 많이 그리고 더 내면적으로 보게 하고 무대 위의 사건을 섬세한 직물(織物)처럼 우리 앞에 펼쳐지게 하는 동안에, 내면을 들여다보는 우리의 정신화된 눈에게 무대의 세계는 무한히 확대되는 동시에 내면으로부터 비추어진다. 훨씬 불완전한 메커니즘을 가지고 언어와 개념으로부터 출발하는 간접적인 길에 의해서 선명한 무대세계의 이러한 내적 확대와 내적 조명에 도달하려고 노력하는 언어시인이 음악적인 비극과 유사한 것을 제공할 수 있을 것인가? 물론 음악비극도 또한 언어를 덧붙이기는 하지만, 그것은 동시에 언어의 근저와 출생지를 아울러 제시하며 언어의 생성을 내면으

---

160) 여기서는 바그너의 가극 이론이 문제되고 있다. 바그너는 음악과 무대, 화성(和聲)과 연기 사이에 본질적인 구별을 두지 않았다. 바그너는 가수를 인간으로 화한 음으로 보았고 배역자의 연기는 화성의 활동으로 보았다. 이렇게 음악 자체가 극을 구성하는 활동이라는 점에서 바그너는 자신의 작품을 '음악극'이라고 불리는 것을 싫어했다. 그는 자신의 가극을 '형상화된 음악의 활동'이라고 보았다.

161) 화성이 완결되지 않은 채 복잡하게 긴장도를 더 하면서 앞으로 유동하여 가는 경향을 가리키는 것으로 여겨진다.

로부터 우리에게 밝혀줄 수 있다.

그러나 위에서 서술된 음악과 연극의 예정조화에 대해서 그것은 단지 장려한 가상에 지나지 않는다는 사실을 분명히 말해야만 한다. 그러한 가상은 우리를 디오니소스적 충동과 과도함에서 해방시켜 주는 작용을 하는 아폴론적인 **착각**이다. 근본적으로는 음악과 연극의 관계는 그 반대이다. 음악은 세계의 본래적인 이념이며, 연극은 이 이념의 반영, 즉 그것의 개별화된 그림자에 지나지 않는다. 선율의 선과 살아 있는 인물 사이의 일치, 화음과 저 인물들의 성격관계 사이의 일치는 음악적인 비극을 감상하면서 우리가 보통 생각하는 것과는 정반대되는 의미에서 진실된 것이다. 등장인물을 아무리 선명하게 움직이게 하고 생동하게 하며 내면으로부터 조명하더라도 그는 항상 현상에 불과하며, 그것으로부터 진정한 실재, 세계의 심장에 도달하는 다리는 결코 존재하지 않는다. 그러나 이러한 심장으로부터 음악이 말을 하는 것이다. 그리고 그러한 종류의 수많은 현상들은 음악의 곁을 스치며 지나갈 수 있을지는 모르지만 그것의 본질을 다길어 내지 못하며 항상 그것의 피상적인 모방에 그칠 뿐이다. 영혼과 육체의 대립이라는 완전히 틀렸지만 인기가 있는 관점으로는 음악과 연극의 난해한 관계를 전혀 설명할 수 없으며 모든 것이 혼란에 빠질 뿐이다. 그러나 바로 우리의 미학자들에게는 어떤 이유에선지는 모르겠지만 이러한 대립의 비철학적인 조잡성이 기꺼이 신봉해야 할 신조가 되어 버린 것 같다. 그들은 현상과 물자체의 대립에 대해서는 아무것도 배운 것이 없거나 역시 이유는 모르겠지만 아무것도 배우려 들지 않는다.

비극에서 아폴론적인 것은 착각을 통해서 디오니소스적 근본요소인 음악에 완전히 승리를 거두고, 디오니소스적 근본요소를 자신의 의도를 위해서 즉 연극을 최고로 명료하게 하기 위해서 사용한다는 것이 우리의 분석에서 나온 결론이라고 할지라도 여기에는 물론 하나의 극히 중요한 제한이 가해져야 한다. 이러한 제한이란 아폴론적인 착각은 가장 본질적인 점에서 돌파되고 파괴되어 있다는 것이다. 마치 상하운동을 하는 방직기에서 옷감이 만들어지는 것을 우리가 바라보는 것처럼, 음악의 도움으로 모든 인물과 동작들이 내적으로 조명된 명료성을 가지면서 우리 눈앞에 펼쳐지는 연극이 전체로서 획득하는 영향력은 모든 **아폴론적 예술효과를 초월**한다. 비극의 전체적인 효과 속에서 디오니소스적인 것은 다시 우위를 획득한다. 비극은 아폴론적 예술의 왕국에서는 절대로 울려 퍼질 수 없는 음향과 함께 끝나는 것이다. 그리고 이와 함께 아폴론에 의한 착각의 정체가 폭로된다. 즉 아폴론적인 것은 비극이 공연되는 시간 동안에만 본래의 디오니소스적인 것을 가리고 있는 베일이라는 사실이 증명되는 것이다. 디오니소스적 효과는 너무나 강력해서 끝에 가서는 아폴론적 연극 자체가 디오니소스적 지혜를 가지고 말하기 시작하며 자기 자신과 자신의 아폴론적 가시성을 부정하게 된다. 따라서 비극에서 아폴론적인 것과 디오니소스적인 것 사이의 난해한 관계는 진정 두 신의 형제결의라는 것으로 상징될 수 있을 것이다. 디오니소스는 아폴론의 언어로 말하지만 마지막에 가서는 아폴론이 디오니소스의 말을 한다. 이와 함께 비극과 예술 일반의 최고의 목표가 달성된 것이다.

22

주의 깊은 독자는 참된 음악적 비극의 효과를 자신의 경험에 따라서 순수하고 티 없이 머리에 떠올리기 바란다. 나는 이 효과라는 현상을 두 가지 측면에서 서술해 온 셈이다. 독자는 이제 자신의 경험을 나의 서술에 따라서 해석할 수 있을 것이다. 즉 독자는 눈앞에 움직이고 있는 신화와 관련해서 마치 자신이 일종의 전지(全知)상태에까지 올려졌다고 느꼈던 것을 기억할 것이다. 이때 독자는 자신의 보는 능력이 표면에 그치지 않고 내면까지 꿰뚫어 보는 투시력이었던 것처럼 생각될 것이고, 또한 의지의 격동, 동기의 갈등, 정열의 넘쳐 흐름 등이 살아 움직이는 수많은 선과 도형처럼 지금 음악의 도움으로 감각적으로 명료하게 눈앞에 보이는 것처럼 생각되었을 것이며, 따라서 마음의 무의식적 움직임의 가장 미묘한 비밀에까지도 잠입할 수 있는 것처럼 생각되었을 것이다. 독자는 이상과 같이 가시성과 밝음을 지향하는 자신의 충동이 최고조로 고양되는 것을 의식하게 되지만, 이 기다란 일련의 아폴론적 예술효과가 진정한 아폴론적인 조각가나 서사시인이 자신의 예술작품으로 독자에게 불러일으키는 무의지적 관조 속의 행복한 안주(安住)를 산출하지 **않는다**는 점도 똑같이 분명하게 느끼고 있다. 무의식적 관조 속에서 도달되는 개체적 세계의 인정, 이것이야말로 아폴론적 예술의 극치이며 정수인 데도 말이다. 그는 무대 위의 찬란하게 변용된 세계를 보지만 그것을 부정한다. 그는 눈앞의 비극적 주인공을 서사시적 명료성과 아름다움 속에서 바라보면서도 주인공의 파멸에 쾌감을 느낀다. 그는 무대 위 사건을 그것의 가장 깊은 내면에 이르기까지 이해하지만, 이해할 수 없는 것 속으로 기꺼이 도피한다. 그는 주인공의 행위가 정당한 것이라고 느끼지만 주인공의 행위가 주인공을 파멸시킬 때 기분이 훨씬 더 고양된다. 그는 주인공을 엄습할 고통을 생각하며 전율하면서도 주인공의 고통을 보면서 더 높고 훨씬 더 강한 쾌감을 느끼게 될 것이라고 예감한다. 그는 예전보다 훨씬 많은 것을 보고 훨씬 깊이 보면서도 자신이 눈이 멀기를 원한다. 이러한 기괴한 자기분열, 아폴론적 절정의 급격한 변전을 **디오니소스적인** 마법에서 유래되는 것으로 간주하지 않는다면, 우리는 그것이 무엇에서 유래된다고 말할 수 있겠는가! 디오니소스의 마법은 아폴론의 활동을 최고도로 자극하여 가상을 만들어 내게 하지만, 이 아폴론의 넘치는 힘을 강제로 자신에게 봉사하게 할 수 있다. **비극적 신화**는 디오니소스적 지혜를 아폴론적 예술수단에 의해서 형상화하는 것으로서만 이해될 수 있다. 비극적 신화는 현상의 세계를 극한까지 이끌고 이러한 극한에서 현상세계는 자기 자신을 부정하면서 참되고 유일한 실재의 품 안으로 다시 되돌아가려고 한다. 그러한 극한에서 현상세계는 이졸데와 함께 형이상학적 백조의 노래를 부르기 시작하는 것처럼 보인다.

> 환희에 찬 바다의
> 높은 파도 속에,
> 향기어린 파도의
> 울려 퍼지는 음향 속에,
> 세계의 숨결이
> 휘몰아치는 만유(萬有) 속에
> 빠져 죽어 가네 —— 잠겨 가네 ——
> 의식하지 못하면서 —— 최고의 희열이여![162]

---

162) 〈트리스탄과 이졸데〉 3막 마지막 장면에서 시체가 되어 누워 있는 트리스탄을 꼼짝 않고 지켜보면서 이졸데가 노래하는 '사랑의 죽음'의 마지막 한 절. 노래가 끝나면 이졸데가 트리스탄의 시체에 몸을 던지면서 조용히 막이 내린다.

이와 같이 우리는 진정한 미학적 청중이 갖는 경험에 입각하여 비극작가 자신을 머릿속에 떠올릴 수 있다. 비극작가는 풍요로운 개체화의 신과 동일하게 여러 인물들을 창조한다. 이런 의미에서 그의 작품은 '자연의 모방'으로서 이해될 수 없을 것이다. 그러나 다음 순간에 비극작가 자신의 거대한 디오니소스적 충동이 현상세계 자체를 삼켜 버리고, 현상세계의 배후에서 현상세계를 파괴함으로써 근원적 일자의 품 안에서 최고의 예술적인 근원적 환희를 예감하게 한다. 물론 우리의 미학자들은 운명에 대한 주인공의 투쟁, 도덕적 세계질서의 승리, 혹은 비극을 통해서 야기되는 정념의 분출을 비극적인 것의 특징으로 내세우는 데 지칠 줄 모르는 반면, 근원적 고향으로의 귀환, 비극속에서 두 예술신이 맺는 형제결의, 청중이 받게 되는 아폴론적이며 디오니소스적인 감동에 대해서는 아무것도 보고할 줄 모른다. 이렇게 싫증도 내지 않고 자신의 견해를 고집하는 것을 보면서 나는 그들이 아마도 미적인 감각을 결여하고 있어서 비극을 보아도 도덕적인 인간의 입장에서만 다룰 수 있는 것은 아닌가라는 생각을 하게 된다. 아리스토텔레스 이래로 아직 한 번도 비극의 효과에 대한 설명, 즉 그것으로부터 예술적 상태와 청중의 미학적 활동을 추론할 만한 설명은 주어지지 않았다. 어떤 때는 청중의 동정심과 공포가 무대 위의 엄숙한 사건에 의해서 발산됨으로써 마음이 가벼워지는 것이 비극의 효과라고 설명되는

가 하면, 어떤 때는 우리가 선하고 고귀한 원리들의 승리를 보게 되고 주인공이 도덕적 세계관을 위해서 자신을 희생하는 것을 볼 때 우리가 감정의 고양과 감격을 느끼게 되는 것이 비극의 효과라고 말해진다. 나는 대부분의 사람들에게는 바로 이러한 것만이 비극의 작용으로서 체험되고 있다고 확신하며, 이러한 사실로부터 이 모든 사람들이 이들에게 비극을 해석해 주는 미학자들과 함께 최고의 **예술**로서의 비극에 대해서 아무것도 체험하지 못했음이 분명하다고 결론을 내릴 수밖에 없게 된다. 문헌학자들이 의학적 현상인지 도덕적 현상인지 제대로 구별할 수 없는 저 병리학적인 감정 발산, 즉 아리스토텔레스가 말하는 카타르시스는[163] 괴테의 주목할 만한 예감을 상기시킨다. 괴테는 이렇게 말하고 있다. "생생한 병리학적 관심이 없었다면 나 역시 결코 어떤 비극적 상황을 취급하는 데 성공하지 못했을 것이다. 따라서 나는 비극적 상황을 추구하기보다는 피했다. 최고로 비장한 것이 고대인들에게는 단지 미적인 유희에 지나지 않았다는 사실은 그들의 장점 중의 하나이다. 이는 우리의 경우에는 그

---

163) 카타르시스는 정화라는 종교적 의미로 쓰이는 한편, 몸 안의 불순물을 배설한다는 의학적 술어로도 쓰인다. 아리스토텔레스는 비극의 효과가 주인공의 비극적 운명을 그림으로써 관중의 마음에 '두려움'과 '연민'의 감정을 격렬하게 유발하다가 결말에서 이러한 감정을 한꺼번에 폭발시킴으로써 마음속에 쌓여 있던 정념의 응어리를 정화하는 것이라고 보았다.

러한 작품을 산출하기 위해서는 자연의 진리가 협력해 주어야만
하기 때문이다."[164] 이 심원한 마지막 발언을 우리는 우리의 훌
륭한 체험에 입각해서 긍정해도 될 것이다. 왜냐하면 우리는 바
로 그 음악적 비극에서 최고의 비장함이 실제로 단지 미적인 유
희에 지나지 않을 수 있다는 사실을 경이와 함께 체험했기 때문
이다. 따라서 우리는 이제 비로소 비극적인 것이라는 근원적 현
상을 기술하는 데 다소 성공했다고 믿어도 좋은 것이다. 아직도
[비극의] 저 대표적인 효과들을 미적 영역 이외의 것에 근거하여
설명할 줄밖에 모르고 자신이 병리학적이고 도덕적인 해석방식
을 넘어섰다고 느끼지 못하는 사람은 자신의 미학적 소질에 대
해서 절망하는 것이 좋을 것이다. 이런 사람에게는 그 대신 게르
비누스류(類)의 셰익스피어 해석과 '시적 정의'의[165] 부지런한 탐
색을 천진한 대용품으로서 추천한다.

비극의 재탄생과 함께 **미학적 청중**도 다시 태어났다. 이러한
미학적 청중 대신에 이제까지는 기묘한 대용품인 '비평가'가 반
은 도덕적이고 반은 학문적인 관심을 가지고 극장의 관객석에

---

164) 1797년 12월 9일 괴테가 실러에게 보낸 편지에서 인용.
165) Poietische Gerechtigkeit. 쇼펜하우어는 『의지와 표상으로서의 세계』
제1권 제51장에서 "낙관주의적인 프로테스탄트적, 합리주의적, 혹은
본래 유태적인 세계관만이 시적 정의와 같은 것을 요구한다"라고 말하
고 있다. 이 경우 시적 정의는 권선징악을 의미한다고 할 수 있다.

앉아 있곤 했다. 이제까지의 비평가의 세계에서는 모든 것은 인위적인 것이었으며 단지 삶의 가상에 의해서 분식(粉飾)되었던 것에 불과하다. 비평적 태도를 취하는 이러한 청중들에 대해서 어떤 태도를 취하면 좋을지를 사실상 연기자도 알 수 없었다. 따라서 연기자는 자신에게 영감을 주는 극작가나 오페라 작가들과 함께 이 감상할 줄도 모르고 메말라 있으면서도 까다롭기만 한 사람들 속에서 최후의 한 가닥 생명이라도 발견하려고 두리번거렸다. 그러나 종래 관중이라고 한다면 이런 종류의 '비평가'로 구성되어 있었다. 학생과 아동 및 가장 순진한 여성에 이르기까지 이미 교육과 저널리즘에 의해서 예술작품을 틀에 박힌 방식으로 감상하도록 훈련되었다. 예술가들 중에서 보다 고상한 천성을 가진 사람들은 이러한 관중에게서 도덕적·종교적 힘을 일깨울 수 있다고 생각했고, 본래 강력한 예술의 마력이 진정한 청중을 매료시켜야 할 곳에 '도덕적 세계질서'의 외침을 대신 들어앉혔다. 혹은 극작가들에 의하여 현존의 정치와 사회의 보다 격렬한, 최소한 선동적인 경향성이 극히 노골적으로 선전되었고, 이 때문에 청중은 비평을 철저화하는 것을 망각하고 마치 애국적인 혹은 전시의 상황에서처럼, 또는 국회의 연단 앞에서 열변을 들을 때처럼, 혹은 범죄와 악덕을 탄핵하는 소리를 들을 때처럼 격정에 자신을 내맡길 수 있었다. 본래의 예술적 의도로부터의 이러한 소외는 여기저기서 곧장 경향성의 숭배로 이어질 수

밖에 없었다. 그러나 이러한 숭배와 함께 저 경향들의 급격하면서도 신속한 타락이 시작되었다. 이러한 타락은 옛날부터 모든 사이비 예술에서 볼 수 있었던 것이다. 예를 들면, 극장을 도덕적인 국민교양의 도량으로 이용하려는 경향은 실러의 시대에는 진지하게 취급되었지만[166] 현재는 이미 극복된 교양의 신뢰할 가치가 없는 골동품으로 간주되고 있다. 극장과 음악당에서는 비평가가, 학교에서는 저널리스트가, 사회에서는 신문이 지배하게 된 사이에 예술은 가장 저급한 종류의 오락물로 변질되어 버렸고, 미학적 비평은 허영에 차 있으며 산만하고 이기적이며 게다가 빈약하고 비독창적인 사교계의 접착제로 사용되게 되었다. 이러한 사교계가 갖는 의미에 대해서는 쇼펜하우어의 고슴도치 우화가[167] 잘 가르쳐 주고 있는 것이다. 따라서 현대처럼 예술에 관한 지껄임이 성행했던 시대도 없었지만 현대처럼 예

---

166) 실러의 논문 「하나의 도덕적 시설로서 본 연극 무대」 참조.
167) 쇼펜하우어의 『팔레르가 운트 파랄리포메나(*Parerga und Paralipomena*)』 제2부 400절에 나오는 우화. 고슴도치들이 추위를 이기기 위해서 서로 가깝게 접근하지만, 서로를 자신들의 가시로 찌르기 때문에 다시 떨어지는 것을 반복하다가 결국은 서로 적당한 거리를 유지하는 것을 알게 된다는 이야기다. 이 우화를 통해서 쇼펜하우어는 서로 지나치게 멀지도 가깝지도 않으면서 적당한 거리를 두고 교제하는 공허한 사교를 풍자하고 있다. 거리가 너무 멀게 되면 사람들은 외로움을 느끼게 되고 너무 가깝게 되면 성가시고 부담을 느끼게 된다. 여기서 적당한 거리란 사회에서 훌륭한 매너로 간주되는 것을 가리킨다.

술이 무시된 적도 없었다. 그러나 베토벤과 셰익스피어에 대해서 이야기를 나눌 만한 사람과 교제하는 이가 있는가? 각자는 이러한 질문에 대해서 자기의 느낌에 따라서 대답하겠지만, 그가 생각하는 '교양'이 무엇인지가 이러한 대답을 통해서 증명될 것이다. 물론 이것도 그가 그러한 물음에 대해서 어떻게든 대답하려고 하고, 놀란 나머지 침묵해 버리지 않을 경우에 해당되는 것이지만.

반면에 천성적으로 고귀하고 섬세한 능력을 갖춘 많은 사람들은 위에서 서술된 과정을 통해서 점차 비평적인 야만인이 되었을지라도 훌륭한 로엔그린 상연에서 그가 받은 전혀 이해할 수 없으면서도 예기치 않았던 어떤 효과에 대해서 말하지 않을 수 없을 것이다. 다만 이런 사람들을 붙잡아서 경고를 해주든가 해설을 해주는 손길이 없었기 때문에, 그 당시 그를 뒤흔들었던 저 파악할 수 없을 만큼 야릇하고 전혀 비교할 수 없었던 감명은 고립된 채로 머물다가 수수께끼 같은 별처럼 잠깐 동안 빛을 발하다가 사라져 버린 것이다. 그 당시 그는 미학적 청중이란 무엇인지를 감지하고 있었다.

23

자신이 이 진정한 미학적 청중과 어느 정도의 혈연관계를 갖는지 혹은 자신이 소크라테스적인 비평적 인간들의 공동체에 속하는지를 정말 엄격하게 검토해 보려고 하는 사람은 그가 무대 위에서 표현되는 **기적**을 어떻게 느끼고 있는지를 물어보기만 하면 된다. 그때 엄격한 심리적 인과율에 따르는 자신의 역사학적 감각이 우롱당했다고 느끼는지 혹은 자신이 너그러운 양보심으로 그러한 기적을 아이들에게는 이해되기 쉽지만 자기에게는 소원한 현상으로서 용인하는지 혹은 다른 무엇인가를 체험하는지를 말이다. 즉 그는 그러한 것에 비추어 자신이 압축된 세계상인 **신화**를 이해할 수 있는지를 측정할 수 있을 것이다. 신화는 현상들의 축약이며 기적 없이는 성립되지 않기 때문이다. 그러나 자신을 엄격하게 음미해 보면 거의 누구나 현대 교양의 비평적인 역사학적 정신에[168] 의해서 자신이 너무 파괴되어 버렸다는 것을 느끼게 된다는 것이 정직한 말일 것이다. 사람들은 단지 학문에 의존하면서 매개하는 추상관념들의 도움을 받지 않으면 옛날에 존재했던 신화를 믿을 수 없게 된 것이다. 그러나 신화 없이는 모든 문화는 자신의 건강하고 창조적인 자연력을 상실하게 된다. 신화로 둘러싸인 지평 안에서 비로소 문화의 운동 전체는

---

168) 비판적 역사학적(kritisch-historisch)이란 19세기 역사학의 철저한 실증주의 정신을 가리키는 말이다. 역사를 철저한 경험적인 증거에 의해서 파악하려던 19세기의 역사학은 모든 신화에 대해서 파괴적으로 작용했다.

통일되고 완결되는 것이다. 상상력과 아폴론적인 꿈의 모든 힘들은 신화를 통해서 비로소 정처 없는 방황에서 구출된다. 신화의 형상들은 눈에 띄지 않고 모든 곳에 존재하는 마신적인 파수꾼이어야 하며, 그러한 형상들의 보호 아래 젊은 영혼들이 성장하고 그것의 인도 아래 어른들이 자신의 삶과 투쟁을 이해하게된다. 그리고 국가조차도 종교와 자신의 관계와 신화적 관념으로부터의 자신의 성장을 보증하는 신화적 기초보다 더 위력 있는 불문율을 알지 못한다.

이제 위의 것〔신화에 의해 인도되는 문화, 인간, 국가〕옆에 신화없이 인도되는 추상적 인간, 추상적 교육, 추상적 풍습, 추상적법률, 추상적 국가라는 것을 세워 보라. 어떠한 토착의 신화에의해서도 제어되지 않는 예술적 상상의 정처 없는 방황을 머리에떠올려 보라. 확고하고 신성한 고향을 갖지 못한 채 모든 가능성을 상실해 버리고 다른 모든 문화들에 기생하면서 겨우 연명하도록 단죄 받은 문화를 생각해 보라. 이것이야말로 신화의 파괴를 목표로 한 저 소크라테스주의의 귀결로서의 현대의 모습인것이다. 그리하여 이제 신화 없는 인간은 영원히 굶주려서 모든과거들에서 이리저리 땅을 파헤치며 뿌리를 찾고 있다. 설령 그가 가장 멀리 떨어져 있는 고대에서 뿌리를 캐내야만 한다고 해도 그렇다. 충족되지 않은 현대 문화의 저 거대한 역사적 욕구,수많은 다른 문화들의 수집, 불타는 인식욕은 신화의 상실, 신화적 고향의 상실, 신화라는 어머니 품의 상실을 의미하는 것이 아니라면 무엇을 의미하는 것이겠는가? 이 문화의 열병 같고 실로 섬뜩한 활동이 굶주린 자가 음식물에 탐욕스럽게 손을 뻗어 낚아채는 것과 다른 것인지를 자문해 보라! 그리고 아무리 많이 삼켜도 만족할 줄 모르고, 그것과 접촉하자마자 아무리 강력하고 효능 있는 영양분이라도 '역사학과 비평'으로 변질되고 마는 문화에 누가 먹을 것을 주고 싶어 하겠는가?

우리가 끔찍해하면서 문명화된 프랑스에서 볼 수 있는 것처럼 독일의 본질이 독일의 문화와 뗄 수 없이 들러붙어 있고 심지어 하나가 되어 버렸다면, 독일의 본질에 대해서 우리는 비통한 절망을 느껴야만 했을 것이다.[169] 오랫동안 프랑스의 위대한 장점이었고 프랑스가 압도적인 우위를 가졌던 원인이었던 것은 다름 아닌 바로 민족과 문화의 일체화였다. 그러나 이러한 광경을 보면서 우리는 그렇게 문제가 많은 우리의 문화가 지금까지 우리 민족성의 고귀한 핵심과 아무런 공통점도 갖지 않는다는 것을 우리의 행운이라고 생각하지 않을 수 없다. 오히려 우리의 모든 희망은 불안스럽게 위 아래로 급격하게 움직이는 문화생활과 교양의 경련 밑에 훌륭하고 내면적으로 건강한 하나의 태곳적

---

169) 프랑스에 대한 이러한 폄하적인 시각을 후기의 니체는 버리게 된다. 니체는 후기로 갈수록 오히려 프랑스를 찬양하고 독일 민족과 독일 문화에 대해서 신랄한 비판을 하게 된다.

힘이 숨어 있다는 저 사실에 향해 있다. 물론 이러한 힘은 중대한 순간에만 힘차게 한 번 움직이고는 다시 미래에 깨어날 것을 꿈꾸는 것이다. 이러한 심연으로부터 독일의 종교개혁이 솟구쳐 올라왔다. 이 종교개혁의 찬미가 속에서 독일 음악의 미래의 음조가 처음으로 울려 퍼졌다. 밀림 속에서 봄소식을 느끼고 용솟음치는 디오니소스의 최초의 유혹의 소리로서 울려 퍼진 루터의 이 찬미가는 실로 장엄하고 용기 있고 혼이 가득 담겨 있었으며, 실로 넘칠 정도로 온화하고 우아하게 울려 퍼졌다. 이 소리에 응하여 경쟁하듯이 메아리를 울리면서 응답을 한 것이 저 디오니소스적 열광자들의 성스럽고 의기(意氣)에 넘친 축제행렬이었다. 이들 덕분에 우리는 독일 음악을 얻게 되었고, 그들 덕분에 또한 **독일 신화의 재탄생**을 얻게 될 것이다.

나는 이제 〔나의 주장에〕 관심을 보이면서 따라오는 친구를 고독하게 고찰할 수 있는 높은 장소로 이끌어야 한다는 사실을 알고 있다. 그곳에서 그는 소수의 동반자밖에 갖지 못할 것이다. 그리고 나는 우리가 우리에게 길을 비추어 주는 인도자인 그리스인을 붙잡고 따라가야만 한다고 그에게 격려의 말을 외칠 것이다. 지금까지 우리는 우리의 미학적 인식을 정화하기 위해서 그리스인에게서 두 신의 형상을 빌려 왔다. 우리는 이 두 신이 판연히 다른 예술의 왕국을 제각기 독자적으로 지배하며 그리스 비극을 통해서 두 신이 서로 접촉하면서 서로를 고양시키는 것에 대해서 감지하게 되었다. 두 예술적 근본충동이 현저하게 분리됨으로써 그리스 비극의 몰락이 초래된 것이라고 우리는 생각할 수밖에 없었다. 이러한 몰락과 함께 그리스 민족성의 타락과 변질이 일어났다. 이러한 사실은 우리에게 예술과 민족, 신화와 풍속, 비극과 국가가 그것들의 기초에 있어서 얼마나 필연적이고 밀접하게 얽혀 있는지를 깊이 음미해 보게 한다. 비극의 저몰락은 동시에 신화의 몰락이었다. 그 전까지만 해도 그리스인은 자신도 모르게 모든 체험을 곧장 자신들의 신화에 결부시키지 않을 수 없었다. 아니 그들은 이렇게 신화에 결부시키는 것을 통해서만 비로소 모든 체험을 이해할 수 있었다. 이 때문에 가장 가까운 현재조차도 그들에게는 바로 영원의 모습(sub specie aeterni) 아래 일정한 의미에서 시간과 무관한 것으로서 나타나지 않을 수 없었다. 그러나 예술과 마찬가지로 국가도 이러한 초시간적인 흐름 속에 몸을 담그고 그 속에서 찰나의 중압과 탐욕에서 벗어나 안식을 발견하려고 하였다. 하나의 민족은——한 인간도 마찬가지지만——자신의 체험에 영원한 것이라는 각인(刻印)을 찍을 수 있는 정도에 따라서 그 가치가 결정된다. 왜냐하면 그렇게 함으로써 민족은 세속에서 벗어나며 시간의 상대성과 삶의 진정한, 즉 형이상학적인 의미에 대한 자신의 무의식적인 내적인 확신을 보여주기 때문이다. 어떤 민족이 역사학적으로 사고하기 시작하면서, 신화라는 자기 주위의 보루를 파괴하기 시

277

작하면 정반대의 일이 벌어진다. 보통 모든 윤리적 귀결에 있어서 결정적인 세속화, 이전의 자신의 삶을 무의식적으로 떠받치고 있던 형이상학과의 결렬이 그것과 직결되어 있다. 그리스 예술, 특히 그리스 비극은 무엇보다도 신화의 파괴를 저지했다. 사람들은 고향 땅에서 벗어나 사상과 윤리와 행동의 황야에서 아무런 구속도 받지 않고 살기 위해서 그리스 비극을 함께 파괴해야만 했다. 지금도 역시 저 형이상학적 충동은 삶으로 육박하는 학문의 소크라테스주의 속에서 비록 약화된 것이기는 하지만 하나의 정화된 형식을 창조하려고 시도한다. 그러나 그 충동은 저급한 단계에서는 도처에서 끌어모아 쌓아올려진 신화들과 미신들의 복마전(伏魔殿) 속으로 점차 자신을 상실하게 되는 열병에 걸린 듯한 탐구로 이끌었을 뿐이다. 그럼에도 불구하고 그리스인은 이 복마전의 한가운데에 충족되지 않은 마음과 함께 앉아 있다가 마침내 그래쿨루스로서 변신하여 그리스적 명랑성과 그리스적 경박성으로 저 탐구열을 위장하거나 혹은 어떤 동양적인 음울한 미신으로 자신을 완전히 마취시키는 방법을 알게 되었다.

15세기의 알렉산드리아적 · 로마적인 고대의 부활[170] 이래 오

---

170) 르네상스를 가리킨다. 니체는 르네상스를 그리스 정신의 진정한 부활로 여기지 않았기 때문에 '알렉산드리아적 · 로마적 고대의 부활'로 규정하고 있다.

랫동안의 형언하기 어려운 중간시기를 거쳐서 우리는 이제 위와 같은 그리스 말기의 상태에 가장 뚜렷하게 접근하게 되었다. 똑같은 과잉의 지식욕, 똑같이 싫증을 모르는 발견자의 행복, 동일한 거대한 세속화는 정점에 도달해 있고 그 외에도 고향을 상실한 정처 없는 방황, 타인의 식탁을 향한 탐욕스런 쇄도, 경박한 현재 숭배, 혹은 둔감한 마취상태의 세계도피, 이 모든 것은 '지금 이 시간(Jetztzeit)'의 무상한 모습(sub specie saeculi) 아래 존재한다. 이 모든 것들은 이 문화의 심장 안에 있는 동일한 결함, 즉 신화의 파괴라는 결함이 있다는 것을 추측할 수 있게 하는 증상들이다. 나무를 치명적으로 손상시키지 않고서 타국의 신화라는 나무를 영구히 성공적으로 이식시키는 것은 불가능하다. 그 나무는 아마도 한때는 저 외국의 요소를 가공할 투쟁에 의해서 제거할 만큼 강력하고 건강했을지도 모르지만, 이식된 후에는 보통은 쇠약해지고 위축되거나 병적으로 무성해지기도 하다가 고사(枯死)해 버리지 않을 수 없다. 우리는 독일 본질의 순수하고 강력한 핵심을 높이 평가하기 때문에, 바로 강력하게 뿌리내린 외국적 요소를 독일적 본질로부터 일소해 낼 수 있기를 감히 기대하며, 독일 정신이 자각하여 자기 자신에게로 복귀하는 것이 가능하다고 생각하는 것이다. 많은 사람들은 아마도 독일 정신이 라틴적인 것을 일소함으로써 그 투쟁을 개시해야만 한다고 생각할 것이다. 독일 정신은 그러한 투쟁을 위한 외적인 준비와 격려를 이번 전쟁에서[171] 보여준 무적의 용기와 피에 젖은 영광에서 인식할 수 있을 것이다. 그러나 내적인 필연성은 이러한 길에서의 선구적인 숭고한 투사들, 예를 들어 루터 및 우리의 위대한 예술가와 시인들에 동등한 투사이고자 하는 우리의 경쟁심에서 찾아야 한다. 그러나 독일 정신은 그러한 투쟁을 자신의 가정의 수호신(Hausgötter) 없이, 자신의 신화적 고향 없이 모든 독일적인 것을 '부흥'시킬 수 있다고 믿어서는 안 된다! 그리고 독일인이 오래 전에 잃어버린 고향에 돌아갈 길을 더 이상 알지 못한 채 자신을 고향으로 되돌려 보내 줄 인도자를 찾기 위해서 두리번거린다면, 그는 단지 디오니소스의 새가 환희에 차서 유혹적으로 부르는 소리에 귀를 기울이기만 하면 된다. 그 새는 그의 머리 위를 선회하면서 그에게 고향으로 가는 길을 가르쳐 주려고 할 것이다.[172]

24

우리는 음악적 비극의 특유한 예술적 작용들 중에서 아폴론적 **착각**을 강조해야만 한다. 이러한 착각에 의해서 우리는 디오니

---

171) 프로이센과 프랑스의 전쟁을 가리킨다.
172) 바그너의 〈지크프리트〉에서 새는 브룬힐트가 자고 있는 바위로 지크프리트를 안내한다.

소스적 음악과 직접적으로 하나가 되는 것으로부터 구출되는 것이다. 다른 한편으로 우리의 음악적 흥분은 아폴론적 영역과 그 사이에 놓인 가시적인 중간세계로 발산될 수 있다. 바로 이러한 발산을 통해서 무대 위의 사건이라는 저 중간세계, 즉 일반적으로 연극이라고 불리는 것이, 그 이외의 모든 아폴론적 예술에서는 도달될 수 없을 정도로 내면으로부터 가시적이고 이해될 수 있는 것이 되었다. 이러한 사실을 우리는 이제까지 고찰해 왔다. 따라서 우리는 아폴론적 예술이 음악정신에 의해서 날개를 얻고 하늘 높이 올려진 바로 이곳에서 아폴론적 예술의 힘이 최고로 상승되고, 이와 함께 아폴론과 디오니소스의 저 형제결의 속에서 아폴론과 디오니소스의 예술적 의도가 극치에 도달했다고 인정하지 않을 수 없었다.

물론 음악에 의해서 내적인 조명을 받은 경우의 아폴론적인 영상이 아폴론적 예술에 특유한 보다 약한 정도의 효과를 달성한 것이 아니라는 것은 말할 나위가 없다. 서사시 혹은 조각이 할 수 있는바, 관조하는 눈으로 개별자의 세계를 고요하게 황홀한 상태로 바라보게 하는 일을 비극에서의 아폴론적 예술은 그것이 보다 높은 생기와 명료함을 가짐에도 불구하고 달성할 수 없다. 우리는 연극을 보면서 통찰력 있는 눈으로 그 내부에서 움직이는 동기의 세계 속으로 파고들었다. 그렇지만 우리는 그것의 가장 깊은 의미를 거의 간파했다고 믿는 어떤 비유의 형상만이 우리 곁을 스치고 지나갔다고 여기며, 그 뒤에 있는 근원적 형상을 인식하기 위해서 그 장막과 같은 비유의 형상이 걷히기를 원했다. 형상이 아무리 선명하고 명료하더라도 우리에게는 충분하지 않았다. 왜냐하면 그것은 무엇인가를 개시(開示)하기도 하지만 은폐하는 것처럼 여겨졌기 때문이다. 형상은 자신의 비유적 계시에 의해서 베일을 찢어 버릴 것을, 즉 비밀에 가득 찬 배후를 폭로할 것을 요구하지만, 바로 저 형상의 지극히 투명한 명료성은 다시금 우리의 눈을 사로잡아서 그것이 더 깊이 파고드는 것을 막았다.

관조하지 않을 수 없다는 것과 동시에 그러한 관조를 넘어서 동경하는 것을 체험하지 못한 사람은 이 두 가지 과정이 비극적 신화를 관찰할 때 얼마나 분명하게 병존하며 함께 느껴지는지를 상상하기 어려울 것이다. 반면에 진정으로 미학적인 관객은 비극의 특유한 효과들 중에서 저 병존이 가장 중요한 것이라고 나에게 증언할 것이다. 이제 미학적인 관중이 경험하는 이러한 현상을 비극적 예술가에게 일어나는 유사한 과정에 전이시켜 보라. 그러면 **비극적 신화**의 생성이 이해될 것이다. 비극적 예술가는 아폴론적 예술영역과 함께 가상 및 관조의 쾌감을 공유한다. 그러나 그와 동시에 비극적 신화는 이러한 쾌감을 부정하면서 가시적 가상세계의 파괴에서 더 큰 만족을 얻는다. 비극적 신화의 내용은 우선은 투쟁하는 영웅을 찬미하는 서사적 사건이다. 그러나 영웅의 운명에서 고뇌, 극도의 고통을 수반하는 극복, 동기들의 가장 고통스런 대립, 요컨대 실레노스의 저 지혜의 실례들이, 혹은 미학적으로 표현한다면 추악과 부조화가 그렇게 수없이 많은 형식 속에서 그렇게 특별히 사랑을 받으면서, 그것도 한 민족의 가장 풍요하고 가장 젊은 시대에 항상 새롭게 표현된다고 하는 그 자체로 수수께끼 같은 특징은 이 모든 것에서 보다 높은 쾌감을 얻기 때문이 아니라고 한다면 다른 어떠한 이유에서 비롯된 것이겠는가?

예술이 자연현실의 모방일 뿐만 아니라 자연현실의 형이상학적 보충이며, 자연현실을 극복하기 위해서 그것 옆에 대등하게 놓여진 것이라면, 삶이란 실제로 그렇게 비극적이기 마련이라는 사실만으로는 어떠한 예술형식의 발생을 조금도 설명하지 못할 것이다. 비극적 신화도 그것이 적어도 예술에 속하는 한, 예술 일반이 갖는 이러한 형이상학적인 찬란한 변용이라는 목표에 전적으로 참여하고 있다. 그러나 그것이 현상세계를 고통받는 영웅의 형상 아래서 제시할 경우, 그것은 무엇을 찬란하게 변용하고 있는가? 그것은 이러한 현상세계의 '실재'를 찬란하게 변용하고 있는 것이 절대로 아니다. 왜냐하면 그것은 우리에게 이렇게 말하고 있기 때문이다. "보라! 잘 보아라! 이것이 그대들의 인생이다! 이것이 그대들의 생존의 시계바늘인 것이다!"

신화는 이러한 인생을 우리의 눈앞에서 찬란하게 변용하기 위해서 그것을 보여주었던 것인가? 그러나 그렇지 않다면 저 형상들이 우리 곁을 스치며 지나갈 때 우리가 느끼는 미학적 쾌감은 어디에서 비롯되는 것인가? 나는 미학적 쾌감에 대해서 묻고 있는 것이지만 이러한 형상들 중에서 많은 것들이 이러한 미학적 쾌감 외에 동정심이라든지 도덕의 승리라든지 하는 형식 아래에서 어떤 도덕적 쾌감을 낳을 수도 있다는 사실을 잘 알고 있다. 물론 미학에서 너무 오랫동안 습관화된 일이기는 하지만, 비극적인 것의 효과를 단지 이러한 도덕적 원천에서만 추론해 내려고 했던 사람은 자신이 예술을 위해서 무엇인가를 했다고 생각해서는 안 될 것이다. 예술은 무엇보다도 자신의 영역 내에서의 순수성을 요구해야만 하기 때문이다. 비극적 신화를 해명하기 위해서 제일 먼저 요구되어야 할 것은 그것[비극적 신화]에게 고유한 희열을 순수하게 미학적인 영역에서 찾아야 하며 동정심, 공포감, 윤리적이고 숭고한 것의 영역으로 뛰어들어서는 안 된다는 것이다. 비극적 신화의 내용을 이루는 추악과 부조화가 어떻게 미학적 쾌감을 불러일으킬 수 있는가?

여기에서는 이제 대담하게 돌진하여 예술의 형이상학 속으로 뛰어드는 것이 필요하다. 그렇게 하기 위해서 나는 "삶과 세계는 미학적 현상으로서만 정당화된다"라는 앞에서 말한 문장을[173)

---

173) 5장의 끝부분 참조.

반복하고자 한다. 이러한 의미에서 비극적 신화야말로 추악과 부조화마저도 의지가 영원히 넘쳐 흐르는 희열 속에서 자기 자신과 행하는 예술적 유희가 된다는 것을 우리에게 확신시켜 준다. 디오니소스적 예술의 파악하기 어려운 이 근원적 현상은 그러나 오직 직접적인 방식으로만 이해될 수 있으며, **음악에서의 불협화음**이라는[174] 경이로운 의의를 갖는 것에서 직접적으로

---

174) 니체는 여기서도 바그너의 화성법을 염두에 두고 있다. 바그너는 협화음에서도 불협화음의 싹을 보았고 불협화음에서 협화음으로 이행할 때의 음의 해결에서 상투적인 해결책을 거부하고 이행 자체 속에서의 불협화음적 긴장을 비극적인 표상으로 사용했다. 이와 관련해서 브라이언 매기의 『트리스탄 코드』에서의 다음과 같은 설명이 도움이 될 것이다. 다음은 브라이언 매기가 이 책의 330쪽에서 335쪽을 요약한 것이다.

"음악은 보통 예전에는 만족스럽던 것을 뒤흔들어 놓는 특정한 갈망을 자아내면서 진행된다. 단음의 연속으로 이루어진 지극히 간단한 선율이 진행과정에서 아무리 폭넓게 펼쳐진다 하더라도 우리는 그것을 들으면서 결국은 다시 으뜸음으로 끝맺기를 갈망한다. 만약 그 선율이 으뜸음 이외의 다른 어떤 음으로 끝나게 된다면 우리는 뭔가 당황스럽고 만족스럽지 못한 기분을 느끼게 된다. 만약 그 음악이 그저 단순한 선율 이상의 것이라면 화음도 있어야 하는데, 화음의 경우에도 마찬가지다. 화음은 일종의 불만족스런 기분을 우리 속에 만들어 내며 그 불만을 어쨌든 결국은 일정한 방향으로 해결해야겠다는 욕구를 곧 뒤따라 일어나게 한다. 끝내 그것이 으뜸화음으로 해결되어야만 우리 속에 있는 갈망이 평온해지는 것이다.

이와 관련하여 바그너는 '계류음(suspension)'이라는 화성학의 기술적 장치에 대한 쇼펜하우어의 생각에 크게 영향을 받았다. 계류음이란 어떤 화음 속의 음이 다음에 이어지는 화음에 속하지 않을 때 후속 화음 속에서 그 음을 연정시키는 것이다. 그 음은 새 화음 속에서 이질적인

285

것이므로 해결이 필요하다. 거의 모든 경우에 그것은 불협화음을 만들어 낸다. 우리가 불협화음을 들을 때 우리는 틀림없이 해결현상이 일어날 것이라고, 즉 다음에는 협화음이 이어지리라고 기대한다. 그러나 실제로는 그렇게 되지 않고, 방금 우리가 들은 불협화음 다음에 또 다른 불협화음이 이어질 때 우리는 깜짝 놀라게 되며, 비유적으로 말하자면 질겁하고 숨을 들이마시게 된다. 평온해지리라고 추정되던 긴장감이 정반대로 연장될 뿐만 아니라 한 단계 더 비틀어진다. 이는 실제로 해결이 일어날 때는 그 위력이 더욱 커진다는 뜻이다. 그럼으로써 우리는 고조된 만족감을 느끼면서 놀라 들이마신 한숨을 내쉬게 된다.

바그너는 오페라 전체를 계류음을 활용하여 작곡한다는 아이디어를 쇼펜하우어로부터 얻게 된다. 음악은 불협화음에서 불협화음으로 계속 이어지며 나아갈 것이고, 우리의 귀는 오지 않는 해결을 기다릴 것이다. 이것은 만족되지 않은 갈망과 소망과 욕구, 즉 우리의 삶이며 진정한 우리 자신의 순수하게 음악적인 등가물이다. 여기에는 오직 한 가지의 해결이 있을 뿐인데, 음악 악보의 끝이자 오페라에서는 주인공의 생애의 끝이기도 한 최종의 화음이 그것이다.

간단하게 '트리스탄 코드(the Tristan chord)'라는 이름으로 알려진 〈트리스탄과 이졸데〉의 첫 화음은 음악사에서 가장 유명한 단일 화음이다. 그 화음 속에는 하나가 아니라 두 개의 불협화음이 들어 있기 때문에 이중의 해결을 하려는 욕구를 듣는 사람의 마음이 괴로워질 정도로 강렬하게 만들어 낸다. 그것은 불협화음을 '해결해야 할 불협화적인' 음향이 아니라 라이트모티브로 활용하는 대표적인 사례이다. 〈트리스탄과 이졸데〉의 음악은 이런 방식으로 진행되며, 모든 화음 이동에서 일부는 해결되지만 나머지는 해결되지 않는다. 각각의 불협화음은 나머지 불협화음이 보존되거나 새로운 불협화음이 만들어지는 방향으로 해결되며, 매 순간 음악적 귀가 일부는 충족되고 일부는 좌절되고 있다. 이런 것이 공연 내내 계속된다. 어느 한 지점, 즉 이 작품의 마지막 화음에 가서야 모든 불화가 해결된다. 그것은 물론 모든 것의 종말이며, 그 뒤에는 정적이 이어진다."

이 작품은 기법적으로 오로지 불협화음으로 알려진 것만으로 구성되어 있기 때문에, 그 뒤로 '현대 음악'의 출발점으로 알려져 왔다. 당시의 많

파악된다. 세계 옆에 나란히 놓인 음악만이 미학적 현상으로서의 세계의 정당화가 무엇인지에 대한 하나의 개념을 제공할 수 있다. 비극적 신화가 산출하는 쾌감은 음악에서 불협화음이 낳는 쾌감과 고향을 같이하는 것이다. 고통에서조차 느껴지는 근원적인 쾌감을 수반하는 디오니소스적인 것이 음악과 비극적 신화의 공통의 모태인 것이다.

그러면 불협화음이라는 음악관계의 도움을 받음으로써 비극의 효과라는 저 어려운 문제의 해결이 근본적으로 용이해진 것은 아닐까? 그러나 우리가 이제 비극 속에서 관조하기를 원하면서도 동시에 관조하는 것을 넘어서 동경하는 것이 무엇을 의미하는지를 이해하고 있다면, 우리는 예술에서 사용된 불협화음과 관련하여 이러한 상태를 다음과 같이 특징지어야 할 것이다. 즉 우리는 듣기를 원하면서도 동시에 듣는 것을 넘어서 동경한다고. 명료하게 지각된 현실에서 최고의 쾌감을 느끼면서도 무한한 것으로 진입하려는 노력, 즉 동경의 날개짓은 우리가 두 가지 상태 속에서 어떤 디오니소스적 현상을 인식해야만 한다는 사실을 상기시킨다. 이러한 디오니소스적 현상은 항상 새롭게 반복해서 우리에게 개체의 세계를 건설하고 파괴하면서 유희하는 것

은 사람들이 보기에 그것은 기존의 모든 법칙을 파괴했다. 브라이언 매기, 『트리스탄 코드』(심산, 2005), 김병화 옮김, 330~335쪽 참조.

을 근원적 쾌감의 분출로서 계시하는 것이다. 이는 세계를 형성하는 힘이 '어두운 자' 헤라클레이토스에[175] 의해서 돌을 이리저리 옮겨 놓고 모래를 쌓았다가 다시 부수면서 유희하는 어린아이에 비유된 것과 유사하다.

따라서 어떤 민족의 디오니소스적 능력을 올바르게 평가하기 위해서는 그 민족의 음악에 대해서뿐 아니라 저 능력의 두 번째 증거로서 이 민족의 비극적 신화에 대해서도 생각해 보아야 할 것이다. 신화와 음악이 서로 밀접한 혈연관계에 있다면 한편의 변질과 타락이 다른 한편의 쇠퇴에 직결될 것이라고 추측할 수 있다. 이는 디오니소스적 능력의 쇠약화는 신화 일반의 쇠약화로 표현되기 때문이다. 그러나 독일적 본질의 발전을 일별해 본다면 신화와 음악 이 두 가지에 대해서 의심을 품을 필요가 없을 것이다. 소크라테스적 낙천주의의 비예술적이고 삶을 소진시키는 본성은 오페라, 우리의 추상적이고 신화 없는 삶, 오락으로 전락한 예술, 개념에 의해서 인도되는 삶에서 자신을 드러내었다. 그러나 그럼에도 불구하고 독일 정신은 훌륭한 건강과 심

---

175) 헤라클레이토스를 '어두운 자'라고 한 것은 그의 사상이 무척 난해했기 때문이다. 헤라클레이토스는 그리스 사상가들 중에서 니체가 가장 친근하게 느낀 사상가이다. 독일 낭만주의 철학자 슐라이어마허가 수집하고 엮은 단편 모음 책 『헤라클레이토스, 에페소스의 어두운 자(Herakleitos der Dunkle von Ephesos)』 이후 '어두운 자'는 헤라클레이토스를 따라 다니는 수식어가 되었다.

오함, 디오니소스적인 힘을 그대로 지닌 채, 선잠에 떨어진 기사처럼, 접근할 수 없는 심연에서 안식을 취하면서 꿈을 꾸고 있다는 증거가 다행히도 존재했다. 이 심연으로부터 디오니소스의 노래가 솟아올라오면서 우리에게 이 독일의 기사가 지금도 여전히 자신의 태곳적 디오니소스 신화를 지복(至福)과 엄숙에 넘친 환상의 모습으로 꿈꾸고 있다고 알려주는 것이다. 저 신화적 고향에 대해서 이야기해 주는 새의 노랫소리를[176) 독일 정신이 그렇게 분명하게 이해하고 있는 이상, 어느 누구도 독일 정신이 자신의 신화적 고향을 영원히 잃어버렸다고 믿어서는 안 된다. 어느 날 독일 정신은[177) 거대한 수면을 취한 후의 상쾌한 아침에 자신이 깨어나 있음을 발견하게 될 것이다. 그때 그는 용을 퇴치하고 간악한 난쟁이들을 섬멸한 후 브룬힐트를 잠에서 깨울 것이다. 그러면 보탄의 창도 그의 길을 막을 수 없을 것이다!

나의 친구들이여, 디오니소스의 음악을 믿는 그대들이여. 그대들은 비극이 우리에게 무엇을 의미하는지를 또한 알고 있다.

---

176) 바그너의 〈지크프리트〉 제2막에서 주인공이 용을 퇴치하면서 피를 뒤집어쓰자 새의 지저귀는 소리를 해독할 수 있게 되며, 그 소리를 듣고 자신의 과거와 자신이 미래에 이룰 것을 알게 된다.

177) 여기서 니체는 바그너의 〈니벨룽겐의 반지〉의 주인공인 지크프리트를 독일 정신의 상징으로 삼고 있다. 지크프리트는 세계를 지배할 수 있는 권력을 주지만 그것을 지닌 자는 몰락한다는 황금을 지키고 있는 용으로 변신한 거인을 퇴치한다.

비극 속에 우리는 음악으로부터 재탄생한 비극적 신화를 가지고 있다. 그리고 신화 속에서 그대들은 모든 것을 희망하고 가장 고통스러운 것까지 잊어버려도 좋다! 그러나 가장 고통스러운 것은 우리 모두에게는 독일의 정령(精靈)이 집과 고향에서 소외되어 간악한 난쟁이들을 섬겨 왔던 저 기나긴 굴욕의 나날이었다. 그대들은 이 말을 이해한다. 그대들이 또한 결국 나의 희망을 이해하게 될 것처럼.

25

음악과 신화는 똑같이 어떤 민족의 디오니소스적 능력의 표현이며 서로 분리될 수 없다. 양자는 아폴론적인 것의 피안에 놓여 있는 예술영역에서 유래한다. 양자는 다음과 같은 하나의 영역, 즉 그 영역의 즐거운 화음 속에서는 불협화음도 공포스러운 세계상도 매력적으로 울리는 하나의 영역을 밝게 비춘다. 양자는 자신들의 아주 강력한 마법의 힘을 믿으면서 불쾌의 가시를 가지고 유희한다. 양자는 이러한 유희를 통해서 '최악의 세계'의 존재 자체도 정당화한다. 아폴론적인 것과 비교할 때 디오니소스적인 것이야말로 현상의 세계 전체를 소생시키는 영원하고 근원적인 예술의 힘으로서 나타나는 것이다. 이 현상세계의 한가운데에서 생명을 얻은 개별화의 세계를 삶에다 붙잡아 두기 위해서 그것을 새롭게 찬란하게 변용시키는 가상이 필요하게 된다. 우리가 불협화음의[178] 인간화라는 것을 생각할 수 있다면——그리고 인간은 그 이외의 무엇이겠는가?——이러한 불협화음은 살기 위해서 하나의 장려한 환상을 필요로 한다. 이 환상은 불협화음 자체의 본질을 아름다움의 베일로 은폐한다. 이것이 아폴론적인 것의 진정한 예술적 의도이다. 우리는 삶을 매 순간 살 가치가 있는 것으로 만들고 다음 순간을 체험해 보고 싶게 만드는 아름다운 가상들의 수많은 환상들을 아폴론이라는 이름 아래 포괄한다.

이 경우 모든 존재의 저 기초, 즉 세계의 디오니소스적인 기반은 저 아폴론적인 미화능력에 의해서 다시 극복될 수 있는 한도에서만 개별적인 인간에게 의식될 수 있다. 따라서 이 두 예술충동은 영원한 공정의 법칙에 따라서 서로 엄격하게 비례를 유지하면서 자신의 힘을 발휘하게끔 되어 있다. 우리가 지금 체험하고 있는 것처럼 디오니소스의 위력이 극히 맹렬하게 상승되어 가는 곳에는, 아폴론도 구름에 싸여서 이미 우리에게 내려와 있음에 틀림없다. 아마도 다음 세대는 아폴론의 가장 풍요로운 미적 작용들을 보게 될 것이다.

누구라도 자신이 꿈 속에서만이라도 고대 그리스의 삶 속으로

---

178) 여기서 불협화음은 근원적인 일자인 디오니소스를 가리킨다.

옮겨 갔다고 한 번만 느껴본다면 이러한 미적 작용이 필요하다는 사실을 가장 확실하게 직감적으로 느끼게 될 것이다. 드높은 이오니아식 주랑(柱廊) 밑을 거닐면서, 순수하고 고상하게 그어진 지평선을 바라보고, 빛나는 대리석에 비춰지는 자신의 성스럽게 변용된 모습을 옆에 두고, 조화롭게 울리는 목소리와 율동적인 몸짓으로 우아하게 움직이는 사람들에게 둘러싸여 엄숙하게 걸어 다니면서 그는 이 끊임없이 밀려오는 아름다움의 물결을 보면서 아폴론에게 손을 들어 올리며 부르짖지 않을 수 없을 것이다! "복된 민족, 그리스인들이여! 델로스의[179] 신 아폴론이 그대들의 주신찬가의 광기를 치유하기 위해서는 이러한 마술이 필요하다고 생각했다면 그대들 사이에서 디오니소스는 얼마나 위대한 존재였겠는가!"──그러나 이렇게 감격하고 있는 그에게 백발의 아테네 노인이 아이스킬로스의 숭고한 눈으로 그를 바라보면서 이렇게 대답할지도 모른다. "자네, 이상한 이방인이여, 그러나 이러한 사실도 말하라. 이 민족이 이처럼 아름답게 될 수 있기 위해서 이 민족은 얼마나 괴로워해야 했던가!라고. 그러나 지금 나를 따라와 비극을 보고 나와 함께 두 신에게 제물을 바치세!"

---

179) 에게 해에 있는 섬으로 델포이와 함께 아폴론의 신전이 있던 곳으로 유명하다.

이 번역이 텍스트로 삼은 것은 1886년에 출간된 니체의 『비극의 탄생 또는 그리스 문명과 염세주의』이다. 이것은 1872년에 출간된 초판 『음악정신으로부터의 비극의 탄생』의 신판이지만, 새롭게 덧붙여진 「자기비판의 시도」라는 서문을 제외하고는 초판과 동일한 내용을 담고 있다. 1872년에 출판된 초판에는 쇠사슬에서 풀려난 프로메테우스의 그림이 실려 있었다.

이 해제에서 본 역자는 독자들의 이해를 돕기 위해서, 『비극의 탄생』이 갖는 다차원적 의의와 그것의 문제의식 및 전체적인 핵심 내용, 그것에 쇼펜하우어와 바그너가 미치고 있는 영향 및 『비극의 탄생』에서 전개되고 있는 니체의 사상이 쇼펜하우어와 바그너의 사상에 대해서 갖는 차이 등을 살펴볼 것이다.

1. 『비극의 탄생』이란 책

니체의 『비극의 탄생』은 그리스 비극을 그것의 탄생(1~11장)과 죽음(11~16장) 그리고 그것의 재생(17장 이하)과 관련하여 다루고 있다. 『비극의 탄생』에서 니체는 그리스 비극은 서로 대립하는 아폴론적인 것과 디오니소스적인 것이 화해하면서 탄생하게 되었고, 아폴론적인 것이 소크라테스적인 논리적 지성주의로, 그리고 디오니소스적인 것이 일상적인 거친 감정의 표출로 전락하면서 비극은 죽음을 맞게 되었으며 바그너의 음악을 통해서 부활하고 있다는 견해를 펴고 있다.

당연한 것이지만 그리스 비극에 대한 니체의 이러한 견해는 하루 아침에 형성된 것이 아니라 상당 기간 동안의 연구를 통해서 형성된 것이다. 니체는 『비극의 탄생』을 저술하기 전에 이미 강의록이나 공개강연 그리고 자비 출판의 소책자, 메모들에서 그리스 정신과 비극을 다루고 있었는데, 『비극의 탄생』을 위한 예비 작품으로는 무엇보다도 다음 5개를 들 수 있다.

1. 『그리스의 음악극』(1870년 1월 18일의 공개 강연)
2. 『소크라테스와 비극』(1870년 2월 1일의 공개 강연)
3. 『디오니소스적 세계관』(1870년 8월 초고)
4. 『비극사상의 탄생』(1870년 12월에 『디오니소스적 세계관』을 수정한 것)

5. 『소크라테스와 그리스 비극』(1871년 소책자로 자비 출판)

이 중에서 『디오니소스적 세계관』과 『비극사상의 탄생』은 『비극의 탄생』 제1~7장의 원형이다. '디오니소스적인 것'과 '아폴론적인 것'이라는 개념들이 여기에 이미 등장하고 있으며 비극의 기원이 고찰되고 있다. 『소크라테스와 비극』과 『소크라테스와 그리스 비극』은 『비극의 탄생』 제8~15장의 원형이라고 할 수 있으며, 아이스킬로스와 소포클레스에서 개화한 그리스 비극이 에우리피데스에서 몰락하게 되었다는 주장을 펴고 있다. 『그리스의 음악극』은 『비극의 탄생』 제16장에서부터 서술되고 있는 내용의 원형을 담고 있으며, 당시의 오페라에 대한 비판에서 시작하여 고대 그리스의 음악극이야말로 종합예술이라고 찬양하고 있다. 이 경우 니체는 음악극으로 바그너의 음악극을 염두에 둔 것 같으며 바그너의 음악극이 그리스 비극의 부활이라고 암시하고 있다.

『비극의 탄생』은 언뜻 보기에는 그리스 비극이 탄생하게 된 역사적 기원과 그것이 몰락하게 된 계기에 대한 고전문헌학적인 탐구처럼 보인다. 그러나 『비극의 탄생』은 그리스 비극의 기원과 몰락에 대한 고전문헌학적인 탐구를 넘어서, 음악과 비극이란 무엇이고 진정한 아름다움이란 무엇인지에 대한 예술 철학적 탐구이고, 세계의 궁극적 근거는 무엇인지에 대한 형이상학적 탐구이며, 인간이란 어떠한 존재이고 인간은 어떻게 살아야 할 것인지에 대한 탐구이고, 논리적인 지성에 입각한 학문을 진리에 도달하는 유일한 길로 내세우면서 비극적인 음악과 신화를 비하하는 소크라테스와 플라톤 이래의 서양 형이상학과 이러한 형이상학에 입각한 서양 역사와의 대결이기도 하다.

『비극의 탄생』은 이러한 다차원적인 성격 때문에 다방면에 지대한 영향을 끼쳤다. 그것은 무엇보다도 비극론과 예술철학에서 빼놓을 수 없는 고전이 되었고, 소크라테스와 플라톤 이래의 서양 형이상학과 서양의 역사에 대한 그것의 비판은 아도르노와 하이데거 그리고 포스트모더니즘과 포스트구조주의의 서양 형이상학과 서양의 역사에 대한 비판을 선취하고 있다. 아울러 『비극의 탄생』에서 전개되고 있는 '디오니소스'에 대한 니체의 사상은 예이츠(William Butler Yeats), 말라르메(Stephane Mallarmé), 릴케(Rainer Maria Rilke), 스테판 게오르게(Stefan George), 고트프리드 벤(Gottfried Benn), 앙드레 지드(André Gide), 토마스 만(Thomas Mann)과 같은 예술가들에게도 마르지 않는 영감의 원천이 되었다.[1]

아울러 이 책은 니체 자신의 사상 발전이라는 측면에서만 보아도 니체가 나중에 전개하게 되는 영원회귀 사상과 힘에의 의지의 사상, 그리고 관점주의 철학의 단초를 이미 담고 있다. 『비

---

[1] David Lenson, *The Birth of Tragedy, A Commentary*(Boston Twayne Publishers, 1987), 114쪽 이하.

극의 탄생』 이후의 니체의 사상 전개는 『비극의 탄생』에서 이미
제시되고 있는 인간과 세계에 대한 근본경험과 근본이해를 쇼펜
하우어적인 개념도식이 아니라 사태 자체가 요구하는 개념에 따
라서 재해석해 나가는 과정이라고 할 수 있다.

2. 음악의 신비와 비밀에 대한 탐구로서의 『비극의 탄생』 - 『비극의 탄생』과 쇼펜하우어의 사상

니체는 『비극의 탄생』 재판에 붙인 서문 「자기비판의 시도」에
서 이렇게 쓰고 있다.

"이 책은 음악의 비밀에 참여하는 사람들을 위한 책으로서, 음
악의 세례를 받고 공통의 드문 예술경험에 의해서 처음부터 맺
어져 있는 사람들을 위한 '음악'이며, 또한 예술에서 피를 함께
나눈 사람들을 식별하기 위한 인식표이다."

이러한 인용문에서 암시되는 것처럼 니체의 『비극의 탄생』을
지배하고 있는 정조는 음악의 신비와 비밀에 대한 경이와 경탄
이다. 니체는 그러한 신비와 비밀에 대한 철학적 반성을 통해서
인간과 세계의 본질을 파악하려고 한다. 인간은 도대체 어떠한
존재이기에 음악에 그렇게 감동할 수 있으며, 세계는 도대체 어

떠한 것이기에 그렇게 음악에 감동할 수 있는 인간을 낳았는가? 니체는 『비극의 탄생』에서 음악을 통해서 인간과 세계의 본질을 해석하고, 이러한 비밀에 입각하여 소크라테스 이후 서양을 지배해 온 논리적 지성의 문화를 해석하고 비판하고 있다. 음악이 그렇게 인간과 세계의 본질을 해석하고 논리적인 지성의 문화의 한계를 꿰뚫어보는 데 결정적인 매체가 될 수 있는 것은 음악을 통해서 인간과 세계의 본질이 우리에게 개시(開示)되기 때문이다. 니체는 『비극의 탄생』에서 쇼펜하우어의 사상과 개념도식에 크게 의거하면서 음악의 신비와 인간과 세계의 본질을 해명하려고 한다.

누구든 음악을 들으면서 그 신비로운 힘에 경이를 느낀 적이 있을 것이다. 음악은 어떤 때는 우리를 슬픔에, 어떤 때는 기쁨에, 어떤 때는 분노에, 어떤 때는 공포에, 어떤 때는 한없는 감사와 평온에 사로잡히게 한다. 슬픈 일이 없어도 슬픈 음악을 들으면 우리는 슬퍼지고, 경쾌한 음악을 들으면 마음이 가벼워진다. 그러나 음악은 슬픔이나 분노와 같은 부정적인 기분조차도 황홀한 것으로 변용하면서 우리를 도취시키는 힘을 갖는다. 예를 들어 차이콥스키의 〈비창〉을 들을 때 우리는 슬픔도 아름다울 수 있다는 것을 느끼며 그 아름다움이 빚어 내는 황홀경 속으로 빠져들게 된다. '슬픈 황홀경' 혹은 '슬픈 도취'라는 것은 논리적으로 해명하기 어려운 역설적인 것이지만 음악은 그러한 역설을 가능하게 한다.

이러한 황홀경에 빠질 때 사람들은 자기 자신을 망각하면서 하나로 융합된다. 슬픈 음악이 흐를 때 사람들은 모두 슬픔에 사로잡히고, 경쾌한 음악이 흐를 때 사람들은 모두 함께 밝은 기분이 되는 것이다. 우리가 사는 일반적인 현실은 고위직 인사와 하위직 인간, 부자와 빈곤한 자, 사장과 노동자, 여성과 남성, 어른과 어린이, 백인과 흑인 등 수많은 차이와 차별로 이루어진 세계이다. 사람들은 이러한 현실에서는 자신을 다른 사람들로부터 분리된 하나의 개체로 느끼며 자신의 생존과 우월한 지위의 확보를 위해서 투쟁한다. 쇼펜하우어에 따르면 이러한 세계에는 '개별화의 원리'가 지배하는 것이다. 이러한 개별화의 원리를 쇼펜하우어는 시간과 공간 그리고 근거율이라고 본다. 모든 것은 특정한 시간과 공간 속에 자리함으로써 다른 것과 구별되는 개체가 되고, 이러한 개체들은 근거와 근거지어진 것으로서 서로 연관되어 있다. 즉 그러한 개체들은 근거율에 의해서 지배되고 있다.

그러나 음악이 흐를 때 우리는 이러한 개별화의 원리를 초극하면서 서로 간의 차이와 차별을 망각하고 하나가 된다. 월드컵의 응원가가 울려 퍼질 때 사람들은 지위고하를 막론하고 혼연일체가 되며, 응원가가 빚어 내는 격렬한 황홀경 속에 빠져든다. 심지어 사람들은 군악대의 음악소리를 들으면서 죽음의 공포를 극복하고 전우들과 하나가 되어 전쟁터로 달려갈 수도 있다. 우리는 보통 개별자들로 이루어진 이 현실 세계야말로 유일한 세계라고 생각하지만, 이러한 세계는 음악이 만들어 내는 이러한 혼융일체의 황홀경 속에서 덧없이 사라진다.

따라서 우리는 개별화의 원리가 지배하는 경험적인 세계의 근저에 보다 근원적이고 심원한 어떤 것이 존재하는 것은 아닌가라고 추측해 볼 수 있다. 쇼펜하우어는 그것을 개별화의 원리에 의해서 분열되기 이전의 세계의지라고 부른다. 쇼펜하우어는 개별화의 원리에 의해서 지배되는 경험적인 세계의 근저에는 오직 하나의 혼융일체의 세계의지만이 존재한다고 보았다. 이는 개별화의 원리인 시간과 공간 안에 있을 때만 어떤 것이 다른 것과 다를 수 있지만, 세계의지 자체는 시간과 공간 밖에 존재하기 때문에 단일하고 무차별적인 혼돈일 수밖에 없기 때문이다. 음악이란 이러한 세계의지의 표현이다. 음악을 이렇게 세계의지의 표현으로 보는 쇼펜하우어의 생각은 음악을 우주의 언어로 보는 피타고라스와 같은 사람의 생각과 상통하는 면이 있다.

이에 대해 개별화의 원리는 개념적인 언어와 연관되어 있다. 우리는 개념적인 언어를 통해서 사람들과 사물들을 분류하고 등급을 매긴다. 음악은 이러한 개념적인 언어로 번역될 수 없지만, 그럼에도 불구하고 지역과 시대를 뛰어넘어서 모든 사람들에게 이해될 수 있다. 일반적인 개념의 언어를 우리가 이해하기 위해서는 장기간에 걸친 언어훈련이 필요하지만 음악은 설령 다른 나라의 음악일지라도 우리를 순식간에 매료시킬 수 있다. 이점에서 음악은 우리가 본래는 하나로 연결되어 있음을 증명해 준다. 개념적인 언어가 서로 분리되어 있는 인간들의 두뇌에 호소할 뿐인 반면에, 음악은 근저에서는 서로 통일되어 있는 사람들의 가슴과 내면 전체를 파고든다. 개념적인 언어에 대해서 음악이 이러한 힘을 가질 수 있는 것은 개별화의 원리에 입각한 개념적인 언어가 존재의 핵심을 표현할 수 없는 반면에, 음악은 그러한 존재의 핵심인 세계의지를 표현하기 때문이다.

다시 말해서 세계의 본질을 드러내는 것은 논리적인 지성에 입각한 학문이 아니고 음악의 리듬과 멜로디이다. 우리는 흔히 어떤 이론이 갖는 정교한 논리에 압도되어 그러한 논리적인 지성을 통해서만 진리에 도달할 수 있는 것으로 생각하지만, 이러한 사고방식은 세계가 논리적인 구조로 이미 구성되어 있다고 전제하는 것이다. 그러나 우리는 과연 세계의 구조 자체가 그렇게 논리적인 성격을 갖고 있는지에 대해서 회의해 볼 수 있다. 외관상으로는 정치한 논리적 구조를 갖는 학문적 논의가 사실은 세계에 논리의 틀을 강요하는 것은 아닌지라고 우리는 회의할 수 있는 것이다.

니체는 세계의 본질은 오히려 음악적인 선율에 가깝다고 보는 것이며, 따라서 세계의 본질을 이해하기 위해서 우리는 우리의 두뇌만이 아니라 우리의 온몸과 정서 전체를 동원해야 한다고 보는 것이다. 인간은 음악이 전달하는 세계이해를 개념적인 언어를 통해서 분명히 언표할 수는 없지만, 이러한 사태는 음악을 통해서 우리가 갖게 되는 세계이해가 어떤 결함을 갖는 것이 아니라 그러한 세계이해를 담을 수 없는 우리의 개념적인 언어의 근본적인 한계를 시사하는 것이다. 논리적인 지성에 입각한 학문이 드러내는 세계가 차별과 구별이 지배하는 낮의 세계라면 음악이 드러내는 세계는 모든 것이 혼융일체가 된 밤과 심연의 세계이다. 인간은 다른 동물과 달리 개별화의 원리를 넘어서 이러한 세계의지와 하나가 될 수 있고, 그러한 세계의지의 소리를 음악을 통해서 들을 수 있다는 점에서 탁월한 존재이다. 이런 의미에서 레비스트로스는 자신의 저서 『신화학(*Mythologica*)』에서 니체와 마찬가지로 이렇게 주장하고 있다.

"음악에는, 무엇보다도 멜로디의 본질에는 인간의 궁극적인 비밀을 풀 수 있는 열쇠가 들어 있다."[2]

예술 중에서 오직 음악만이 개별화된 사물들의 근저에 있는 세계의지 자체를 표현한다. 음악은 형이상학적 의지의 음성

---

2) 뤼디거 자프란스키, 『니체-그의 생애와 사상의 전기』, 154쪽에서 재인용.

이다. 그리고 이러한 세계의지의 소리를 들을 수 있는 음악가나 서정시인이야말로 세계의 본질을 이해하는 진정한 형이상학자이다. 『비극의 탄생』을 쓸 당시의 니체는 음악의 신비에 빠져 있었으며 우리가 나중에 볼 것이지만 바그너의 음악이 개시한 세계와 인생의 깊이에 매료되어 있었다. 비극의 탄생을 쓰기 1년 전인 1871년에 니체는 친구 에르빈 로데(Erwin Rohde)에게 이렇게 편지를 쓰고 있다.

"음악으로 표현할 수 없는 모든 것에 대해서 …… 나는 구역질과 혐오를 느끼네. 〔바그너가 지휘한〕 만하임 공연을 다녀온 후, 나는 밤새도록 이상스러울 정도로 일상적 현실에 대한 고양된 전율을 느끼네. 왜냐하면 현실적인 모든 것이 더 이상 사실로 느껴지지 않고 허깨비처럼 보이기 때문이네."[3]

니체는 단순히 음악을 듣고 감상하는 것을 넘어서 그 자신이 자신과 세상을 잊어버리고 몇 시간이든 피아노를 즉흥적으로 연주할 수 있었다. 니체는 이렇게 끊임없이 계속되는 멜로디의 흐름이야말로 개별화의 원리에 지배되는 경험적인 세계의 근저에

---

3) Friedrich Nietzsche, *Sämtliche Briefe. Kritische Studienausgabe in 8 Bänden*(München, 1986), 3권, 257쪽, 뤼디거 자프란스키, 앞의 책, 15쪽에서 재인용.

서 요동치고 물결치는 세계의지의 흐름이라고 생각했다. 그리고 그는 이미 시작된 것처럼 슬그머니 시작하면서도 아직도 끝나지 않은 것처럼 끝나는 바그너 음악의 끊임없는 멜로디가 바로 이러한 세계의지의 진정한 반영이라고 보았다. 음악의 입장에서 볼 때 개별적인 사물들이 끊임없이 부침(浮沈)하는 세상사는 세계의지의 물결침이다. 음악은 우리를 세계의 심장부로 인도하면서 현상세계를 이러한 심장부로부터 경험하고 보게 한다. 이러한 음악 속에서 죽음이 극복된다. 이러한 도취경을 니체는 디오니소스적 황홀경이라고 부른다.[4]

우리는 이상에서 음악과 예술에 대한 니체의 견해에 쇼펜하우어의 형이상학과 미학이 얼마나 크게 녹아들어가 있는지를 보았다. 니체는 무엇보다도 삶의 본질은 논리적으로 해명될 수 없고 도덕적인 것으로도 이해할 수 없는 의지라는 쇼펜하우어의 사상을 받아들인다. 1874년에 쓴 글에서 니체는 쇼펜하우어를 천재라고 부른다. 천재의 특징은 삶에 새로운 가치와 척도를 부여하는 사람이다. 쇼펜하우어는 낙관주의적인 계몽주의가 지배하는 당시의 시대사조와 여전히 사람들을 지배하고 있던 기독교에 대해서 영웅적으로 항거했다. 그는 천박한 낙천주의 대신에 염세주의를 설파했으며, 세계는 인격신에 의해서 지배된다는 기

---

4) 같은 책, 19~20쪽.

독교의 주장에 대해서 세계를 지배하는 것은 맹목적인 의지라고 주장했다. 무엇보다도 니체는 인간과 세계의 심연을 드러내려고 하는 쇼펜하우어의 철학이, 기계적으로 노동하면서 노동이 끝난 후에는 찰나적인 쾌락과 안일만을 추구하는 그 시대 인간들의 천박하고 동물적인 삶을 극복하는 데 기여할 수 있는 새로운 인간상을 제시한다고 보았다.

음악의 심원한 의의에 대한 쇼펜하우어의 통찰을 받아들이면서 니체는 그리스 비극의 기원을 디오니소스 축제 당시의 디오니소스 찬가에서 찾는다. 그런데 그리스 비극도 분명히 연극의 일종인데 어떻게 그것이 음악에서 비롯되었다는 것인가? 이렇게 의문을 갖게 되는 것은 우리가 흔히 연극을 흥미 있는 줄거리를 가지고 배우들이 무대에서 연기하는 것이라고 생각하기 때문이다. 우리는 연극에서 음악이 어떤 본질적인 역할을 한다고 생각하지 않으며, 역할을 하더라도 극히 부수적인 역할만을 한다고 생각한다. 연극에서 음악은 연기나 스토리를 효과적으로 전달하기 위한 '배경음악'에 지나지 않는다고 우리는 생각하는 것이다.

이에 대해서 니체는 정반대로 생각한다. 즉 그는 음악과 멜로디가 본질이고 스토리나 연기는 그러한 멜로디가 형상화되는 하나의 방식일 뿐이라고 보는 것이다. 음악이 사라진 영화나 연극을 생각해 보라. 그것은 전혀 우리를 잡아끄는 힘을 갖지 못하고 우리를 화면이나 무대의 세계에 몰입하게 하는 힘을 갖지 못할 것이다. 우리를 공포에 빠뜨리는 것은 무서운 장면보다는 무서운 음악이 아닌가? 니체의 이런 생각 역시 쇼펜하우어의 다음과 같은 생각과 일맥상통하고 있다.

"음악은 말로 표현되는 감정이나 오페라에서 수행되는 연기에 관해 지극히 심오하고 궁극적이고 비밀스런 정보를 제공한다. 음악은 자신들의 진실하고도 진정한 본성을 표현하며, 무대 위에서 그 몸뚱이와 외피가 제시하고 있는 사건들의 가장 내면적인 영혼을 우리에게 소개한다."[5]

무대에서는 연기자들의 몸짓과 언어가 주가 되는 것 같지만 이러한 몸짓과 언어를 지배하는 것은 음악이다. 니체에 따르면 이러한 몸짓과 언어는 음악이라는 바다가 일으키는 파도들이다. 이런 의미에서 니체는 '음악정신으로부터의 비극의 탄생'에 대해서 말하고 있다. 비극은 디오니소스 축제 당시 디오니소스의 죽음을 슬퍼하고 그의 부활을 기뻐하는 합창 속에서 태어났다고 보는 것이다. 디오니소스 축제에서 사람들은 자신을 잊어버리고 도취에 빠진다. 이러한 도취와 광란이 고대 그리스의 비극을 생

---

5) Arthur Schopenhauer, *Werke in fünf Bänden*(Zürich, 1988), hrsg. Ludger Lütkehaus, 2권, 448쪽.

성시킨 근원이다.

이러한 그리스 비극과 자신의 시대의 예술을 비교하면서 니체는 자신의 시대의 예술은 이러한 심원한 근원에 뿌리를 내리고 있지 못하고 일상의 세계를 모방할 뿐이라고 보았다. 음악에서도 경험적인 사실을 모방하는 회화적인 음악이 지배하게 되었고, 이에 따라 음악은 사람들을 사로잡고 전율시키면서 변화시키는 힘을 상실해 버렸다. 음악은 인간과 세계를 변화시키는 창조적인 힘을 상실한 것이다. 그것은 더 이상 경험적인 세계 이면의 세계의지 자체로부터 길어내어진 것이 아니다.

3. 디오니소스적인 음악의 부활을 통한 신화의 재탄생－『비극의 탄생』과 바그너의 음악사상

그런데 디오니소스 축제 때 울려 퍼졌던 음악은 어떤 음악이었을까? 그것은 도대체 어떤 음악이었기에 사람들을 그렇게 광란과 난무 그리고 도취에 빠져들게 했을까? 그 합창은 이미 사라져 버리고 없다. 그런데 니체는 『비극의 탄생』에서 그리스 비극의 역사적인 기원을 단순히 학문적으로 탐색하는 것을 넘어서 그리스 비극의 정신을 회복할 것을 주창하고 있다. 소크라테스 이래로 논리적 지성이 지배해 온 결과 서양 문명이 빠지게 된 천박함과 피상성을 극복하기 위해서는 그리스 비극정신의 회복이 필요하다는 것이다. 『비극의 탄생』을 쓰던 당시의 니체는 그리스의 이러한 비극정신이 바그너의 음악에서 재탄생하고 있다고 생각했다. 이런 의미에서 니체의 『비극의 탄생』은 그리스 비극의 기원과 본질에 대한 탐구를 일차적 목표로 하고 있지만, 사실은 그리스 비극의 근원을 형성하는 음악의 본질에 대한 탐구이며, 무엇보다도 당시에 니체를 매료시켰던 바그너 음악의 본질에 대한 탐구라고도 할 수 있다.

니체는 바그너의 음악극(Musikdrama)을 통해서 물질주의와 이기주의, 경제적 공리주의, 역사주의, 군국주의에 의해서 손상된 당시의 독일 정신이 다시 소생할 수 있다고 믿었다. 바그너의 음악극에 비하면 당시의 대부분의 예술은 이러한 사명의식을 갖지 못한 채 천박한 시대적인 조류에 아부하는 경향이 있었다.[6]

"전례가 없는 미숙한 판단, 도처에서 볼 수 있는 즐거움에 대한 중독, 오락 만능주의, 예술에 종사하는 자들이 예술의 진지성을 빙자하면서 보여주는 지식인인 체하는 위선과 거짓 꾸밈과 기만, 기업가들이 보여주는 무자비한 돈을 향한 탐욕, 사회에 가득한 공허함과 생각 없음, (…) 이 모든 것들이 현재 우리의 예술적 현재 상황을 가득 채우고 있는 무감각하고 타락한 분위기를 만드는 것

---

6) 자프란스키, 앞의 책, 140쪽.

이었다."[7]

니체는 이러한 퇴락한 상태를 극복하기 위해서는 새로운 신화의 탄생을 통해서 사람들을 하나의 공동체적 전망 아래 단결시키는 것이 필요하다고 보았다. 니체는 이러한 자신의 희망을 그리스인들은 디오니소스적인 도취 속에서 만물이 형제자매가 되는 사태를 경험했다는 사실을 거론함으로써 시사하고 있다. 니체는 올림포스 신들에 대한 그리스인들의 경배가 관례적인 것으로 전락하고 올림포스 신들이 사람들을 사로잡는 힘을 상실하기 시작하던 시대에 비극이 탄생하면서 그 신화에 다시 활력을 불어넣어 주었고, 그럼으로써 사람들에게 삶의 방향과 굳건한 토대 그리고 힘을 부여했다고 보는 것이다.

신화는 무의미한 세계에 의미를 부여하는 것이다. 니체는 인간은 오직 신화를 통해서만 아무런 목적 없이 이리저리 방황하는 위험에서 벗어날 수 있다고 보며, 따라서 신화를 갖지 못한 현대의 인간을 뿌리 없는 인간이라고 본다. 그러나 논리적 지성에 입각한 학문만이 사물의 진리를 드러내는 것으로 보는 소크라테스적인 이론적 세계관이 지배하는 곳에서는 신화는 원시적인 사유양식으로서 철저하게 부정되고 사람들에게 어떠한 삶의

---

7) Friedrich Nietzsche, *Richard Wagner in Bayreuth*, *Sämtliche Werke*, *Studienausgabe in 15 Bänden*(München, 1980), 1권, 448쪽.

방향과 힘도 줄 수 없는 추상적인 학문만이 난무할 뿐이다.

신화적 의식을 가지고 보면 자연현상은 무엇인가를 이야기하고 있으며 니체는 그것을 의지로 보았다. 이러한 신화적 에너지를 활성화시켜서 공동체적 삶의 가치를 확고히 하는 것이 자신의 시대가 구현해야 할 과제라고 니체는 보았다. 니체는 디오니소스적인 음악이 사멸 직전의 그리스 신화를 다시 소생시켰던 것처럼, 현대의 디오니소스적인 음악인 바그너의 음악이 게르만의 건강하고 영웅적인 신화를 다시 소생시켜서, 이기주의적인 경제주의와 찰나적인 향락에 빠져 있는 독일인들에게 청신하고 강건한 정신을 불러일으킬 수 있을 것이라고 믿었다.

바그너의 음악에 이렇게 엄청난 기대를 걸었던 당시에 니체는 바그너의 음악뿐 아니라 인간 바그너에게까지 매료되어 있었다. 니체는 나중에 바그너를 신랄하게 비판하게 되지만 사실은 바그너야말로 한때나마 니체 정도의 인물을 매료시킬 수 있었던 유일한 인물이 아니었을까? 이러한 매료는 니체가 바그너 때문에 자신의 독립성을 상실할 수 있다고 두려워할 정도의 위험한 것이기도 했다. 『비극의 탄생』의 서문은 바그너에게 직접 건네는 말이며, 본문의 25장 가운데 후반 열 장은 거의 바그너에 대한 찬사로 가득 차 있다.

1869년 5월 22일 25세의 니체는 바그너의 생일을 맞아 이렇게 쓴다.

"내가 지금까지 게르만적인 삶의 진지함과 수수께끼와도 같고 의심스런 현존재에 대해서 깊은 관찰을 할 수 있었던 것은 바로 당신과 쇼펜하우어 덕분입니다."[8]

니체는 『비극의 탄생』에서 그리스 비극정신이 게르만의 원초적인 정신과 상통한다고 보았으며, 이러한 게르만적인 정신을 회복하는 것이 바그너의 음악이라고 보았다. 이러한 사고방식 역시 우리는 나중에 하이데거와 같은 사상가에게서 다시 나타나는 것을 보게 된다. 하이데거는 독일어와 독일 정신이야말로 그리스어와 그리스 정신을 계승하는 유일한 언어이자 정신이라고 보았다. 그리고 하이데거는 원시 독일어에 숨겨져 있는 근원적인 독일 정신을 회복하는 것을 통해서 유럽의 뿌리인 그리스인들의 정신을 다시 계승할 수 있다고 보았다. 다만 니체가 바그너야말로 게르만적인 정신을 회복하고 그리스 정신을 창조적으로 계승하는 인물로 보았던 반면에, 하이데거는 시인 횔덜린을 그러한 인물로 보았다는 점에서 양자 간에 차이가 있을 뿐이다.

원래 바쿠닌과 함께 무정부주의적인 혁명운동에 참여했던 바그너는 사회혁명을 통해서 인류를 구원할 수 있다고 보았으며 음악을 그러한 혁명운동의 일환으로 보았다. 그러나 바그너는

---

8) 자프란스키, 앞의 책, 536~537쪽에서 재인용.

정치를 통해서 인류를 구원한다는 이러한 생각에 회의를 품게 되었고, 쇼펜하우어의 『의지와 표상으로서의 세계』를 읽고 나서 인생과 세계의 진정한 비밀에 대한 해답과 음악이 나아가야 할 방향에 대한 해답을 얻었다고 생각하게 되었다. 쇼펜하우어는 정치를 포함한 모든 사건들을 사소한 일로 치부하게 하면서, 정치가 아니라 예술 특히 음악을 인간의 모든 활동 가운데서 가장 중요한 활동으로 간주했다. 그리고 그는 이러한 생각을 정교한 철학적 사유를 통해서 정당화했다.

쇼펜하우어의 예술철학은 바그너에게 자신이 하고 있는 작업의 본질을 분명하게 밝혀 주었다. 이러한 분명한 인식이 없었다면 바그너는 그렇게 큰 자신감과 확신을 가지고 자신의 음악을 펼칠 수 없었을 것이라고 브라이언 매기는 말하고 있다.[9] 바그너는 쇼펜하우어의 철학을 발견한 후부터 죽을 때까지 "그에게 얼마나 감사를 표해야 할지 모르겠다"고 반복해서 말했다고 한다. 〈트리스탄과 이졸데〉, 〈뉘른베르크의 직장가수〉, 〈신들의 황혼〉, 〈파르지팔〉은 쇼펜하우어의 철학에서 받은 영감을 토대로 한 것이었다. 브라이언 매기는 쇼펜하우어가 없었다면 바그너는 〈트리스탄과 이졸데〉와 〈파르지팔〉을 도저히 작곡할 생각도 할 수 없었을 것이라고 말하고 있다.[10] 특히 니체가 『비극의 탄

---

9) 브라이언 매기, 『트리스탄 코드』, 313쪽.
10) 같은 책, 218쪽.

생』에서 인용하고 있는 〈트리스탄과 이졸데〉의 악보는 철저하게 쇼펜하우어적인 것이었다. 〈트리스탄과 이졸데〉에 나오는 트리스탄의 다음 노래에서 우리는 쇼펜하우어의 사상을 분명하게 읽어낼 수 있다.

"이제 우리는 밤의 숭배자,
밤에 바쳐진 몸이오.
화가 난 낮이
질투에 가득 차
환상으로 우리를 갈라 놓지만
더 이상 그 거짓으로 우리를 속이지는 못하리.
낮이 거만하게 뻐기고
허세를 부려도,
밤에 의해서 축성된 시각을 가진 사람에게는
조롱의 대상일 뿐.
더 이상
그 빛나는 빛의
덧없는 찰나의 반짝임으로
우리를 현혹시키지는 못해.
사랑의 눈으로
죽음의 밤을 바라본 우리에게,

그 깊은 비밀을

위탁받은 우리에게

낮의 환상,

명성과 영예,

권력과 이익은

그저 햇빛에 비치는

먼지의 반짝임일 뿐,

그 속으로 흩어지기만 할 뿐……"[11]

쇼펜하우어의 미학사상을 크게 수용하면서 바그너는 오페라에서 음악이 차지하는 역할을 결정적인 것으로 간주하게 된다. 이는 니체가 배우의 연기나 대사 그리고 음악의 가사를 음악에 비하면 부차적인 중요성밖에 갖지 않는 것으로 보는 것과 마찬가지이다. 쇼펜하우어의 영향을 받기 전의 바그너는 가사가 관객들에게 확실하게 전달되는 것을 중시했기 때문에 배우들이 가사를 분명히 발성해야 하는 방식으로 작곡했다. 그러나 바그너는 이제 가사에 신경을 쓰지 않게 된다. 진행되는 사건의 내적 의미를 전달하는 역할은 연기나 가사가 아니라 오케스트라가 맡게 되는 것이다.

---

11) 같은 책, 346~347쪽에서 재인용.

바그너는 음악과 가사 사이의 관계를 동등하지도 상호보완적이지도 않다고 생각하게 되는 것이다. 이러한 사실은 동일한 멜로디에 완전히 다른 가사가 붙여지더라도 그 멜로디의 성격이 조금도 변하지 않을 수 있다는 사실로 입증될 수 있다. 노래의 멜로디는 독자적인 생명을 갖지만 가사는 절대로 그럴 수 없다. 또한 어떤 노래를 배우고 난 뒤 가사는 잊어버리더라도 멜로디를 잊어버리는 경우는 거의 없지만, 멜로디는 기억하면서도 가사를 잊어버리는 경우는 흔하다. 이런 사실에서 우리가 알 수 있는 것은 가사가 붙은 음악이 불릴 때 청중들의 심장 깊숙한 곳까지 강한 인상을 남기는 것은 음악이라는 것이다.[12]

4. '아폴론적인 것'과 '디오니소스적인 것'이라는 개념쌍이 갖는 철학사적 의의와 몇 가지 오해의 검토

우리는 이상에서 니체의 『비극의 탄생』의 문제의식과 그것의 중심사상을 『비극의 탄생』에 스며들어 있는 쇼펜하우어와 바그너의 사상을 함께 고찰하는 방식으로 살펴보았다. 우리는 이제 『비극의 탄생』에서 가장 중심적인 지위를 갖는 개념인 '아폴론적인 것'과 '디오니소스적인 것'이라는 개념들을 살펴보는 방식

---

12) 같은 책, 365쪽.

으로 『비극의 탄생』의 핵심적인 내용을 고찰할 생각이다.

니체는 『비극의 탄생』 1장과 2장을 중심으로 '아폴론적인 것'과 '디오니소스적인 것'에 대해서 상세한 설명을 제공하고 있다. 이 1장과 2장은 『비극의 탄생』의 핵심적인 내용을 담고 있으며, 나중에 이어지는 장들은 이 장에서 서술되는 내용들을 보다 상세하게 설명하거나 역사적인 전거를 끌어들여서 뒷받침하는 것이라고 할 수 있다. 따라서 여기서는 1장과 2장의 내용을 중심으로 '아폴론적인 것'과 '디오니소스적인 것'이라는 개념들의 의미와 『비극의 탄생』의 핵심적인 내용을 살펴볼 것이다.

'아폴론적인 것'과 '디오니소스적인 것'이라는 개념들은 『비극의 탄생』에서뿐 아니라 나중에 니체가 전개하는 사상에서도 중요한 의의를 갖지만, 니체 이후에도 철학자들뿐 아니라 많은 예술가들에게도 사색과 영감의 원천으로 작용했다. 심지어 하이데거 같은 사람은 이 두 개념을 진정으로 사유하는 데에 독일과 유럽의 운명이 달려 있다고 보았다. 우리는 여기서 '아폴론적인 것'과 '디오니소스적인 것'이라는 개념들의 의미와 『비극의 탄생』의 핵심적인 내용을 살펴본 후에, 이러한 개념쌍이 갖는 철학사적 의의를 하이데거를 예로 해서 살펴볼 것이다. 아울러 이러한 개념쌍이 커다란 중요성을 가졌던 만큼 그것과 관련해서 있었던 많은 오해들에 대해서도 짚어 볼 것이다.

1) '아폴론적인 것'과 '디오니소스적인 것'

니체는 1장을 그리스 예술의 발전은 '아폴론적인 것'과 '디오니소스적인 것'의 이중성과 결부되어 있다는 말과 함께 시작하면서, 이러한 사태를 자식의 출산이 남녀 양성 간의 끊임없는 투쟁과 주기적인 화해에 의해서 이루어지는 것에 비유하고 있다. '아폴론적인 것'은 조각이나 건축과 같은 조형예술이나 서사시와 같은 예술의 근본원리이며, '디오니소스적인 것'은 서정시나 음악과 같은 비조형적인 예술의 근본원리이다. 이러한 두 예술원리는 인간의 근본충동 내지 근본의지와 밀접한 연관을 갖는다. '아폴론적인 것'은 꿈에 대한 충동과, '디오니소스적인 것'은 도취에 대한 충동과 연관되어 있다.

니체는 그리스인들이 올림포스 신화의 형태로 창조한 신들의 장엄한 형상은 그들이 임의로 지어낸 것이 아니라 아마도 꿈 속에서 보았을 것이라고 추측하고 있다. 인간은 꿈 속에서 완벽한 예술가가 된다. 인간은 꿈 속에서 아름다운 형상 외에 끔찍하고 추한 형상도 만들어 내지만, 이러한 형상들은 현실에서보다도 훨씬 완벽하고 극적인 성격을 갖는다. 따라서 우리는 꿈을 꾸면서 그 속의 형상들이 가상이라고 어렴풋하게 느끼면서도 그러한 형상을 바라보는 데서 쾌감과 기쁨을 느낀다. 아폴론 신은 꿈 속의 형상이 갖는 이러한 완벽함, 절도와 균형을 상징한다. 니체는 이러한 사실을 "아폴론이 성난 눈으로 불쾌하게 바라볼 경우에도 신성한 아름다운 가상(假像)이 그에게 서리어 있다"고 말하고 있다. 단적으로 말해서 꿈에의 충동은 아름다운 가상을 형성하고 그것을 관조하면서 쾌감을 맛보려는 충동이다.

'디오니소스적인 것'은 도취에의 충동과 밀접한 연관이 있다. 우리 인간에게는 술의 힘이나 축제의 분위기에 빠져듦으로써 자신을 망각하고 만물과 하나가 되고 싶은 충동이 있다. 니체는 이러한 충동을 디오니소스적인 충동이라고 부르고 있다. 사람들은 도취상태에서 노래하고 춤추면서 자신을 만물이 하나가 되는 공동체의 일원이라고 느끼게 되고, 최고의 건강한 생명력을 맛보게 된다.

아폴론적인 꿈 속에서 사람들은 신들이 거니는 것을 보는 반면에, 디오니소스적인 도취에서 사람들은 그 자신이 신이 된 것으로 느끼게 된다. 그리고 아폴론적인 꿈의 상태에서 인간은 자신이 만들어 낸 작품을 관조하는 예술가인 반면에, 디오니소스적인 충동에서 인간은 그 자신이 예술작품 자체가 되어 버린다.

그런데 꿈에의 충동과 도취에의 충동은 인간의 자연스런 충동으로서 자연 그 자체로부터 솟아나는 예술적인 힘들이다. 이러한 충동은 자연스런 예술적인 힘들이기 때문에 인간 개개인이 꾸는 꿈은 그 개인의 지적인 수준이나 예술적인 수준과는 아무런 관련이 없다. 인간은 아무런 교양도 예술가적인 소질이 없어도 다채롭고 완벽한 줄거리를 갖는 꿈을 꿀 수 있다. 도취에의 충동 역시 인간 개개인의 지적인 수준이나 교양 수준과는 아무런 관련이 없다. 오히려 인간이 도취에 빠질 때는 개개인의 차이는 소멸해 버리며 사람들은 만물과 신비적인 일체감을 느끼게 된다.

아폴론적인 아름다운 꿈의 가상들이 조형적인 형상들과 언어를 통해서 표현된 반면에, 디오니소스적인 도취는 입술과 얼굴과 말뿐 아니라 신체의 모든 부분을 통해서 표현되며 무엇보다도 리듬과 강약과 화음을 통한 음악의 상징력을 통해서 표현된다. 디오니소스적인 도취에서 일어나는 이러한 모든 상징력의 전면적인 해방은 자기포기를 통한 신비적인 합일을 통해서만 가능하다. 자신을 의식하지 않으며 타인의 시선을 의식하지 않고 신비적인 도취에 빠질 때 사람들은 자신의 온몸으로 격렬한 리듬에 맞추어 춤을 출 수 있는 것이다. 이러한 디오니소스적인 도취에 빠질 때 사람들은 아폴론적인 질서와 차별의 세계가 사실은 디오니소스적 세계를 은폐하고 있는 것뿐이라는 사실을 예감할 수 있다.

니체는 아폴론적인 조형예술과 디오니소스적인 비조형예술이 인간의 자연스런 충동들에서 비롯된 꿈과 도취를 보다 높은 차원에서 모방하는 것이라고 말하고 있다. 이와 관련하여 그는 "예술가들은 실로 아폴론적인 꿈의 예술가, 디오니소스적인 도취의 예술가, 마지막으로 —— 그리스 비극의 예에서 보는 것처럼 ——

도취와 꿈을 겸비한 예술가 중의 하나에 불과하다"라고 말하고 있다. 니체는 이 세 번째 형태의 예술가를 디오니소스적인 도취와 신비적인 자기포기 속에서 열광하는 합창단으로부터 고독하게 떨어져 나와, 디오니소스적인 도취에서 경험되는 세계의 가장 내적인 근거와의 통일을 비유적인 꿈의 형상들을 통해서 개시하는 자라고 규정하고 있다.

니체는 그리스인들이 아폴론적인 조형예술과 디오니소스적인 비조형예술을 그렇게 완벽하게 창조해 낼 수 있었던 근거를, 그들의 자연스런 예술충동들인 꿈에의 충동과 도취에의 충동이 다른 민족들에 비해서 유별났다는 데서 찾고 있다. 니체는 그리스인들의 꿈은 그들의 조형예술이 보여주고 있는 바와 같은 완벽한 선과 윤곽, 색채와 배열의 완벽한 논리적 인과성을 가졌으리라고 추측하는 것이다. 이 점에서 니체는 꿈꾸는 그리스인들을 다수의 호메로스로, 그리고 호메로스를 한 명의 꿈꾸는 그리스인으로 부를 수 있을 것이라고 말하고 있다. 아울러 비그리스인들에게 디오니소스적인 축제는 잔인함과 성적인 방종과 문란함으로 얼룩졌던 반면에, 그리스인들에게는 그것이 만물이 성화(聖化)되는 세계구원의 축제라는 의미를 가졌다.

니체는 그리스인들의 디오니소스적 축제가 세계구원의 사건이라는 성격을 가질 수 있었던 것을 그리스인들에게는 디오니소스적인 충동이 아폴론적인 충동에 의해서 적절하게 제어되었던 데서 찾고 있다.

그리스인들이 디오니소스 축제 때 빠졌던 도취와 광란은 최고의 기쁨과 슬픔의 혼합이란 성격을 갖는 것이었다. 그들은 자연이 여러 개체로 분열되는 것에 대해서 탄식하면서 그러한 분열을 만물과의 신비적인 합일을 통해 극복함으로써 황홀경에 빠진다. 이와 같이 이중의 기분에 사로잡힌 열광자들의 노래와 몸짓은 원래는 '아폴론적인 것'이 지배하던 호메로스적인 그리스 세계에서는 전대미문의 새로운 것이었고, 공포와 전율을 불러일으켰다. 이러한 디오니소스적인 힘이 처음 외부에서 몰려들어 왔을 때, 그리스인들은 자신들의 아폴론적인 성격을 오히려 강화함으로써 그것에 대항할 수 있었다. 이렇게 아폴론적인 성격을 극도로 강화한 예술양식이 바로 스파르타를 중심으로 하여 발전된 도리아 양식이었다.

그러나 디오니소스적인 힘이 자신들의 내부에서 용솟음쳤을 때 그리스인들이 그러한 힘에 저항하는 것은 불가능했다. 따라서 그리스인들은 디오니소스적인 힘으로부터 파괴적인 성격만을 박탈하는 방식으로 아폴론적인 힘과 디오니소스적인 힘을 화해시킬 수밖에 없었다. 니체는 이러한 화해의 순간이야말로 그리스 역사에서 가장 중요한 순간으로 보는 것이며, 그러한 화해에서 위대한 그리스 비극이 탄생되는 것으로 본다.

니체가 전개하는 이상의 논지에서 볼 때, '아폴론적인 것'과 '디오니소스적인 것'은 일차적으로는 조형예술과 비조형예술을 규정하는 근본원리들을 가리키지만, 동시에 그것은 인간의 자연스런 삶을 규정하는 두 가지 근본충동을 가리키고 있다. 아울러 그것들 각각은 다양한 개체들로 이루어져 있는 경험적 세계에 질서를 부여하는 개체화의 원리와 그러한 개체들의 궁극적인 근거인 근원적인 일자를 가리키고 있다. 이렇게 볼 때 '아폴론적인 것'과 '디오니소스적인 것'은 예술의 근본원리인 동시에 인간의 자연스런 삶과 세계 자체의 근본원리라고 할 수 있다.

또한 니체가 '아폴론적인 것'과 '디오니소스적인 것'의 대립과 화해를 통해서 새로운 예술형식이 탄생되는 것을 남녀 간의 지속적인 투쟁과 주기적인 화해를 통해서 자식이 탄생하는 것에 비유하는 데서 알 수 있는 것처럼 '아폴론적인 것'과 '디오니소스적인 것' 각각은 남성적인 원리와 여성적인 원리를 가리킨다고도 할 수 있다. '아폴론적인 것'은 남성적인 절도와 균형 그리고 엄격함을, '디오니소스적인 것'은 여성적인 조화와 일치 그리고 부드러움을 의미한다고 할 수 있다. 이러한 사실은 디오니소스 축제에서 여성들이 주도적인 역할을 맡았던 사실과도 상통한다고 할 수 있다.

인간의 자연적인 삶의 원리로서의 '아폴론적인 것'과 '디오니소스적인 것', 세계원리로서의 '아폴론적인 것'과 '디오니소스적인 것', 그리고 예술의 근본원리로서의 '아폴론적인 것'과 '디오니소스적인 것'은 서로 분리된 것이 아니라 극히 밀접한 연관을 갖고 있다고 할 수 있다. 즉 인간의 자연적인 삶에서 '아폴론적인 것'에 해당하는 꿈에의 충동과 '디오니소스적인 것'에 해당하는 도취에의 충동은 이 세계의 근본원리인 질서와 절도의 원리와 근원적인 일자 각각을 자신의 꿈과 도취를 통해서 반영하는 것이며, 아폴론적인 원리를 구현하는 예술인 조형예술과 디오니소스적인 원리를 구현하는 음악 각각은 꿈과 도취에의 충동에서 비롯되는 자연스런 예술활동을 보다 높은 차원에서 모방하는 것이다.

그런데 아폴론적인 꿈에의 충동이 질서와 절도의 원리를 그리고 디오니소스적인 도취에의 충동은 근원적인 일자 자체를 반영한다는 것은, 근원적인 일자의 입장에서 보면 근원적 일자 자신이 취하는 하나의 현상 형태인 인간을 통해서 자신을 계시하면서 자신을 인식하는 것이라고 말할 수 있다. 근원적인 일자가 인간의 꿈과 도취를 통해서 자신을 계시하는 이유를 니체는 근원적 일자 스스로가 최고의 만족을 누리기 위해서라고 말하고 있다. 그리고 니체는 예술 자체도 근원적 일자가 자신을 계시하고 인식하는 방식이라고 말하고 있다.

인간의 자연스런 충동과 예술을 이렇게 근원적인 일자 자체가 자신을 현현하면서 최고의 만족을 누리는 장으로 보는 사유방식은 헤겔류의 사변철학적인 사유방식과 통한다고 할 수 있다. 헤

겔에서도 철학과 예술 그리고 종교는 만물의 궁극적인 근원인
절대정신이 자신을 계시하고 인식하는 최고의 방식이다. 헤겔에
서 절대정신은 인간을 비롯한 만물과 분리된 독립된 실체가 아
니라 그러한 만물들을 통해서 자신을 전개하는 것이다. 따라서
절대정신의 자기인식이라는 것도 아리스토텔레스가 말하는 부동
의 원동자나 기독교의 인격신처럼 다른 만물들과 분리된 절대적
실체의 자기인식이 아니라, 절대정신의 매체인 인간 정신을 통해
서 이루어지는 것이다.

헤겔에서는 인간 정신이 만물의 근원을 절대정신으로서 이해
하고 자연과 인간의 역사를 절대정신의 자기전개의 과정으로서
인식하는 순간이 절대정신이 자기인식에 도달한 순간이다. 인간
은 철학을 통해서 자연과 인간 자신의 역사를 절대정신이 자신
을 전개한 것으로 인식하며, 절대정신에 대한 인간의 이러한 인
식이야말로 절대정신의 자기인식이다. 물론 헤겔은 철학을 절대
정신이 자신을 인식하는 최고의 방식으로 보는 반면에, 『비극의
탄생』에서 니체는 예술이야말로 근원적인 일자가 자신을 계시하
고 인식하는 최고의 방식으로 본다는 점에서 양자 사이에는 근
본적인 차이가 존재한다.

니체가 꿈과 도취에의 충동을 인간의 가장 근본적인 충동으로
보고 있다는 사실 자체가 이미 니체가 인간을 근본적으로 예술
적인 존재로 보고 있다는 사실을 의미한다고 할 수 있다. 즉 꿈

에의 충동은 아름다운 가상에의 충동이며, 도취에의 충동은 원초적인 합일에의 충동으로서 그 자체로 예술적인 성격을 갖고 있으며, 좁은 의미의 예술적인 활동이란 이러한 근원적인 충동이 행하는 자연스런 예술활동을 보다 고차적인 형태로 전개하는 것에 지나지 않는다. 이런 의미에서 니체는 좁은 의미의 예술을 우리로 하여금 '계속 살아가도록 유혹하는 삶의 보완이자 완성'이라고 말하고 있다.

헤겔과 니체 사이에 보이는 이러한 차이에도 불구하고 니체가 인간의 근본적인 충동들과 예술활동을 근원적인 일자가 자신을 계시하고 인식하는 매체로 보는 사고방식은 헤겔식의 사변적인 형이상학의 성격을 강하게 풍기고 있다고 할 수 있다.

2) '아폴론적인 것'과 '디오니소스적인 것'이라는 개념쌍이 갖는 철학사적 의의

서양의 철학사에서 니체의 '아폴론적인 것'과 '디오니소스적인 것'과 가장 유사한 것으로 우리는 무엇보다도 하이데거의 세계와 대지라는 개념을 들 수 있다. 하이데거는 그의 『예술작품의 근원』에서 서양의 전통 철학이 예술을 파악하는 근본도식으로 삼은 것은 질료와 형식이라는 개념쌍이었다고 말하고 있다. 이러한 개념쌍은 질료와 이데아라는 개념들을 통해서 플라톤이 모든 사물을 이해하고 파악하는 근본틀인바, 그것은 아리스토텔레스를 거쳐서 근대 철학에 이르기까지 서양 철학 전체에서 주도적인 역할을 하고 있다는 것이다.

그러나 하이데거는 이러한 개념쌍은 사실 우리가 어떤 도구적인 물건들을 만들고 그것들을 이해할 때 의거하는 것이라고 본다. 우리는 무형의 재료에 어떤 물건이 가질 형상을 각인함으로써 하나의 물건을 만들어 낸다. 물건을 만들어 낼 때 사용되는 이러한 질료-형상이라는 개념도식을 우리는 예술작품을 이해할 때도 끌어들여서, 무형의 무규정적인 질료에 미학적 형상을 각인한 것을 예술작품이라고 생각한다. 그런데 하이데거는 어떤 도구적인 물건을 제작하고 이해하는 데 타당한 개념쌍이 예술작품을 이해하는 데에도 과연 타당한지에 대해서 의문을 제기하고 있다. 예술작품은 도구적인 물건처럼 인간이 추구하는 어떤 목적을 위한 수단으로서 존재하는 것이 아니라 '자체 내 존립(In-sich-Ruhen)'이라는 성격을 갖는다는 것이다. 따라서 하이데거는 예술작품이 갖는 이러한 성격을 이해하는 데는 질료와 형식이라는 개념쌍은 부적합하다고 보며, 그 대신에 '세계와 대지의 투쟁'이라는 개념을 통해서 예술작품의 본질을 이해하려고 한다.

여기서 우리는 하이데거의 예술철학을 상세하게 논의할 수 없다. 다만 '세계와 대지의 투쟁'이라는 하이데거의 개념과 마찬가지로 '아폴론적인 것'과 '디오니소스적인 것'의 대립과 화해라는 니체의 개념도 전통적인 미학을 규정해 온 질료와 형식이라는 개념도식을 극복하려는 하나의 획기적인 시도라고 볼 수 있다는 점을 지적하고 싶을 뿐이다. 서양의 전통 형이상학과 미학에서 말하는 형상에는 '아폴론적인 것'이 대응한다고 말할 수도 있지만, 질료라는 개념에 대해서는 그것에 '디오니소스적인 것'이 대응한다고 전혀 말할 수 없다. 질료는 형상에 의한 각인을 수동적으로 기다리는 것인 반면에, '디오니소스적인 것'은 생동하는 근원적인 힘이다. 그것은 전통 형이상학이 말하는 질료보다는 차라리 하이데거가 말하는 '만물을 기르고 지탱하는 어머니인 대지'에 가깝다고 할 수 있다.

3) '아폴론적인 것'과 '디오니소스적인 것'이라는 개념쌍에 대한 오해들

'아폴론적인 것'과 '디오니소스적인 것'과 관련하여 항간에 유포되어 있는 대표적인 오해는 니체가 『비극의 탄생』에서 '아폴론적인 것'을 폄하하고 '아폴론적인 것'에 대해서 '디오니소스적인 것'을 내세우고 있다는 오해이다.

그러나 우리가 앞에서 본 것처럼 니체는 오히려 그리스 예술이 다른 민족들의 예술과 구별되는 독특하면서도 완벽한 성격을 가질 수 있었던 가장 중요한 요인들 중 하나를 그리스인들이 디오니소스적인 성격 못지않게 강력한 아폴론적인 성격을 갖고 있었다는 데서 찾고 있다. 니체는 그리스인들의 디오니소스적인 축제가 잔인함과 성적인 문란으로 얼룩져 있던 다른 민족들의 디오니소스적인 축제와 전혀 다른 성격을 가질 수 있었던 일차적인 원인을 그리스인들이 디오니소스적인 성향 외에도 강한 아폴론적인 성향을 갖고 있었다는 데서 찾고 있다. 니체는 이에 반해서 디오니소스적인 축제가 성행했던 다른 민족들에게는 아폴론적인 성향이 존재하지 않았거나 극히 미약했던 것으로 보는 것이다.

물론 우리가 나중에 볼 것처럼 니체는 그리스인들에게는 디오니소스적인 성향도 타민족들에 비해서 훨씬 강력했다고 본다. 즉 니체는 그리스인들은 다른 민족들보다도 훨씬 강력한 고뇌의 능력을 가졌다고 보고 있다. 이러한 고뇌란 세계의 분열과 만물의 사멸에 대한 고뇌인바, 디오니소스적인 합일에의 욕구가 강한 민족일수록 그러한 고뇌도 크다고 할 수 있다. 물론 니체는 이러한 디오니소스적인 성향이 불교를 낳은 인도 민족에게도 강력하게 존재했다고 본다. 그러나 니체는 인도인들이 아폴론적인 성향은 미약하게밖에 가지고 있지 않았기 때문에 불교적인 현실 도피와 은둔을 택할 수밖에 없었다고 보는 것이다. 그리스인들은 디오니소스적인 성향 못지않게 아폴론적인 성향도 강력했기 때문에 현실에서 도피하지 않고 페르시아 전쟁에서 승리할 수도 있었다. 이렇게 볼 때 우리는 항간의 오해와 달리 니체가 '아폴론적인 것'을 얼마나 중시하는지를 알 수 있다. 더구나 니체가 최고의 예술로 평가하는 비극예술은 '디오니소스적인 것'으로만 이루어질 수는 없으며 '아폴론적인 것'을 불가결의 요소로 갖는 것이다.

니체에 대해서 항간에 많이 유포되어 있는 또 다른 오해는 루카치와 같은 사람의 니체 해석에서 대표적으로 볼 수 있는 것처럼 니체를 제국주의자로 보는 오해인데, '아폴론적인 것'과 '디오니소스적인 것'에 대한 니체의 사상은 이러한 오해를 불식시키는 데 중요한 전거가 될 수 있다. 인도인들이 강한 디오니소스적인 성향을 가지고 있었지만 아폴론적인 성향을 결여하고 있었기 때문에 현실도피와 은둔에 빠진 반면에, 로마인들은 디오니소스적인 성향을 별로 갖지 못하고 아폴론적인 성향만을 가지고 있었기 때문에 세계정복을 통해서 세계 제국을 건설하는 세속적인 욕망의 길로 나가게 되었다고 니체는 보고 있다. 니체가 아직 강한 국수주의적인 민족주의에 빠져 있던 시기에 쓴 것으로 평가되는 처녀작인 『비극의 탄생』에서부터 니체는, 세계 제국을 지향한 로마 제국에 대해서 그것이 아폴론적인 성향은 많이 가지고 있었지만 '디오니소스적인 것'은 결여하고 있었다고 비난하는 것이다. 이러한 사실로 미루어 우리는 니체가 『비극의 탄생』에서 목표하고 있는 것도 독일의 세계 정복이 아니라 독일 문화의 고양과 이를 통한 유럽 문화 전체의 고양이라는 사실을 알 수 있다.

아울러 '아폴론적인 것'에 대해서 흔히 행해지는 오해는 그것을 논리적인 지성을 중시하는 소크라테스적인 주지주의와 동일시하면서 니체가 그러한 '아폴론적인 것'에 대해서 '디오니소스적인 것'을 대립시키고 있다고 보는 것이다. 그러나 니체는 '아폴론적인 것'과 소크라테스적인 논리적 주지주의를 분명히 구별하고 있으며, 소크라테스적인 논리적 주지주의는 어디까지나 '아폴론적인 것'의 퇴락한 형태로 보고 있다. 아울러 니체는 '아폴론적인 것'이 진정한 의미에서 '아폴론적인 것'으로서 나타나려면 '디오니소스적인 것'을 전제와 기반으로 가져야 한다고 본다.

5. 당시의 고전문헌학에 대한 도전으로서의 『비극의 탄생』

앞에서 우리는 니체가 『비극의 탄생』에서 쇼펜하우어와 바그너의 사상을 얼마나 적극적으로 원용하고 있는지를 잘 볼 수 있었다. 우리는 심지어 니체의 『비극의 탄생』을 쇼펜하우어와는 달리 생과 세계를 긍정하면서 쇼펜하우어의 형이상학과 미학을 바그너의 음악사상과 독창적으로 결합한 것으로까지 볼 수 있다. 쇼펜하우어의 철학과 바그너의 음악에 매료당함으로써 니체는 전통적인 고전문헌학자로서의 길을 포기하고 철학자의 길을 걷기로 한다.

이러한 방향 선회가 니체의 『비극의 탄생』에서 솔직하게 드러나고 있다. 니체는 당시의 고전문헌학이 고전에 담긴 위대한 정신을 드러내지 못하고 자신들의 편협한 정신에 얽매여 고전의 자구 해석에만 매달림으로써 형해화된 학문이 되고 있다고 보았다. 니체는 대부분의 문헌학자들을 학문에 봉사하는 공장 노동자로 보았다. 즉 그들은 보다 큰 전체를 파악하면서 세계를 변화시킬 수 있는 사상을 창조하려는 태도를 엄밀성을 결여한 비학문적인 태도로 비난하면서, 두더지같이 텍스트만 파고 있다는 것이다.

이에 반해 『비극의 탄생』은 단순히 비극의 기원에 대한 고전문학적인 탐구가 아니라 그리스 비극에 담긴 위대한 정신을 회복하고 사람들에게 그러한 정신을 닮을 것을 촉구하는 것을 목표로 하고 있다. 니체가 보기에 19세기의 훈고학적 고전문헌학은 문헌의 정리와 발굴 등에서는 많은 성과를 올리면서 엄밀성과 정치함을 자랑했지만, 그리스 정신의 본질을 제대로 보지 못하고 있었으며 생명과 정신을 결여하고 있었다. 그것은 그리스 정신을 역사학적으로 탐구할 하나의 대상으로 간주할 뿐이며 근대 유럽인들의 정신적인 기원이자 근대의 유럽인들이 창조적으로 계승해야 할 숭고한 정신을 담고 있는 것으로 보지 않았다. 특히 니체는 위대한 정신만이 위대한 정신을 알아본다고 생각했는데, 당시의 고전문헌학자들은 고전에 담긴 정신의 높이와 깊이에 도달하지 못하기 때문에 옛적의 위대한 사상을 보잘 것 없는 것으로 만들고 있을 뿐이라고 보았다.

니체가 나중에 힘에의 의지의 사상을 전개하면서 분명하게 되지만, 『비극의 탄생』을 쓸 당시의 니체에게도 의지나 삶과 분리된 순수한 이성만으로 행해지는 이른바 객관적인 학문은 존재하지 않는다. 우리의 이성은 우리의 전체적인 의지에 종속되어 있고 이러한 의지의 상태에 따라서 그러한 학문의 성격이 달라진다. 니체는 삶에 이바지하지 않는 '학문을 위한 학문'이나 '예술을 위한 예술'은 학문이나 예술이라는 고상한 이름으로 삶으로부터 도피하는 것으로 보았다. 병약한 의지에서 비롯된 학문은 아무리 정교한 외관을 자랑하더라도 우리를 병약하게 만드는 병든 학문이며, 이에 대해서 강한 의지에서 비롯된 학문은 외관상으로는 조잡하더라도 우리를 강하고 심원한 존재로 만드는 건강한 학문이다. 따라서 니체는 『비극의 탄생』에서도 명시적으로는 아니지만 삶의 강화와 심화라는 관점에서 그리스 비극을 고찰하고 있다. 그는 그리스 비극이 어떤 점에서 삶을 강화하고 심화하고 있는 것인가라고 묻고 있는 것이다. 즉 『비극의 탄생』 신판에 덧붙인 「자기비판의 시도」에서 말하고 있는 것처럼 니체는 "학문을 예술가의 관점에서 보고 예술을 삶의 관점에서 보고 있는 것이다".

니체는 당시의 고전문헌학자들이 학문이 갖는 삶에 대한 이러한 연관성을 보지 못하고 고전들의 자구에 얽매여 그것들을 꼼꼼하게 해석하는 데 집중하고 있다는 것에 대해서 큰 불만을 느꼈던 것과 동시에, 당시의 철학도 새로운 가치와 진리를 제시한다는 원대한 목표를 상실하고 옛날의 문헌들을 세심하게 분석하고 주석을 달고 있을 뿐이라고 보았다. 『비극의 탄생』을 출간하기 5년 전인 1867년 가을, 니체는 더 이상 다른 사람들의 작품을 요약하거나 그것에 주석을 달지 않겠다고 생각하면서 문헌학자로서라도 창조적인 작가가 되겠다고 결심한다.[13]

당시의 고전문헌학에 대한 니체의 이러한 비판은 나중에 하이데거의 역사성 개념과 가다머의 철학적 해석학으로 수용된다고 할 수 있다. 하이데거는 역사학이라는 것도 인간 현존재의 실존 방식의 하나라고 보았으며, 그것이 진정한 것이기 위해서는 현존재가 자신의 본래적인 실존 가능성을 자각하고 구현하는 데 도움이 되어야 한다고 보았다. 그것은 어떤 현존재가 뿌리박고 있는 역사적 근원이 무엇이며, 그것이 자신의 본래적인 실존 가능성을 구현하기 위해서 계승해야 할 역사적 유산이 무엇인지를 분명히 밝혀 주어야 한다. 가다머만 해도 역사학이나 고전문헌학이 객관주의의 이념에 빠져서 그것을 대상화시켜서 분석할 뿐 우리가 장차 계승해야 할 진리와 실존 가능성을 담고 있는 것으로 보지 않는 태도를 비판하고 있다. 가다머가 고전적 문헌에 대

---

13) 자프란스키, 앞의 책, 76~77쪽.

해서 우리가 취해야 할 태도로서 추천하고 있는 태도는 그것을 단순히 대상화시켜서 분석하는 것이 아니라, 우리가 현재 부딪히고 있는 문제들에 대해서 우리와 동등하거나 혹은 우월한 견해를 가진 대화 상대자로 보는 태도이다.

6. 『비극의 탄생』과 염세주의

『비극의 탄생』이 궁극적으로는 삶의 변혁을 목표로 하는 만큼, 니체는 그리스 비극에 담긴 삶의 태도를 중시한다. 따라서 그는 그리스인들은 삶을 어떤 방식으로 경험했는지에 대해서 탐구하고 있으며, 이러한 삶의 경험과 그리스 비극은 어떤 연관이 있는지를 탐구하고 있다. 니체는 그리스 비극은 그리스인들이 뼈저리게 절감하고 있었던 삶의 잔혹함과 무상함 그리고 어두움에 대한 대결이라고 보고 있다. 니체가 그리스 비극에서 염세주의와의 대결이 갖는 이러한 중요성을 얼마나 강조하고 있는지는 『비극의 탄생』 신판에 덧붙인 새로운 제목과 「자기비판의 시도」라는 서문에서 분명히 드러나고 있다. 초판의 제목이 『음악정신으로부터의 비극의 탄생』이었던 반면에, 니체는 신판에는 『비극의 탄생 또는 그리스 문명과 염세주의』라는 새로운 제목을 붙이고 있는 것이다.

니체는 그리스인들은 그 어떤 민족보다도 삶의 고통에 대해

서 예민한 감각을 가지고 있었으며 낙천주의적이기보다는 염세
주의적이었다고 보았다. 이 점에서 니체는 그리스인들의 정신을
명랑성에서 찾는 빙켈만류의 전통적인 고전문헌학에 대해서 비
판적이다. 니체는 자신의 견해를 뒷받침하는 예로서 저 유명한
실레노스의 말을 인용하고 있다. 미다스 왕이 디오니소스의 시
종인 현자(賢者) 실레노스에게 인간에게 가장 좋고 가장 훌륭한
것이 무엇인지를 물어 보았을 때 실레노스는 이렇게 말하는 것
이다.

"하루살이 같은 가련한 족속이여, 우연과 고난의 자식들이여,
그대는 왜 나에게 그대가 듣지 않는 것이 그대에게 가장 복된 일
인 것을 말하도록 강요하는가? 가장 좋은 것은 그대가 절대로 이
룰 수 없는 것이다. 그것은 태어나지 않는 것이며 존재하지 않는
것이고 무로 존재하는 것이다. 그러나 그대에게 차선의 것이 있다
면 그것은 바로 죽는 것이다."

니체는 그리스 비극은 이러한 염세주의와의 대결에서 비롯된
것으로 보고 있는 것이며, 이런 의미에서 우리는 니체가 후기 사
상에서 전개하고 있는 니힐리즘과의 대결을 『비극의 탄생』에서
부터 이미 수행하고 있다고 할 수 있다. 즉 니체는 『비극의 탄
생』에서는 그리스인들이 어떠한 방식으로 염세주의를 극복했는

지를 고찰하는 방식으로 니힐리즘과 대결하고 있는 것이다.

니체는 전쟁과 폭력 그리고 노예제도와 같은 잔인한 제도 등으로 점철되어 있는 이러한 세계를 살 만한 의미와 가치가 있는 세계로 변용하는 데에는 다양한 방법이 있다고 보았다. 그러나 이러한 다양한 방법들에는 대지와 육체를 경멸하면서 인간을 허약하고 병들게 만드는 방식이 있을 수 있으며, 대지와 육체를 긍정하면서 인간을 강하고 건강하게 만드는 방식이 있을 수 있다. 대지와 육체를 경멸하게 하면서 인간을 허약하고 병들게 하는 방식으로서 니체는 이미 『비극의 탄생』에서부터 기독교를 들고 있다.

기독교에 따르면 이 현실세계는 천상세계로 가는 교량에 불과할 뿐이며 인간들은 지상에서의 모든 쾌락과 욕망을 멀리할 경우에만 천상에서 지복을 맛볼 수 있다. 기독교라는 종교 자체뿐 아니라 기독교에 입각한 예술이나 학문도 이렇게 현실세계와 인간의 감각적인 삶을 경멸하는 데 몰두하며, 감각적인 충동에 의해서 흔들릴 수밖에 없는 인간에게 죄인이라는 의식을 각인시키는 데 여념이 없다. 기독교는 삶의 고난과 무상함에 지친 인간들에게 천상이라는 신기루를 보여줌으로써 삶을 참고 견디면서 살게 하지만, 그 대신에 인간은 가공의 신과 천국에 의존하면서 자신의 감각적인 욕구와 본능을 억압하는 허약하고 병적인 인간이 된다. 니체가 『비극의 탄생』에서 개진하는 이러한 기독교 비판은 그가 후기에 본격적으로 전개하면서 『안티-크리스트』에서 절정에 달하는 기독교 비판과 본질적인 점에서는 다를 바 없다.

니체에 따르면 인간을 병약하게 만들면서 염세주의를 극복하는 기독교적인 방식과 달리 그리스 비극은 이 현실세계의 욕망과 본능을 긍정하고 신성한 것으로 변용시키면서 인생의 고통과 염세주의를 극복했다. 니체는 그리스인들이 이렇게 현실세계를 긍정하면서 염세주의를 극복한 방식에는 세 가지가 있다고 본다. 그 첫 번째는 아폴론적인 예술이고, 두 번째는 디오니소스적 예술이며, 세 번째는 아폴론적 예술과 디오니소스적 예술의 결합으로서 비극예술이다. 니체는 소크라테스가 개척한 학문의 길도 염세주의를 극복하려는 하나의 방법으로 보지만, 이러한 학문은 염세주의의 진정한 극복이 아니라 오히려 인간을 병약하게 만드는 것으로 본다.

니체는 그리스인들이 창조해 낸 올림포스 신들의 장려한 모습을 아폴론적인 예술을 대표하는 것으로 보고 있다. 그런데 이러한 올림포스 신들은 우리가 흔히 신들의 속성으로 알고 있는 사랑과 자비 그리고 도덕적인 고상함이나 정의만을 표현하고 있는 것이 아니다. 그들은 오히려 거만하고 승리감에 차 의기양양한 존재들일 뿐이며 선악의 피안에 존재한다. 그들은 우리의 통상적인 선악개념으로 볼 때는 악이라고 간주되는 행위도 서슴없이 행한다. 예를 들어 제우스는 못 말리는 바람둥이다. 따라서 올림포스 신들은 이 세계에 존재하는 여러 가지 힘이나 인간의 정염들을 신성화하고 있을 뿐이다. 이런 의미에서 그리스인들은 아폴론적인 예술을 통해서 현실로부터 올림포스 신들의 세계라는 피안의 세계로 도피하는 것이 아니라 자신들이 살고 있는 세계와 인간의 본능적인 충동들을 신성한 것으로 긍정한다.

아폴론적인 예술은 어떤 개별적인 현상들의 보편적이며 영원한 본질, 즉 플라톤이 말하는 바와 같은 이데아를 표현한다. 이러한 이데아적인 형상은 영원불변한 실재이다. 그것들은 존재하지만 시공간에 존재하지 않는다. 예술작품은 이데아 자체를 슬쩍 엿보게 해준다. 아폴론적인 예술은 시공간상의 개별자를 통해, 개별자 배후에 있는 보편자를 보여준다. 이러한 보편자를 감상하면서 우리가 예술작품에 몰입해 있는 동안 우리의 경험적인 자아 역시 시공간에 있지 않고 이데아의 세계 안에 진입하게 된다. 아폴론적인 예술의 아름다움에 빠져 있을 때 우리가 맛보게 되는 행복은 이러한 데서 비롯된다. 아폴론적인 예술을 관조하면서 우리는 경험적인 세계의 무상성에서 벗어난 이데아 세계의 영원과 부동성(不動性)을 경험하게 되는 것이다.

이에 대해서 디오니소스적인 예술인 음악은 현상세계의 근저에 있는 통일적인 세계의지 자체를 표현한다. 그것은 우리를 세계의지 자체와 하나가 되게 함으로써 현상세계의 덧없음에서 벗어나게 한다. 예를 들어서 우리는 슬픈 노래를 들으면서 슬픔 자체를 아름답게 경험할 수 있다. 이별은 슬픈 것이지만 이별 자체도 음악을 통할 경우에는 우리의 가슴을 저미게 하면서도 아름답게 나타날 수 있는 것이다. 이때 슬픔은 나의 슬픔이면서도 무엇인가 슬픔 자체의 나타남인 것처럼 들린다. 그것은 고통스러워하는 세계의지 그 자체의 나타남인 것이다.

디오니소스적 음악이 경험적인 세계의 근저에 있는 심연을 표현하는 것이라면, 아폴론적인 예술은 경험적인 세계를 넘어선 이데아 세계의 광명을 표현한다. 음악을 통해서 인간은 자신을 망각하고 음악이 표현하는 세계의지와 혼융일체가 되는 반면에, 아폴론적인 예술에서 인간은 개별적인 사물에 나타나 있는 이데아를 관조하면서 그것과 일정한 거리를 유지한다. 음악 속에서 우리는 슬퍼하고 기뻐하는 방식으로 도취하지만 아폴론적인 예술에서 우리는 조용한 관조상태를 유지한다. 이런 의미에서 아폴론적인 예술과 디오니소스적 음악은 염세주의를 극복하는 두 가지 중요한 방식이다.

니체는 현실세계를 긍정하면서 그것을 아름다운 것으로 변용하는 최고의 방식을 그리스 비극으로 본다. 비극은 디오니소스적인 음악을 통해서 표현되는 세계의지의 슬픔 자체를 비극의 주인공이 겪는 운명을 통해서 형상화하고 그러한 아폴론적인 형상을 관조하는 것을 통해서 관객들로 하여금 쾌감을 느끼게 한다. 더 나아가 니체는 이러한 사태를 형이상학적으로 해석한다. 즉 관객들이 비극을 보면서 느끼는 쾌감은 고통에 사로잡힌 세계의지가 경험하는 쾌감이며 이러한 쾌감을 통해서 세계의지는 자신의 고통으로부터 해방된다는 것이다.

따라서 니체가 음악의 역할을 강조한다고 해서 배우들의 연극을 중시하지 않은 것은 아니다. 니체에게 비극은 어디까지나 '디오니소스적인 것'과 '아폴론적인 것'의 결합이다. 이 경우 '디오니소스적인 것'이 음악이라면 '아폴론적인 것'은 배우들의 연기와 대사를 통해서 표현되는 서사적인 이야기이다. 배우들의 연기와 대사는 음악을 인간의 구체적인 행위와 말로 표현하는 음악의 가시적인 이미지이다. 비극이나 음악극을 보는 관객들은 자신을 비극적인 주인공, 예를 들면 지크프리트와 동일시하지만 동시에 이러한 비극적인 주인공을 영원한 디오니소스적인 세계의지가 취하는 하나의 일시적인 형상이라고 느끼게 된다. 따라서 관객들은 주인공의 몰락에도 불구하고 모든 것의 본질이자 근원은 영원하며 자기 자신도 영원한 것으로 경험한다. 즉 관객들은 삶을 모든 현상의 변화에도 불구하고 결코 파괴되지 않는 강력하고 즐거움이 가득한 것으로 경험하는 것이다.

아울러 니체는 연극을 음악과 관객 사이의 완충 장치로 보았다. 관객들은 음악이 너무나 강렬하게 자신을 사로잡아서 자신의 빈약한 자아가 무너지지 않을까 걱정한다. 이와 관련하여 니체는 바그너의 〈트리스탄과 이졸데〉 3악장을 아무런 대사나

장면의 도움 없이 음악으로만 들을 수 있는 사람을 상상하는 것은 불가능하다고 생각한다. 진정으로 음악을 들을 수 있는 귀를 가진 사람이 극을 통하지 않고 〈트리스탄과 이졸데〉 3악장을 순수하게 음악만으로 들을 경우, 사람들은 그 음악으로 인한 고통을 견딜 수 없을 것이라는 것이다. 따라서 니체는 음악과 청중 사이의 거리를 유지시키는 중간 장치가 필요하다고 보며, 대사와 장면 그리고 극적인 줄거리로 이루어진 신화가 바로 그러한 중간 장치라고 본다.

비극은 음악의 보편적인 효력과 관객 사이에 비극적인 주인공을 둘러싼 고귀한 비유인 신화를 놓고, 청중들에게 음악은 신화라는 서사적인 세계에 생기를 불어넣는 최고의 표현수단에 불과한 것 같은 착각을 불러일으킨다. 이러한 고귀한 착각의 도움으로 사람들은 아무런 두려움 없이 광란도취의 주신찬가에 몸을 맡기고 춤을 출 수 있게 된다. 만일 그러한 착각의 도움이 없었다면, 즉 음악 그 자체만으로는 사람들은 감히 광란도취의 자유로운 느낌에 젖을 수 없을 것이다. 즉 아폴론적인 신화는 우리를 근원적인 의지의 고통을 표현하는 음악으로부터 보호해 준다.

이렇게 비극은 아폴론적인 서사적 줄거리를 전면에 내세워 사람들로 하여금 그 음악에서 도망하지 않고 그것에 자유롭게 젖어들게 만들지만, 음악은 그 대신에 비극적 신화에 사람들의 심금을 파고드는 형이상학적 의미를 제공한다. 음악만이 이러한 도움을 줄 수 있는 것이며, 말과 형상은 음악의 도움 없이는 이러한 형이상학적 의미를 획득할 수 없다. 그리고 특히 비극적인 주인공의 개체성의 몰락과 부정을 통해서 도달되는 최고의 환희에 대한 저 확실한 예감은 오직 음악을 통해서만 관객을 엄습하게 된다. 그 결과 관객은 사물의 가장 깊은 심연이 마치 자신에게 분명하게 말을 걸어오고 있고 자신은 그 말을 듣고 있는 것처럼 생각하게 된다.

즉 관객은 음악의 도움으로 서사적인 명료성을 지향하는 자신의 아폴론적인 충동이 최고조로 고양되는 것을 의식하게 되지만, 이러한 일련의 아폴론적 예술효과가 진정한 아폴론적인 조각가나 서사시인이 자신의 예술작품으로 독자에게 불러일으키는 무의지적 관조 속의 행복한 안주(安住)를 산출하지 않는다는 점도 똑같이 분명하게 느끼고 있다. 관객은 무대 위의 찬란하게 변용된 세계를 보지만 그것을 부정한다. 그는 눈앞에 비극적 주인공을 서사시적 명료성과 아름다움 속에서 바라보면서도 주인공의 파멸에 쾌감을 느낀다. 그는 무대 위의 사건을 그것의 가장 깊은 내면에 이르기까지 이해하지만, 이해할 수 없는 것 속으로 기꺼이 도피한다.

그는 주인공의 행위가 정당한 것이라고 느끼지만 주인공의 행위가 주인공을 파멸시킬 때 훨씬 더 고양된 기분이 된다. 그는 주인공을 엄습할 고통을 생각하고 전율하면서도, 주인공의 고통을 보면서 더 높고 훨씬 더 강한 쾌감을 느끼게 될 것이라고 예감한다. 그는 예전보다 훨씬 많은 것을 보고 훨씬 깊이 보면서도 눈이 멀기를 원한다. 아폴론적 절정의 이러한 급격한 변전은 디오니소스적인 음악에서 비롯되는 디오니소스적인 마법에 의해서 야기된다. 디오니소스의 마법은 아폴론의 활동을 최고조로 자극하여 가상을 만들어 내게 하지만, 이 아폴론의 넘치는 힘을 강제로 자신에게 봉사하게 한다.

이런 의미에서 비극이 이용하는 아폴론적인 서사적 줄거리는 '모든 개체성의 근원이면서 그러한 개체성이 몰락하면서 되돌아가는 영원한 근원적인 세계의지'에 대한 디오니소스적 지혜를 아폴론적 예술수단에 의해서 형상화하는 것에 불과하다. 비극적 신화는 현상의 세계를 극한으로까지 이끌고 가며, 이러한 극한에서 현상세계는 자기 자신을 부정하면서 참되고 유일한 실재의 품 안으로 다시 되돌아가려고 한다. 따라서 비극의 본질은 가상이나 아름다움과 같은 아폴론적 범주로 이해될 수 없다. 사람들이 비극을 보면서 경험하는 개체의 파멸에서 느끼는 기쁨은 음악의 정신으로만 비로소 이해된다. 디오니소스적 음악이야말로 말하자면 개별화의 원리 배후에 있는 저 전능의 세계의지를 표현하는 예술, 모든 현상의 피안에 존재하며 어떠한 파멸에도 굴하지 않는 영원한 생명을 표현하는 예술이다. 비극적인 것에 대해 우리가 형이상학적 기쁨을 느끼는 것은 음악을 통해서 개시되는 디오니소스적인 지혜가 형상의 언어로 번역되어 있기 때문이다.

세계의지의 최고의 현상인 비극의 주인공이 파멸되는 것을 보면서 우리가 쾌감을 느끼는 것은, 주인공은 단지 현상일 뿐이며 주인공의 파멸에 의해서 의지의 영원한 생명이 손상되지는 않기 때문이다. 음악은 이러한 생명을 직접적으로 표현하는 것이며 이러한 생명으로의 개체성의 몰락을 찬양한다. 조형예술은 이것과는 전혀 다른 목표를 가지고 있다. 여기서 아폴론은 현상의 영원성을 밝게 찬미함으로써 개체의 고뇌를 극복한다. 여기서는 삶에 내재하는 고뇌에 대해서 아름다움이 승리를 거둔다. 고통은 어떤 의미에서 자연의 얼굴에서 말끔히 씻어진다. 이에 대해서 디오니소스적 음악은 우리에게 다음과 같은 메시지를 전한다.

"그대들은 나처럼 존재하라! 현상의 끊임없는 변천 속에서 영원히 창조하고, 인간으로 하여금 생존하도록 영원히 강제하며, 현상의 이러한 변천에 영원히 만족하는 근원적인 어머니인 나를!"

따라서 비극에서 아폴론적인 것은 착각을 통해서 디오니소스적 근본요소인 음악에 완전히 승리를 거두고, 디오니소스적 근본요소를 자신의 의도를 위해서, 즉 자신의 서사적 줄거리를 최고로 명료하게 하기 위해서 사용한다는 것이 분명한 사실이지만, 그러한 사실에는 극히 중요한 제한이 가해져야 한다. 이러한 제한이란 아폴론적인 착각은 디오니소스적인 음악을 통해 가장 본질적인 점에서 돌파되고 파괴된다는 것이다. 비극의 '전체적인' 효과에서는 디오니소스적인 것은 다시 우위를 획득한다. 비극은 아폴론적 예술의 왕국에서는 절대로 울려 퍼질 수 없는 음향과 함께 끝나는 것이다. 그리고 이와 함께 아폴론에 의한 착각의 정체가 폭로된다. 즉 아폴론적인 것은 비극이 공연되는 시간 동안에만 본래의 디오니소스적 효과를 가리고 있는 베일이라는 사실이 증명되는 것이다. 디오니소스적 효과는 너무나 강력해서, 끝에 가서는 아폴론적 연극 자체가 디오니소스적 지혜를 가지고 말하기 시작하며 자기 자신과 자신의 아폴론적 가시성을 부정하게 된다. 디오니소스는 아폴론의 언어로 말하지만 마지막에 가서는 아폴론이 디오니소스의 말을 한다.

비극의 주인공은 강력한 거인처럼 디오니소스적 고통의 세계 전체를 그 등 뒤에 짊어지고 우리를 디오니소스적 세계라는 무거운 짐으로부터 해방시킨다. 다른 한편으로 비극은 비극의 주인공을 몰락하게 함으로써 개별적인 생존에 대한 탐욕스런 충동으로부터 우리를 구원하며, 다른 삶과 보다 높은 기쁨을 상기시킨다. 자신의 운명과 투쟁하는 주인공은 자신의 승리에 의해서가 아니라 몰락에 의해서 이러한 기쁨을 예감하고 준비한다.

7. 소크라테스의 지성주의와 비극의 종말

니체는 그리스 비극의 소멸은 논리적인 지성의 인간인 소크라테스와 함께 시작되었다고 생각한다. 즉 근거율과 인과율에 따라서 모든 것을 해명할 수 있다고 믿었던 소크라테스의 등장과 함께, 도취와 열정에 의해서 세계의 비밀과 진리에 닿을 수 있다고 믿었던 비극은 사라지게 되었다는 것이다. 인간이 음악과 분리된 언어, 그 모든 감정과 열정과 동떨어진 순수한 논리적 언어, 다시 말해서 존재와 분리된 의식의 언어를 통해서 세계의 비밀을 다 파헤칠 수 있다고 믿을 때 비극은 종말을 고했다.

존재 자체가 음악을 통해서 자신을 드러낸다고 한다면, 음악과 분리된 언어는 존재와 분리된 언어이며 존재를 객체화하면서 자신을 주체로서 내세우는 언어이다. 그러나 이러한 언어를 구사할 때 의식은 사실은 존재에 대해서 자신의 알량한 사고도식을 강요하고 있을 뿐이며 존재 자체를 파악하는 것은 아니다. 그것은 주체가 궁극적으로 존재의 심연 앞에서 무력하다는 것, 존재의 심연은 주체로서의 인간도 언제든지 휩쓸어 갈 수 있다는 사실 앞에 눈을 가린다.

인식과 의식의 강조를 통해서 창조적인 무의식을 제한하고 방해하는 소크라테스의 지성주의는 존재의 깊이를 알려고 하지 않는 천박한 수사학적 변론술에 지나지 않는다. 그리고 이러한 지식은 존재의 깊이에 닻을 내리고 있지 않기 때문에 지혜를 결여한 지식일 뿐이다. 운명적인 열정이 계산과 술책, 타산에게 자리를 내준다. 소크라테스의 지성주의를 신봉하던 에우리피데스에 의해서 비극은 끝났다고 니체는 보는바, 에우리피데스의 무대 위에는 더 이상 노래는 없고 토론과 변론만이 있을 뿐이며 인과율에 따르는 따짐만이 있을 뿐이다. 무대 위의 주인공은 계산만 잘 하면 더 이상 비극적인 운명 따위에 처해지지 않는다. 이렇게 모든 것의 인과를 비추는 환한 이성의 빛이 지배하는 세계에는 음악이 드러내는 밤과 어둠의 세계가 들어설 여지가 없다.[14] 음악과 비극, 심연, 고통, 절망, 구원은 철저하게 추방당해 버렸다. 이러한 지성주의의 특징을 니체는 낙관주의, 민주주의, 평등주의에서 찾는다.

비극이 디오니소스 축제에서 비롯되었다는 니체의 연구는 당시의 고전문헌학의 연구 결과와 크게 다르지 않았다. 이에 대해서 비극의 몰락을 소크라테스에서 찾는 니체의 주장은 지극히 파격적인 것이었고, 당시의 고전문헌학계에 커다란 파문을 일으켰다.

---

14) 자프란스키, 앞의 책, 95쪽.

8. 후기 니체와 쇼펜하우어와 바그너

우리가 앞에서 살펴본 것처럼 『비극의 탄생』이 쇼펜하우어와 바그너의 영향을 크게 받고 있는 것은 사실이지만, 그렇다고 해서 니체가 『비극의 탄생』에서 쇼펜하우어나 바그너의 생각을 단순히 답습하고 있다고는 할 수 없다. 『비극의 탄생』에서 니체는 어떤 점에서는 이미 쇼펜하우어의 사상을 넘어서고 있다.

니체는 나중에 우리가 살고 있는 경험적인 현실세계가 유일하게 실재하는 세계라고 생각하며 이러한 현상계를 떠난 물자체의 영역, 혹은 쇼펜하우어가 말하는 개별화되지 않은 혼융일체의 의지의 존재를 부정한다. 모든 생명체는 자신들이 원하는 것을 소유하려고 한다. 이 결과 만인의 만인에 대한 투쟁이 생긴다. 삶은 항상 이런 것이었고 만인의 평등과 고귀함을 내세우는 도덕이라는 것이 역사적으로 출현하기 전까지는 인간의 삶도 이러했다. 강한 자가 약한 자를 지배했기 때문에 사람들은 보다 강한 인간이 되려고 노력했으며, 피지배자 역시 강한 자를 섬김으로써 자신을 고양시키려고 했다.

그러다가 2, 3천 년 전에 소크라테스나 예수와 같은 자들이 등장하여 도덕을 만들어 냈다. 이들은 강한 자는 약한 자를 무시하지 말고 겸손해야 하며 그들을 돌봐야 한다고 주장했다. 그러나 이러한 민주적인 사고방식이 지배하게 되면서, 사람들은 사실은 천박하고 저열한 존재에 불과하면서도 자신들의 천부인권을 내세우면서 강하고 고귀한 자들과 동등한 권리를 요구하게 되었다. 그 결과 사람들은 더 이상 자신을 고양시키려고 하지 않게 되는 하향 평준화의 사회가 나타나게 되었다.

쇼펜하우어는 초월계에서는 모든 것이 단일하다고 추정하면서 이러한 단일성을 이유로 우리는 다른 인간들이나 생물들의 고통에 대해서 동정심과 자비를 느껴야 한다고 주장했다. 그러나 후기의 니체는 이러한 자비심과 동정심의 근원을 초월계의 단일성이 아닌 허약한 군중의 이익에서 찾았다. 자비심과 동정심이 이상적인 덕목으로 간주되는 사회에서 이득을 보는 자들은 허약하고 병약한 다수의 인간들이다. 만인의 평등과 고통받는 인간들에 대한 동정과 자비를 요체로 하는 도덕이란 이런 의미에서 허약하고 병약한 다수의 인간들이 자신들의 이익을 위해서 만들어 낸 이데올로기에 지나지 않는다.

이와 관련하여 니체는 『비극의 탄생』이 나온 지 16년 후에 쓴 『비극의 탄생』 신판의 서문인 「자기비판의 시도」에서, 『비극의 탄생』에서는 자신이 자신의 독자적인 직관과 통찰을 독자적인 언어를 사용하여 표현할 정도의 용기를 갖고 있지 않았다고 고백하고 있는 것이다. 니체는 자신이 『비극의 탄생』에서 쇼펜하우어의 철학과 언어와 개념도식에 의거하고 있지만, 자신이 원래 표현하려고 했던 것은 쇼펜하우어의 정신과 취향에 근본적으로 대립되는 것이었다고 말하고 있다. 일례를 들면, 쇼펜하우어는 비극이 설파하는 지혜를 인생에 대한 체념으로 보고 있는 반면에 니체 자신은 『비극의 탄생』에서 비극이 인생에 대한 긍정을 설파하고 있다고 보았다는 것이다. 『비극의 탄생』에서는 쇼펜하우어의 철학과 언어를 사용함으로써 자신의 이러한 통찰이 제대로 드러나지 않았다는 것이다.

아울러 니체는 「자기비판의 시도」에서 바그너의 음악과 당시의 독일 정신에 대한 자신의 기대가 그릇된 것이었음을 고백하고 있다. 니체는 『비극의 탄생』을 쓸 당시의 자신이 독일 정신이 바그너의 음악을 통해서 자신을 재발견하고 인식하게 될 것으로 기대했던 것에 대해서 후회하게 된다. 니체는 당시의 독일 정신이 유럽을 문화적으로 지도하는 것보다는 사실은 독일 제국의 건설과 민주주의를 추구하고 있었다고 보면서 독일 정신의 재탄생에 대한 자신의 기대가 잘못된 것이었다고 솔직하게 고백하고 있는 것이다.

니체는 후기로 갈수록, 『비극의 탄생』에서 자신이 독일 정신과 대비하면서 비웃었던 프랑스인들과 프랑스 문화를 더 긍정적으로 평가하게 되며 오히려 독일인들과 독일 문화에 대해서 극히 신랄한 비판을 가하게 된다. 또한 니체는 『비극의 탄생』을 쓸 당시에는 그리스 정신과 가장 근친성을 갖는다고 평가했던 바그너의 음악을 「자기비판의 시도」에서는 가장 비그리스적인 음악으로 간주하게 된다. 그는 바그너의 음악에 대해서 이렇게 말하고 있다.

"더 나아가 이 독일 음악은 가장 신경을 망가뜨리며 것이며, 술 마시기 좋아하고 애매함을 미덕으로 찬양하는 민족〔독일 민족〕에 게는 이중으로 위험하다. 즉 그것은 도취시키는 것과 동시에 몽 롱하게 한다는 이중의 속성을 갖는 마취제라는 점에서 위험한 것 이다."

『비극의 탄생』을 쓸 당시에 자신이 가장 현대적인 것에 너 무 성급한 기대를 걺으로써 자신의 처녀작을 망쳤다고 말할 정 도로, 바그너의 음악과 당시의 독일 정신에 대한 니체의 환멸 은 컸다. 니체가 『음악정신으로부터의 비극의 탄생』이라는 초판 의 제목을 신판에서는 『비극의 탄생 또는 그리스 문명과 염세주 의』로 바꾼 것도 자신의 책이 바그너의 음악에 대한 정당화나 미 화를 목표로 하고 있다고 해석되는 것을 막기 위한 것이라고 생 각된다. 니체는 자신의 책이 바그너의 음악을 미래의 음악으로 서 선전하는 것보다는 그리스 문명이 비극을 통해서 염세주의를 어떻게 극복하려고 했는지, 그리고 그러한 염세주의 극복이 우리 시대에 어떤 의의를 갖는지를 밝히는 것을 의도했다고 말하고 싶 었던 것이다.

『비극의 탄생』이 갖는 이러한 문제점에도 불구하고 니체는 「자기비판의 시도」에서도 『비극의 탄생』이 제기하는 의문은 음악이 앞으로 나아갈 방향에 대해서 여전히 중대한 의의를 갖는다고 말하고 있다. 그러한 의문이란 디오니소스적 기원을 갖는 음악은 어떠한 성질을 가지고 있어야만 하는가라는 의문이다.

박찬국(朴贊國)

서울대학교 철학과 교수.

서울대학교 철학과를 졸업하고 동 대학원에서 석사학위를, 독일 뷔르츠부르크 대학교에서
철학 박사학위를 받았다. 니체와 하이데거의 철학을 비롯한 실존철학이 주요 연구 분야이며,
최근에는 불교와 서양철학 비교를 중요한 연구과제 중 하나로 삼고 있다. 2011년에 『원효
와 하이데거의 비교연구』로 제5회 '청송학술상', 2014년에 『니체와 불교』로 제5회 '원효학술
상', 2015년에 『내재적 목적론』으로 제6회 운제철학상, 2016년에 논문 「유식불교의 삼성설
과 하이데거의 실존방식 분석의 비교」로 제6회 반야학술상을 받았으며, 『초인수업』은 중국
어로 번역되어 대만과 홍콩 및 마카오에서 출간되었다. 저서로는 위의 책들 외에 『그대 자신
이 되어라 ─ 해체와 창조의 철학자 니체』, 『들길의 사상가, 하이데거』, 『하이데거는 나치였는
가』, 『하이데거의 《존재와 시간》 강독』, 『니체와 하이데거』 등이 있고, 주요 역서로는 『니체 I,
II』, 『근본개념들』, 『아침놀』, 『비극의 탄생』, 『안티크리스트』, 『우상의 황혼』, 『선악의 저편』, 『도
덕의 계보』, 『상징형식의 철학 I, II, III』 등 다수가 있다.

비극의 탄생

....

대우고전총서 021

1판 1쇄 펴냄 | 2007년 9월 10일
1판 17쇄 펴냄 | 2024년 8월 8일

지은이 | 프리드리히 니체
옮긴이 | 박찬국
펴낸이 | 김정호
펴낸곳 | 아카넷

출판등록 2000년 1월 24일(제406-2000-000012호)
10881 경기도 파주시 회동길 445-3
전화 031-955-9510(편집) | 팩스 031-955-9519
www.acanet.co.kr

ⓒ 박찬국, 2007
철학, 서양철학, 독일철학, 생철학, KDC 165.77

Printed in Paju, Korea

ISBN 978-89-5733-107-1 94160
ISBN 978-89-89103-56-1 (세트)